消防监督管理学

刘文辉　徐怀远　邵一平　主编

吉林科学技术出版社

图书在版编目（CIP）数据

消防监督管理学 / 刘文辉，徐怀远，邵一平主编. — 长春：吉林科学技术出版社，2023.6
ISBN 978-7-5744-0686-5

Ⅰ．①消… Ⅱ．①刘… ②徐… ③邵… Ⅲ．①消防—监督管理—研究—中国 Ⅳ．① D631.6

中国国家版本馆 CIP 数据核字（2023）第 136491 号

消防监督管理学

主　　编	刘文辉　徐怀远　邵一平
出 版 人	宛　霞
责任编辑	李万良
封面设计	树人教育
制　　版	树人教育
幅面尺寸	185mm×260mm
开　　本	16
字　　数	321 千字
印　　张	13.25
印　　数	1-1500 册
版　　次	2023年6月第1版
印　　次	2024年2月第1次印刷

出　　版	吉林科学技术出版社
发　　行	吉林科学技术出版社
地　　址	长春市福祉大路5788号
邮　　编	130118
发行部电话/传真	0431-81629529 81629530 81629531
	81629532 81629533 81629534
储运部电话	0431-86059116
编辑部电话	0431-81629518
印　　刷	三河市嵩川印刷有限公司

书　　号	ISBN 978-7-5744-0686-5
定　　价	80.00元

版权所有　翻印必究　举报电话：0431-81629508

《消防监督管理学》编委会

主 编

刘文辉 辽宁省鞍山市消防救援支队
徐怀远 辽宁省营口市消防救援支队
邵一平 辽宁省锦州市消防救援支队

副主编

白　博 辽宁省鞍山市消防救援支队
刚　强 辽宁省鞍山市消防救援支队
王　雷 辽宁省锦州市松山新区消防救援大队
薄立矗 辽宁省鞍山市消防救援支队
王永恒 辽宁省营口市消防救援支队
宋耀宇 辽宁省鞍山市消防救援支队
马海青 辽宁省鞍山市消防救援支队
张　亮 辽宁省鞍山市消防救援支队

消防监督管理学是一门非常重要的学科，它涉及人民群众的生命财产安全，是国家安全体系的重要组成部分。本书旨在系统地介绍消防监督管理学的基本概念、法律法规、监督机构、安全管理、风险评估、检查和监督、安全隐患及防范、技术标准和规范、信息化建设、装备的新技术等方面的内容。

本书共分为十一章，分别对上述内容进行了系统全面的介绍。其中，第一章介绍了消防监督管理学的概念和意义以及其发展历程；第二章介绍了消防法律法规的基本概念、体系和层次以及适用范围和实施；第三章介绍了消防监督机构的组织和职责以及工作方法和手段；第四章介绍了消防安全管理的基本理论和原则、体系和要素以及实施方法和效果评价；第五章介绍了消防风险评估的基本概念和方法、程序和内容以及应用和效果；第六章介绍了消防检查和监督的基本概念和目的、程序和要求以及方法和手段；第七章介绍了消防安全隐患的概念、划分和防范；第八章介绍了消防技术标准和规范的基本概念和作用、分类和体系以及制定和应用；第九章介绍了消防信息化建设的基本概念和发展趋势、主要内容和应用以及管理和保障；第十章介绍了消防装备的新技术，包括消防防护服的新技术和消防通信设备的新技术；第十一章介绍了消防器材的新技术，包括消防水泵的新技术和消防喷淋系统的新技术。

本书由刘文辉、徐怀远、邵一平担任主编，白博、刚强、王雷、薄立蠢、王永恒、宋耀宇、马海青、张亮担任副主编。具体编写分工如下：刘文辉编写了第六章（共计2万字），徐怀远编写了第十一章（共计2万字），邵一平编写了第二章（共计2万字），白博编写了第三章（共计2万字），刚强编写了第七章（共计2万字），王雷编写了第五章（共计2万字），薄立蠢编写了第十章（共计2万字），王永恒编写了第九章（共计2万字），宋耀宇编写了第四章（共计2万字），马海青编写了第一章（共计2万字），张亮编写了第八章（共计2万字）。

本书的编写旨在为消防监督管理人员、消防从业人员、相关教育机构和学生以及其他相关人员提供一本系统的教材和参考书，以便更好地了解和掌握消防监督管理学的相关知识和技能。本书的内容全面、权威、实用，希望能够得到广大读者的支持和喜爱。

最后，笔者要强调的是，消防安全事关人民群众的生命财产安全，是一项非常重要的工作。希望各级政府、企事业单位和广大市民朋友都能高度重视消防安全工作，积极采取有效措施，增强消防安全意识，加强消防设施建设，做好消防安全工作，确保人民群众的生命财产安全。

本书的编写还存在不足之处，欢迎广大读者提出宝贵的意见和建议，以便笔者不断完善和提高本书的质量和水平。

目录 / CONTENTS

第一章 绪论 ... 1
第一节 消防监督管理学的概念和意义 ... 1
第二节 消防监督管理学的发展历程 ... 9

第二章 消防法律法规 ... 15
第一节 消防法律法规的基本概念 ... 15
第二节 消防法律法规的体系和层次 ... 20
第三节 消防法律法规的适用范围和实施 ... 27

第三章 消防监督机构 ... 34
第一节 消防监督机构的组织和职责 ... 34
第二节 消防监督机构的工作方法和手段 ... 37

第四章 消防安全管理 ... 51
第一节 消防安全管理的基本理论和原则 ... 51
第二节 消防安全管理的体系和要素 ... 55
第三节 消防安全管理的实施方法和效果评价 ... 66

第五章 消防风险评估 ... 70
第一节 消防风险评估的基本概念和方法 ... 70
第二节 消防风险评估的程序和内容 ... 77
第三节 消防风险评估的应用和效果 ... 84

第六章 消防检查和监督 ... 89
第一节 消防检查和监督的基本概念和目的 ... 89

第二节　消防检查和监督的程序和要求 …………………………………… 92
　　第三节　消防检查和监督的方法和手段 …………………………………… 96

第七章　消防安全隐患及防范 ………………………………………………… 109
　　第一节　消防安全隐患的概念 …………………………………………… 109
　　第二节　消防安全隐患的划分 …………………………………………… 112
　　第三节　消防安全隐患的防范 …………………………………………… 119

第八章　消防技术标准和规范 ………………………………………………… 124
　　第一节　消防技术标准和规范的基本概念和作用 ……………………… 124
　　第二节　消防技术标准和规范的分类和体系 …………………………… 129
　　第三节　消防技术标准和规范的制定和应用 …………………………… 144

第九章　消防信息化建设 ……………………………………………………… 147
　　第一节　消防信息化建设的基本概念和发展趋势 ……………………… 147
　　第二节　消防信息化建设的主要内容和应用 …………………………… 149
　　第三节　消防信息化建设的管理和保障 ………………………………… 160

第十章　消防装备的新技术 …………………………………………………… 167
　　第一节　消防防护服的新技术 …………………………………………… 167
　　第二节　消防通信设备的新技术 ………………………………………… 175

第十一章　消防器材的新技术 ………………………………………………… 182
　　第一节　消防水泵的新技术 ……………………………………………… 182
　　第二节　消防喷淋系统的新技术 ………………………………………… 190

参考文献 ………………………………………………………………………… 199

第一章 绪论

第一节 消防监督管理学的概念和意义

消防监督管理学是研究消防监督管理的理论、方法、原则和实践经验的一门综合性学科。它涉及消防管理的各个方面,包括消防法律法规、监督机构、安全管理、风险评估、检查和监督、安全隐患及防范、技术标准和规范、信息化建设、装备的新技术等。

一、消防监督管理的概念

消防监督管理是一门综合性学科,它主要研究消防管理的各个方面,包括消防法律法规、监督机构、安全管理、风险评估、检查和监督、安全隐患及防范、技术标准和规范、信息化建设、装备的新技术等。消防监督管理旨在通过各种手段和方法,维护社会稳定和人民群众的生命财产安全。

消防监督管理的核心是预防和控制火灾事故的发生,通过制定消防法律法规,加强消防安全管理,进行消防检查和监督,评估消防风险,防范消防安全隐患,制定消防技术标准和规范,实施信息化建设,引进和应用消防装备新技术等一系列措施,有效提高消防安全水平,减少火灾事故的发生,保护人民群众的生命财产安全。

消防监督管理的主要任务是建立和完善消防管理体系和机构,通过对各类场所的检查和监督,发现和处理消防安全隐患,提高社会公众对消防安全的认识和自我保护能力,建立消防安全文化,形成全民消防意识,实现全社会消防安全的共同责任和共同管理。

在消防监督管理实践中,需要注重与其他相关领域的协调配合,加强国际合作与交流,提高消防监督管理的国际化水平,形成全球消防安全共同体,为推动世界消防安全事业的发展做出积极贡献。

二、消防监督管理学的研究内容

(一)消防法律法规

消防法律法规是指关于消防安全的法律、法规、规章、行政法规、地方性法规等,其是消防监督管理的基本依据。消防法律法规的制定、修订和实施，是消防监督管理的重要方面。

消防法律法规的研究内容主要包括以下方面：第一，消防法律法规的制定和修订。消防法律法规是保障消防安全的法律工具，制定和修订消防法律法规是落实消防安全工作的重要环节。研究消防法律法规的制定和修订，可以了解消防法律法规的制定程序、基本原则和要求，以及各级政府和部门在消防法律法规制定中的职责和作用。第二，消防法律法规的实施。消防法律法规的实施是保障消防安全的重要环节。研究消防法律法规的实施，可以了解消防法律法规实施中的具体措施和方法，以及消防机构、执法部门和各类单位在消防法律法规实施中的职责和作用。第三，消防法律法规的分类和体系。消防法律法规按照法律层级和适用范围可以分为法律、行政法规、地方性法规、部门规章和行业标准等。研究消防法律法规的分类和体系，可以了解各类消防法律法规的性质、适用范围和层级，以及消防法律法规的整体体系和关系。第四，消防法律法规的内容和要求。消防法律法规的内容和要求是保障消防安全的具体规定和要求。研究消防法律法规的内容和要求，可以了解消防安全管理的基本原则和要求，以及各类单位在消防安全管理中的具体要求和责任。第五，消防法律法规的执行和监督。消防法律法规的执行和监督是保障消防安全的关键环节。研究消防法律法规的执行和监督，可以了解消防法律法规的执行程序、监督机制和责任追究，以及各类单位在消防法律法规执行和监督中的职责和作用。

（二）监督机构

消防监督管理学研究的另一个重要内容是监督机构。在消防监督管理体系中，监督机构是非常重要的组成部分。监督机构不仅是消防法律法规的执行者，也是消防安全监督管理的核心，负责消防监督、检查、执法、处置等一系列重要工作。

消防监督机构的组织和职责是消防监督管理学研究的重点之一。组织和职责涉及监督机构的设置和分工，以及各级消防机构的职责、权限和责任。消防监督机构的设置要按照地域、职能和层级原则，确定各级消防机构的职责范围和权限，确保监督体系的完整性和有效性。在消防监督管理工作中，各级消防机构的职责和权限必须明确，行使职责时要合法、公正、严格。

另外，监督机构的工作方法和手段也是消防监督管理学研究的重要方面。监督机构在工作中需要采取一系列的手段和措施，包括勘查、检查、抽样、检验、执法、处罚等，保证消防法律法规的执行和消防安全的有效监督管理。同时，监督机构也需要运用现代科技手段，如消防信息化、物联网技术、大数据等，提高监督管理工作的效率和精度。

消防监督机构是消防监督管理体系的核心，对于维护人民群众的生命财产安全和社会稳定具有重要意义。在消防监督管理学研究中，必须深入探讨监督机构的组织和职责，制定科学合理的工作方法和手段，提高消防监督管理的效能和水平。

（三）安全管理

消防安全管理是指通过采取各种措施，对消防安全进行有序、科学的管理，从而有效地预防和控制火灾事故，保障人民群众的生命财产安全。

消防安全管理的研究内容主要包括以下几个方面：第一，基本理论和原则。消防安全管理的基本理论和原则是对消防安全管理的基本概念、内涵和特点进行深入研究和分析，为制定和实施消防安全管理措施提供理论指导和支持。第二，体系和要素。消防安全管理的体系和要素是指消防安全管理中所涉及的各个方面，包括组织机构、责任制度、信息管理、培训教育、应急预案等，对这些要素进行深入研究和分析，能够有效提升消防安全管理水平。第三，实施方法和效果评价。消防安全管理的实施方法是指在实际操作中，针对各种具体情况，采取不同的方法和手段，实现对消防安全的有效管理。效果评价则是对消防安全管理措施的实施效果进行定量和定性评估，为消防安全管理的改进提供依据。

消防安全管理的研究内容需要与实践紧密结合，将理论知识与实践操作相结合，从而更好地指导和支持消防安全工作的实际开展。同时，还需要加强对新技术、新方法的探索和研究，以适应不断变化的消防安全形势和需求。

（四）风险评估

消防风险评估是消防监督管理学的重要研究内容，它是指对消防安全隐患进行全面、系统的评估，以了解可能出现的火灾风险和安全风险，并采取相应的预防措施，以避免火灾和减少事故的发生。

消防风险评估的基本概念包括风险、风险评估和风险控制等。风险是指在特定条件下，可能导致损失或损害的事物或情况。风险评估是指对可能造成损失或损害的事物或情况进行评估，以确定风险程度和对策。风险控制是指采取措施，减轻或消除风险的可能性或影响。

消防风险评估的方法主要包括定性评估和定量评估两种。定性评估主要是通过经验和专家意见来确定风险的大小和等级，适用于一些较为简单的场景。定量评估是利用数据分析和统计学方法，对火灾风险和安全风险进行细致而客观的评估，适用于一些复杂的场景。

消防风险评估的程序主要包括风险识别、风险评估、风险控制、风险监测和评价等步骤。风险识别是指对潜在风险的识别和分析，包括对场所、物品、人员等进行风险调查。风险评估是指对识别出来的潜在风险进行评估和判定，包括对可能造成的损失或损害进行分析和定级。风险控制是指对识别出来的潜在风险进行控制和管理，包括采取相应的预防措施、应急措施和修缮措施等。风险监测和评价是指对控制措施的有效性和效果进行监测和评价，以确定是否需要进一步调整和改进控制措施。

消防风险评估的应用和效果主要包括预防火灾和减少事故的发生，提高消防安全管理水平，降低火灾事故的损失和影响，提高社会安全保障水平等。

(五)检查和监督

消防检查和监督是消防监督管理学的重要研究内容之一。它是指监管机构通过定期或不定期的对涉及消防安全的单位、场所、设施等进行检查和监督,以保证其消防安全的合法合规性和有效性。

对消防检查和监督的研究内容的详细阐述:第一,基本概念和目的。消防检查和监督的基本概念是指监管机构通过对单位、场所、设施等进行检查和监督,发现消防安全隐患并要求整改的行为。目的是发现和排除消防安全隐患,保障人民群众的生命财产安全。第二,程序和要求。消防检查和监督的程序包括准备工作、实地检查、汇报总结等环节,其中实地检查是重点。要求是指监管机构应按照法律法规和相关规定,认真、公正、严格地开展检查和监督工作,对发现的问题及时提出整改要求并跟踪整改情况。第三,方法和手段。消防检查和监督的方法包括现场检查、档案查阅、询问调查、技术检测等,其中现场检查是主要方法。手段包括检查通报、责令整改、行政处罚等,其中检查通报和责令整改是主要手段。

消防检查和监督是保障消防安全的有效手段,研究消防检查和监督的内容有助于提高监管机构的监管能力和水平,保障人民群众的生命财产安全。

(六)安全隐患及防范

消防安全隐患是指影响建筑物、设施或者物品的消防安全的各种可能存在的危险因素或隐患。

消防安全隐患主要包括以下几个方面:第一,建筑物本身存在的隐患。建筑物的设计、施工、材料、设备等问题可能导致建筑物存在消防安全隐患。例如,建筑物的逃生通道不畅通、防火隔离不到位等。第二,使用过程中存在的隐患。使用建筑物的过程中,一些不合理的操作、乱扔烟蒂、乱接电线等可能导致消防安全隐患。第三,物品储存存在隐患。储存易燃、易爆等危险物品时,如果没有采取正确的储存方法,就会增加消防安全隐患。

针对消防安全隐患,需要采取相应的防范措施:第一,加强宣传教育。通过广泛宣传,增强人们的消防安全意识,让大家知道如何预防消防安全隐患。第二,制定消防安全制度。制定相应的消防安全制度,明确各种隐患的防范措施,确保人员能够按照制度执行。第三,定期检查和维护。定期对建筑物、设施、物品等进行检查,及时发现和解决隐患问题。第四,加强消防设施建设。合理布置消防设施,如火灾报警系统、自动喷水灭火系统、消防水源等,确保在火灾发生时能够及时有效地进行灭火;第五,加强消防安全管理。加强消防安全管理,指导人员合理使用电气设备,合理储存易燃、易爆等物品,确保消防安全。

（七）技术标准和规范

消防技术标准和规范是指为保障消防安全，规范和指导消防设施、设备和消防工程的设计、建设、维护和管理等方面的技术要求和规范。消防监督管理学关注消防技术标准和规范的制定、修订和应用等方面的研究。

首先，消防技术标准和规范的作用非常重要。它们是指导和规范消防设施、设备和消防工程设计、建设、维护和管理的基本依据。它们不仅是消防安全的保障，也是消防工程实现科学化和规范化的重要工具。

其次，消防技术标准和规范的分类和体系也是消防监督管理学研究的内容之一。消防技术标准和规范按照制定部门、技术领域和适用范围等不同维度进行分类，形成了系统完备的消防技术标准和规范体系。研究消防技术标准和规范的分类和体系，有助于更好地了解和掌握消防技术标准和规范的内容和适用范围。

最后，消防监督管理学研究的另一个重要方面是消防技术标准和规范的制定和应用。消防技术标准和规范的制定需要结合实际情况和实际需求，对相关技术进行科学研究和论证，并按照标准和规范制定程序进行制定和修订。而消防技术标准和规范的应用则需要在实际的消防工作中实施，并结合实际情况进行适当的调整和改进，确保消防设施、设备和工程的设计、建设、维护和管理等工作能够达到预期的消防安全目标。

（八）信息化建设

消防信息化建设是指在消防管理和应急救援工作中引入信息技术，建立起信息化管理体系和信息化服务平台，提升消防工作的智能化和高效化水平。

消防信息化建设的研究内容主要包括以下几个方面：第一，基本概念和发展趋势。包括消防信息化建设的定义、目标和基本原则，以及消防信息化的发展历程、现状和未来发展趋势等。第二，主要内容和应用。包括消防信息化建设的主要内容、应用领域和具体措施，如消防数据采集、传输、存储和分析技术，消防智能化管理系统，消防信息化应急指挥平台，消防宣传教育和公众参与等。第三，管理和保障。包括消防信息化建设的管理模式和机制，以及信息安全和网络安全保障措施，如信息化资源调配和协同管理、信息化风险评估和应对措施、网络安全技术和应急处置等。

消防信息化建设在消防监督管理中的作用是显而易见的。它可以提高消防管理和应急救援的效率和效果，实现信息共享和协同，加强风险评估和预警能力，提升公众的安全意识和参与度，有利于消防工作的精细化、智能化和可持续发展。

（九）装备的新技术

消防装备是消防救援行业的重要支撑，对消防工作的效率和安全性起着至关重要的作用。为了适应现代化消防救援的需要，不断推动消防装备的升级和发展，消防监督管理学也涉及了消防装备的新技术研究。其中包括以下几个方面：第一，消防防护服的新技术。

消防防护服是消防员在火灾现场进行救援时必备的装备之一，其作用是为消防员提供保护，降低受伤风险。近年来，随着科技的不断发展，消防防护服的材料、结构、设计和功能都得到了不断升级和改进，如使用更轻、更耐磨、更难燃的材料，增加防刺、防割和防电功能，加强透气性和舒适度等。第二，消防通信设备的新技术。消防通信设备是消防员在火灾现场进行指挥和联络的重要装备，对于提高救援效率和保障消防员的安全起着关键作用。新技术方面，包括了通信设备的多功能化、智能化和无线化等方向的研究和开发，以及使用新型材料和技术提高设备的防水、抗摔、耐高温等性能。第三，消防水泵的新技术。消防水泵是消防车辆上的重要设备之一，其性能和质量直接关系着消防车辆的救援能力和效率。新技术方面，主要包括水泵的结构优化和升级、提高水泵的水流量和扬程、降低噪声和振动、提高耐用性和维修便利性等方向的研究和开发。第四，消防喷淋系统的新技术。消防喷淋系统是建筑物消防设施中的重要组成部分，对于防止火灾扩散和保障人员疏散具有重要作用。新技术方面，主要包括喷淋系统的控制和监测技术、喷淋头的设计和制造技术、喷淋水雾的优化和调节技术等方向的研究和开发。

消防装备的新技术消防装备的新技术研究是消防监督管理学研究内容中的重要方向之一，对于提高消防救援的效率和安全性具有重要意义。

三、消防监督管理学的意义

（一）保障社会稳定和人民群众的生命财产安全

消防安全事关人民群众的生命财产安全和社会稳定。随着城市化进程的不断推进和人口密集度的增加，城市火灾事故频发，给社会和人民群众带来了严重的生命财产损失。因此，消防监督管理学的研究成果对于保障社会稳定和人民群众的生命财产安全具有重要意义。

第一，消防监督管理学的研究成果直接关系着消防安全法律法规的制定和实施。消防安全法律法规的制定和实施，是消防安全工作的基础和保障，它是保障消防安全、维护社会稳定的重要手段。消防监督管理学通过对消防法律法规的研究，可以发现其中存在的漏洞和不足，为制定更加完善的消防安全法律法规提供理论和实践依据。

第二，消防监督管理学的研究成果可以促进消防机构的建设和完善。消防机构是实施消防监督管理工作的主体，它的建设和完善关系着消防安全工作的效果和成效。消防监督管理学通过对消防机构的研究，可以发现其中存在的问题和不足，为消防机构的建设和完善提供指导和建议。同时，消防监督管理学还可以探讨消防机构的工作方法和手段，为消防机构提高工作效率和效果提供科学依据。

第三，消防监督管理学的研究成果可以提高消防安全管理的水平。消防安全管理是消防安全工作的核心，是预防和控制火灾事故的有效手段。消防监督管理学通过对消防安全管理的研究，可以深入探讨消防安全管理的基本理论和原则，为消防安全管理工作提供科学指导。同时，消防监督管理学还可以研究消防安全管理的体系和要素，探索实施消防安全管理的方法和效果评价体系，为消防安全管理工作提供更加系统和科学的管理模式。

第四，消防监督管理学的研究成果可以加强消防安全技术的研究和应用。消防安全技术是预防和控制火灾事故的重要手段，其研究和应用对于提高消防安全工作的效率和效果具有重要意义。消防监督管理学通过对消防技术标准和规范的研究，可以推动消防技术的不断发展和升级，引进和应用新技术、新材料，提高消防装备的性能和质量，增强消防安全的应对能力。

第五，消防监督管理学的研究成果可以提高消防教育和宣传效果。消防教育和宣传是消防安全工作的重要组成部分，其目的是增强公众的消防安全意识和能力。消防监督管理学通过对消防教育和宣传的研究，可以深入探讨消防教育和宣传的理论和实践问题，探索新的宣传方式和方法，提高消防教育和宣传的效果和质量。

消防监督管理学的研究成果对于保障社会稳定和人民群众的生命财产安全具有重要的意义。消防监督管理学的研究成果可以为消防安全工作的开展提供理论和实践支撑，提高消防安全管理的水平和效果，推动消防技术不断发展和升级，加强消防教育和宣传的效果和质量，为实现消防安全和社会稳定做出积极贡献。

(二)推进消防事业的发展

消防事业是保障社会稳定和人民群众生命财产安全的重要领域之一，其发展水平直接影响着社会的安全稳定和人民群众的幸福感。消防监督管理学作为消防事业管理和研究的学科，可以通过深入研究和探索，为推进消防事业的发展提供科学依据和技术支持，进一步提升消防工作的水平和质量。

首先，消防监督管理学的研究成果可以提高消防机构和队伍的能力和水平。消防机构和队伍是消防事业的重要组成部分，其能力和水平直接关系到消防工作的效果和成效。消防监督管理学通过研究消防机构和队伍的建设、管理、培训等方面的问题，可以发现存在的不足和问题，为消防机构和队伍的建设和发展提供指导和建议。同时，消防监督管理学还可以探讨消防机构和队伍的工作方法和手段，为消防机构和队伍提高工作效率和效果提供科学依据。

其次，消防监督管理学的研究成果可以促进消防安全技术的发展和应用。消防安全技术是预防和控制火灾事故的重要手段，其发展水平直接关系到消防工作的效果和成效。消防监督管理学通过对消防安全技术的研究，可以深入探讨消防安全技术的基本理论和原则，为消防安全技术的发展提供科学指导。同时，消防监督管理学还可以研究消防安全技术的应用，探索新的技术和方法，为消防工作提供更加有效的技术支持。

再次，消防监督管理学的研究成果可以推动消防科学的发展和创新。消防科学是消防事业的理论和技术基础，其发展水平关系着消防工作的科学性和前沿性。消防监督管理学通过对消防科学的研究和探索，可以提高消防工作的科学性和前沿性，为消防工作的创新和发展提供理论支持和技术保障。同时，消防监督管理学还可以探讨消防科学与其他学科的交叉融合，为消防事业的跨学科发展提供支持和助力。

最后，消防监督管理学的研究成果可以促进消防文化的普及和宣传。消防文化是消防事业的重要组成部分，其宣传和普及可以增强人民群众的消防安全意识和自救互救能力。消防监督管理学通过研究消防文化的普及和宣传，可以发现存在的不足和问题，为消防文化的宣传和普及提供指导和建议。同时，消防监督管理学还可以探讨消防文化的传播方式和方法，为消防文化的普及和宣传提供科学依据和技术支持。

消防监督管理学的研究成果对于推进消防事业的发展具有重要意义，可以为消防工作提供科学依据和技术支持，进一步提升消防工作的水平和质量，保障社会稳定和人民群众的生命财产安全。在未来的发展中，需要不断加强对消防监督管理学的研究和探索，推动消防事业向更高水平、更广领域的发展。

（三）推进消防科技创新

消防科技创新是推动消防事业发展的重要驱动力之一。随着现代科技的发展和应用，消防科技创新也呈现出多元化和复杂化的趋势。消防监督管理学作为消防科技创新的管理和研究学科，可以通过深入研究和探索，为推进消防科技创新提供思路和方向，促进消防科技的进步和发展。

第一，消防监督管理学的研究成果可以为消防科技创新提供方向和指导。消防科技创新是一项系统性工程，需要综合运用各个学科的知识和技术。消防监督管理学通过对消防科技创新的研究，可以探讨消防科技创新的方向和目标，为消防科技创新提供指导和建议。同时，消防监督管理学还可以研究消防科技创新的机制和体系，为推进消防科技创新提供有效的管理和组织支持。

第二，消防监督管理学的研究成果可以推动消防科技创新的进步和发展。消防监督管理学通过对消防科技创新的研究，可以深入探讨消防科技创新的基本理论和原则，为消防科技创新提供科学依据。同时，消防监督管理学还可以研究消防科技创新的方法和手段，探索新的技术和方法，为消防科技创新提供有效的技术支持。

第三，消防监督管理学的研究成果可以促进消防科技创新与应用的结合。消防科技创新的最终目的是要为消防工作提供更加有效的技术支持和保障，因此，消防科技创新与应用的结合显得尤为重要。消防监督管理学通过对消防科技创新与应用的研究，可以探讨如何将消防科技创新的成果快速应用于消防实践，为消防工作提供更加有效的技术支持和保障。

第四，消防监督管理学的研究成果可以推进消防科技创新的国际合作和交流。消防科技创新是全球性的课题，需要国际合作和交流来促进其进步和发展。消防监督管理学通过对消防科技创新的国际合作和交流的研究，可以发掘国际合作和交流的优势和不足，为促进国际合作和交流提供指导和建议。同时，消防监督管理学还可以研究如何充分利用国际资源，推动消防科技创新的国际交流和合作，为消防科技创新提供更加广阔的视野和机会。

第五，消防监督管理学的研究成果可以促进消防科技创新与社会发展的结合。消防科技创新不仅要服务于消防工作，还要服务于社会发展的需要。消防监督管理学通过对消防科技创新与社会发展的研究，可以探讨如何将消防科技创新的成果应用于社会的各个领域，为促进消防科技创新与社会发展的结合提供指导和建议。同时，消防监督管理学还可以研究如何充分发挥消防科技创新的社会效益，为推动消防科技创新与社会发展的融合提供科学依据。

消防监督管理学作为消防科技创新的管理和研究学科，具有重要的意义和作用。消防监督管理学的研究成果可以为消防科技创新提供思路和方向，促进消防科技的进步和发展，为推动消防事业的发展和保障社会稳定和人民群众的生命财产安全做出贡献。

第二节　消防监督管理学的发展历程

一、消防监督管理学的发展脉络

消防监督管理学是研究消防管理和监督的学科，其发展历程可以分为以下几个阶段：

第一阶段：起源期（20世纪50—70年代）

消防监督管理学的起源可以追溯到20世纪50年代，当时国内外消防事业和消防管理尚处于起步阶段，消防安全形势比较严峻。在这种情况下，一些学者开始关注消防安全问题，对消防管理和监督进行探讨和研究，奠定了消防监督管理学的基础。这一时期的代表性学者有美国的亨特（F.Hunter）、英国的法伊（B.Fyfe）、中国的赵东元、黄庭琳等。他们主要关注消防管理和监督的理论与实践问题，研究内容比较单一，研究手段也比较简单。

第二阶段：发展期（20世纪80—90年代）

20世纪80年代以后，随着国家对消防事业的重视和推进，消防监督管理学得到了更加广泛的关注和发展。在这一时期，国内外涌现了大量的消防学者和专家，消防监督管理学的研究领域和研究内容也得到了拓展和深化。消防监督管理学的研究内容从单一的消防管理和监督扩展到消防安全法律法规、消防技术、消防科学、消防宣传教育等多个方面。代表性学者有美国的阿诺德（C.D.Arnold）、德国的波兰德（H.Poellner）、中国的赵宏民、张卫平等。他们在消防管理和监督理论方面的研究取得了一定的成果，并在实践中积累了大量的经验，为消防监督管理学的发展奠定了基础。

第三阶段：深化期（21世纪初至今）

21世纪初以来，消防监督管理学进入了深化期。在这一时期，消防监督管理学的研究逐渐深入，研究方法和手段也得到了拓展和创新。代表性学者有美国的奥伯莱特（J.M.Aublette）、英国的吉尔伯特（D.Gilbert），中国的刘小军、吴钊等。他们进一步深化了消防监督管理学的研究内容和研究方法，研究领域从单一的理论研究扩展到了应用研究和政策研究。在应用研究方面，消防监督管理学的研究内容包括了消防工程、消防设施、消防救援等多个方面，通过分析和研究实际消防事故和案例，提出了一系列有效的管理和监督措施。在政策研究方面，消防监督管理学开始关注消防法律法规和政策的制定和实施，为消防法律法规和政策的优化和完善提供了理论支持和实践经验。

此外，自21世纪初以来，消防监督管理学还面临着一些新的挑战和机遇。随着信息技术和网络技术的发展和应用，消防监督管理学开始关注消防信息化建设和智能化技术的研究和应用，尝试将信息技术和网络技术应用于消防管理和监督中，提高消防工作的效率和效果。同时，消防监督管理学还积极探索国际合作和交流，借鉴国际消防管理和监督的先进经验和做法，促进消防事业的发展和进步。

消防监督管理学经历了起源期、发展期和深化期三个阶段，其研究内容和研究方法不断拓展和创新，为推动消防事业的发展和进步做出了积极的贡献。在未来，消防监督管理学将面临更加复杂和严峻的消防安全形势和挑战，需要继续深化研究，提高理论水平和实践能力，为推进消防事业的发展做出更加积极的贡献。

二、消防监督管理学的发展现状

消防监督管理学是消防管理和监督的学科，随着社会经济和科技的不断发展，消防工作也面临着新的挑战和变化。因此，消防监督管理学的研究和发展也需要不断地适应和更新。目前，消防监督管理学的发展现状主要体现在以下几个方面：

（一）研究内容的拓展和深化

消防监督管理学作为研究消防管理和监督的学科，在当前社会经济和科技快速发展的背景下，研究内容已经从单一的消防管理和监督扩展到消防安全法律法规、消防技术、消防科学、消防宣传教育等多个方面。同时，随着信息技术的不断发展和应用，消防监督管理学开始关注消防信息化的建设和应用，研究内容也逐渐向消防智慧化、网络化方向拓展。

1. 消防安全法律法规

随着国家对消防安全的高度重视和消防安全法律法规的不断完善，消防监督管理学研究内容也开始逐渐拓展到消防安全法律法规领域。消防安全法律法规是保障消防安全的基础，研究消防安全法律法规对于推进消防工作的法治化、规范化和科学化具有重要意义。消防监督管理学在研究消防安全法律法规时，需要主要关注以下几个方面：一是对各级消防安全法律法规的研究和评估，为消防工作提供法律保障；二是对消防安全法律法规的宣传和教育，增强公众消防安全意识和素质；三是对消防安全法律法规的执行情况进行监督和检查，确保消防安全法律法规得到有效执行。

2. 消防技术

消防技术是消防监督管理学研究内容的重要组成部分。随着现代科技的快速发展和应用，消防技术也在不断进步和创新。消防监督管理学研究消防技术，旨在探讨如何运用现代科技手段，提高消防工作的效率和质量。消防监督管理学对消防技术的研究主要包括以下几个方面：一是对消防装备和器材的研究和评估，为消防工作提供先进的技术保障；二是对消防技术的宣传和教育，增强公众消防安全意识和素质；三是对消防技术的研究和开发，提出新的技术方案和应用，如消防安全自动化控制系统、无人机应用、消防云平台等，为消防工作的智能化和科技化提供技术支持。

3. 消防科学

消防科学是消防监督管理学研究内容的重要组成部分。消防科学是研究消防灾害防控的基础理论和科学方法，其研究内容涵盖消防安全、火灾发生机理、火灾预防、灭火与救援等方面。消防监督管理学的研究内容逐渐向消防科学领域拓展，旨在研究消防科学与实践的结合，提高消防工作的科学性和实效性。消防监督管理学对消防科学的研究主要包括以下几个方面：一是对消防灾害的评估和分析，为消防工作提供科学依据；二是对火灾预防和应急管理的研究和实践，提高消防工作的预见性和应对能力；三是对消防科学理论和方法的创新和发展，为推进消防工作的科学化和智能化提供理论支持。

4. 消防宣传教育

消防宣传教育是消防监督管理学研究内容的重要组成部分。消防宣传教育是指通过各种渠道和方式，向公众传播消防安全知识和技能，增强公众的消防安全意识和素质。消防监督管理学研究消防宣传教育，旨在探讨如何有效地开展消防宣传教育工作，提高宣传教育的效果和影响力。消防监督管理学对消防宣传教育的研究主要包括以下几个方面：一是对消防宣传教育的策略和模式进行研究和探讨，如媒体宣传、社区宣传、学校宣传等；二是对消防宣传教育的评估和效果分析，为宣传教育工作的改进提供科学依据；三是对消防宣传教育资源的整合和共享，提高宣传教育的资源利用效率。

（二）研究方法和手段的创新和更新

随着科技的发展，消防监督管理学的研究方法和手段也在不断创新和更新，以满足消防工作的需要。传统的研究方法和手段包括实证研究、问卷调查、案例分析和模拟实验等，虽然这些方法和手段已经得到了广泛应用，但也存在一些不足之处，如样本量小、研究结果不够精确等问题。

近年来，人工智能、大数据等新兴技术的应用对消防监督管理学的研究方法和手段产生了重大影响。数据挖掘、机器学习等新兴技术在消防监督管理学中的应用已经成为一种趋势。数据挖掘技术可以有效地挖掘消防数据中的有用信息，如事故原因、事故类型、事故地点等，为消防管理和监督提供更精确的数据支持。机器学习技术可以通过对大量数据的学习和分析，提高消防事故预测和预警的准确性和效率。

此外，虚拟现实、增强现实等技术也逐渐应用到消防监督管理学的研究中。虚拟现实技术可以提供高度仿真的消防场景，帮助消防人员进行实战演练，提高应急反应能力和处理能力。增强现实技术可以将消防设备、器材等虚拟元素融合到现实环境中，为消防管理和监督提供更加直观的展示和指导。

随着科技的不断发展和应用，消防监督管理学的研究方法和手段也在不断创新和更新，从传统的方法和手段向新兴技术和应用方向拓展，为消防事业的发展提供更加科学的理论和实践支持。

（三）学科交叉与融合的趋势

学科交叉与融合的趋势是当前学术研究的主流，这种趋势也在消防监督管理学中得到了体现。消防监督管理学作为一门交叉性学科，其研究内容涉及消防安全、消防工程、消防法律法规、消防器材、消防组织与管理等多个领域，同时还需要考虑到公众消防安全意识的提高和消防宣传教育等方面。因此，消防监督管理学需要与多个学科和领域进行交叉与融合，才能够更好地促进消防事业的发展。

首先，消防监督管理学与安全工程学的交叉是比较紧密的。安全工程学是一门研究人类社会中各种事故灾害的预防、控制、减轻与治理等的工程学科，其研究对象与消防监督管理学有一定的交叉。两个学科可以共同研究消防工程设计、消防器材的选型和使用、火灾现场应急处理等问题。在消防安全方面，安全工程学的知识可以帮助消防监督管理学更好地识别消防安全隐患，预测消防安全风险，并且设计和实施消防措施。同时，消防监督管理学也可以向安全工程学借鉴相关理论和技术，以更好地应对消防安全风险。

其次，消防监督管理学与法律学的交叉也很重要。消防安全法律法规的制定和实施对消防工作的法治化、规范化和科学化具有重要意义。消防监督管理学需要了解消防法律法规的内容和相关规定，并贯彻执行。同时，消防监督管理学与法律学的交叉可以探讨火灾责任追究等问题，通过法律手段对火灾责任人进行追究，强化消防安全责任制。因此，消防监督管理学需要与法律学进行交叉，借鉴法律学的理论和方法，为消防安全法律法规的制定和执行提供科学依据。

最后，消防监督管理学与管理学的交叉也比较紧密。消防工作涉及消防组织与管理、人员培训和考核等方面，这些问题也是管理学的核心内容。消防监督管理学可以借鉴管理学的理论和方法，如管理体系、绩效评估、人力资源管理等，为消防组织与管理提供科学化的管理方案。同时，消防监督管理学也可以将自身的经验和成果与管理学进行交流和融合，共同推动消防管理的现代化和规范化。

除了上述学科之外，消防监督管理学与心理学、传媒学等学科也有交叉与融合的趋势。消防工作涉及公众消防安全意识的提高和消防宣传教育等方面，这些问题也需要考虑人们的心理和传媒的影响力。因此，消防监督管理学需要与心理学、传媒学等学科进行交叉和融合，共同研究消防宣传教育的有效方法和策略。

消防监督管理学作为一门交叉性学科，需要与多个学科和领域进行交叉与融合，才能够更好地推动消防事业的发展。随着学科交叉与融合趋势的加强，消防监督管理学也需要不断更新和提升自身的研究水平，为推进消防事业的发展提供更加科学的支持。

（四）消防监督管理科技创新的发展

消防监督管理科技创新是指在消防管理和监督过程中，通过引入和应用先进的科技手段和技术，提高消防工作效率和质量的创新过程。科技创新是当前社会发展的重要趋势，也是消防监督管理学发展的必然选择。

1. 消防信息化平台

消防信息化平台是指通过信息化技术手段，将消防监督管理的各个环节进行数字化、集成化、智能化，实现消防信息的实时采集、处理和管理的一种平台。消防信息化平台通过数据采集、存储和分析等技术，可以实现火灾信息的实时监测和分析，为消防工作提供更加科学的数据支持。例如，利用消防信息化平台，可以实现消防安全风险的评估和预测，及时发现火灾隐患，提高消防安全水平。

2. 物联网技术

物联网技术是指通过将传感器、智能终端设备等物理设备与互联网进行连接，实现设备之间的信息交换和共享的一种技术。在消防监督管理中，物联网技术的应用可以实现火灾监测设备的远程管理和控制，以及消防设备的自动化控制和故障诊断，提高消防工作的效率和准确性。例如，消防监测系统可以通过物联网技术实现火灾信息的实时传输和分析，及时发现火灾隐患并采取措施，避免火灾的发生和扩散。

3. 智能传感器

智能传感器是一种将传感器技术与智能算法相结合的新型传感器，它可以实现对环境参数的高精度测量和分析，并能够对测量数据进行智能化处理。在消防监督管理中，智能传感器可以实现火灾监测设备的高精度测量和分析，提高消防工作的准确性和效率。例如，智能传感器可以实现火灾烟雾、温度等指标的实时监测和分析，发现火灾隐患并及时发出警报，提高火灾发现的准确性和响应的及时性。

4. 消防安全教育智能化技术

消防安全教育智能化技术是指利用人工智能、虚拟现实等新技术手段，实现消防安全教育的智能化识别和评估，提高消防安全教育的效果和效率。例如，利用虚拟现实技术，可以在虚拟环境中进行火灾逃生演练，帮助人们更加深刻地掌握火灾逃生知识和技能。利用人工智能技术，可以对消防安全教育的效果进行评估和分析，及时发现问题并进行调整和改进。

5.消防安全检查智能化技术

消防安全检查智能化技术是指利用人工智能、物联网、智能传感器等新技术手段，实现消防安全检查的智能化识别和处理，提高消防检查工作的效率和准确性。例如，利用物联网技术和智能传感器，可以实现对消防设备的远程监测和故障诊断，及时发现设备的异常情况并进行处理。利用人工智能技术，可以对消防安全检查的结果进行智能化分析和处理，发现火灾隐患并进行及时处置，提高消防安全检查工作的效率和准确性。

消防监督管理科技创新的发展是消防事业发展的重要动力之一。随着新技术的不断涌现，消防监督管理科技创新将会发挥越来越重要的作用，并提高消防工作的效率和质量，为消防事业的发展注入新的活力和动力。

消防监督管理学的发展现状呈现出多元化、复杂化和交叉性的趋势。通过研究内容的拓展和深化、研究方法和手段的创新和更新、学科交叉与融合的趋势、消防监督管理科技创新的发展等多方面的探索和实践，可以为消防管理和监督的现代化、科学化和智能化提供更加充分的支持和保障。

第二章　消防法律法规

第一节　消防法律法规的基本概念

消防法律法规是国家对于消防安全管理和监督所制定的一系列具有法律效力的文件，包括宪法、法律、行政法规、地方性法规、规章、规范性文件等。这些法律法规在消防领域中，主要规范了消防工作的法律责任、组织机构、技术标准、设备设施、安全管理、监督检查等方面的内容。消防法律法规的主要作用是保障公众的生命财产安全，规范和管理消防安全工作，减少和避免火灾事故的发生，维护社会安定和秩序。

一、消防法律法规的概念及特点

消防法律法规是指对于消防安全管理和监督具有法律效力的文件，包括法律、行政法规、司法解释、地方性法规、规章、规范性文件等。这些法律法规对于消防工作的具体实施和监督职责提供了具体的法律依据和规范。消防法律法规的主要特点如下：

（一）具有强制性

消防法律法规是由国家机关制定，具有法律效力和强制性，必须被各级政府部门、企事业单位和公民严格遵守。任何单位和个人不得违反消防法律法规的规定。具体来说，消防法律法规具有以下几个特点：

1. 由国家机关制定

消防法律法规由国家机关制定，如全国人民代表大会、国务院、公安部、应急管理部等部门和机构，具有国家法律的属性。这种法律属性使得消防法律法规具有普遍适用性和强制性，适用于全国范围内的各级政府部门、企事业单位和公民。

2. 具有法律效力

消防法律法规具有法律效力，是国家法律体系中的一部分。这意味着，消防法律法规在法律上有权威性和约束力，其规定具有法律效力，必须被各级政府部门、企事业单位和公民严格遵守。

3. 具有强制性

消防法律法规具有强制性，是指其规定是强制性的，必须被各级政府部门、企事业单位和公民严格遵守，任何单位和个人都不得违反其规定。任何单位或个人违反消防法律法规规定，都会被追究相应的法律责任。

4. 对消防工作具有指导作用

消防法律法规对消防工作具有指导作用，其规定和要求旨在规范消防安全管理、消防设施设备的设计和管理、火灾隐患排查和整改、火灾事故应急救援等方面的工作，提高消防工作的效率和效果，保障公众的生命财产安全。

消防法律法规的强制性是保障公众生命财产安全的重要保障，也是推动消防工作现代化和科学化发展的重要手段，必须被各级政府部门、企事业单位和公民严格遵守。同时，消防部门也应该通过加强执法检查，严格执行法律法规，对违反消防法律法规规定的单位和个人予以惩戒，保障公众的生命财产安全。

（二）规范性强

消防法律法规对于消防安全管理和监督具有高度的规范性，对于消防工作的各个方面都做出了明确的要求和规定，包括消防设施设备的建设和管理、火灾隐患排查和消除、火灾报警和应急救援等方面。消防法律法规规范性强是其重要特点之一。消防法律法规对于消防安全的各个方面都做出了明确的要求和规定，从而对消防工作的开展提供了具体指导和保障。下面具体阐述消防法律法规规范性强的几个方面：

1. 消防设施设备的建设和管理

消防法律法规规定了消防设施设备的建设和管理标准和要求，确保了消防设施设备的安全可靠。例如，消防法规规定了建筑物、场馆、聚集场所等的消防设施设备建设标准和配置要求，规范了消防设施设备的设计、建设和使用。此外，消防法规还规定了消防设施设备的定期检测、维护和保养要求，确保消防设施设备的安全可靠。

2. 火灾隐患排查和消除

消防法律法规规定了对火灾隐患的排查和整改要求和标准。消防部门要对各类场所的火灾隐患进行全面排查，发现问题及时整改。此外，消防法律法规还规定了各类场所的消防安全检查要求和标准，要求场所负责人对消防设施设备进行定期检查和维护，确保设施设备的安全可靠。

3. 火灾报警和应急救援

消防法律法规规定了火灾报警和应急救援的要求和流程。例如，消防法规规定了各类场所应建立火灾报警系统和应急疏散预案，明确各类人员的职责和行动程序，确保火灾事故发生时及时报警和疏散。此外，消防法律法规还规定了各级消防机构的职责和任务，明确消防队伍应在火灾事故发生时及时赶到现场，采取有效措施抢救人员和财产。

4. 消防安全管理和监督

消防法律法规规定了消防安全管理和监督的具体要求和流程。例如，消防法规规定了消防安全管理的组织和领导、消防安全制度和管理办法等，确保消防安全工作的有效开展。此外，消防法律法规还规定了消防安全监督的要求和标准，要求各级消防部门和行政机关加强对各类场所消防安全工作的监督和管理，发现问题及时进行处理和纠正，确保消防安全工作的顺利开展。

5. 消防安全教育和宣传

消防法律法规规定了对公众进行消防安全教育和宣传的要求和标准。消防部门应开展各类消防安全宣传活动，增强公众的消防安全意识，普及消防知识，提高公众的自救逃生能力。此外，消防法律法规还规定了各类场所应开展消防安全培训和演练活动，提高员工和管理人员的消防安全意识和应急处理能力。

消防法律法规具有强制性和规范性强的特点，对消防安全工作的各个方面都做出了明确的要求和规定，确保了消防安全工作的有效开展。

（三）适应性强

适应性强是消防法律法规的重要特点之一。消防安全工作面临的形势和问题是不断变化的，消防法律法规需要随之不断调整和完善，以适应新形势和新需求。消防法律法规适应性强的特点主要表现在以下几个方面：

1. 消防安全工作是一个不断发展和变革的领域，随着科技的不断发展，消防工作所面临的问题和挑战也在不断变化和升级。消防法律法规需要随着科技的发展不断更新，适应新形势下的消防安全工作。例如，新的消防设施设备的研发和应用需要针对新的情况和问题制定相应的消防法规。

2. 随着社会的发展和变化，人们的生活、工作和娱乐方式也在不断变化。新的社会现象和新的消防安全问题也随之产生。消防法律法规需要及时修订和完善，以适应新的社会情况和变化。例如，随着网购和外卖行业的发展，消防部门需要制定新的消防法规，确保这些场所的消防安全。

3. 消防安全工作中新的问题和难点不断出现，消防法律法规需要针对这些问题制定相应的规定和要求。例如，近年来大型储存、加工、运输危险化学品的事故频发，消防法律法规需要加强对危险化学品场所的监管和安全要求，制定更为严格的消防法规和标准，保障公众的生命和财产安全。

4. 消防安全工作在面对新形势和新需求时需要及时调整和完善消防法律法规。例如，新冠疫情暴发后，各级消防部门制定了应急防控措施，加强了对公共场所的消防安全监管。消防法律法规需要针对这一情况进行及时修订和完善，以应对新的消防安全问题。

消防法律法规的适应性强，可以随着社会和科技的发展而不断调整和完善，以适应新形势和新需求，确保消防安全工作的有效开展。消防部门应当密切关注消防安全工作中的新情况、新问题和新需求，及时修订和完善消防法律法规，加强对消防安全工作的监管和指导，确保公众的生命和财产安全。

（四）综合性强

综合性强是消防法律法规的重要特点之一。消防安全工作是一个涉及多个方面、多个部门协作的领域，涉及的问题和需求也十分复杂。消防法律法规需要综合考虑各个领域的要求和规定，协同各个部门共同实现消防工作的综合管理和监督。消防法律法规综合性强的特点表现在以下几个方面：

1. 建筑、市政等领域

消防法律法规需要对建筑、市政等领域的消防安全问题进行规范和管理。消防法规规定了建筑物、场馆、聚集场所等的消防设施设备建设标准和配置要求，规范了消防设施设备的设计、建设和使用。此外，消防法规还规定了建筑物和市政基础设施的消防安全检查要求和标准，要求相关部门对这些场所进行定期检查和维护，确保设施设备的安全可靠。

2. 环保、安全等领域

消防法律法规需要对环保、安全等领域的消防安全问题进行规范和管理。例如，消防法规规定了危险化学品场所的消防安全要求和标准，规范了这些场所的消防安全管理和监督。此外，消防法规还规定了生产企业的消防安全要求和标准，要求生产企业建立健全的消防安全制度，确保消防安全的全面管理和监督。

3. 各个部门的协作和配合

消防法律法规需要各个部门的协作和配合，实现消防工作的综合管理和监督。例如，消防部门需要与建设、市政、环保、安全等部门协作配合，共同管理和监督消防安全工作。此外，消防部门还需要与企业、学校、医院等场所协作配合，共同推进消防安全的建设和管理。

消防法律法规的综合性强，需要涵盖建筑、市政、环保、安全等多个方面，各个部门需要协作配合，共同实现消防工作的综合管理和监督。各个部门只有齐心协力，才能保障公众的生命和财产安全。

二、消防法律法规的意义

（一）消防法律法规的作用

消防法律法规是指国家和地方制定的与消防安全相关的法律、法规、规章、规范性文件等，具有法律效力和规范性。消防法律法规在消防安全工作中起着重要作用，主要体现在以下几个方面：

1. 保障公众的生命财产安全

消防法律法规主要关注的是公众的生命财产安全，通过规范和约束行为，保障公众的生命财产安全。比如，消防法规对于建筑物、设施设备、聚集场所等的消防安全要求和标准,确保了公众在这些场所的安全。消防法规对于火灾隐患排查、火灾报警和应急救援等方面的规定和要求,也确保了公众在火灾发生时的安全。

2. 规范消防工作的具体操作流程

消防法规不仅规范消防安全的基本要求,还规定了消防工作的具体操作流程和标准。消防法规对于消防设施设备的设计、建设、使用和维护等方面的规定和要求,确保了消防设施设备的安全可靠。消防法规对于消防安全管理和监督的组织和领导、火灾隐患排查和整改、火灾事故应急救援等方面也提出了具体要求和规定,确保了消防工作的有效开展。

3. 依法惩处违反消防安全规定的行为

消防法律法规规定了依法惩处违反消防安全规定的行为的标准和要求。比如,对于建筑物未按照消防法规规定进行消防设计和建设的行为,消防法规规定了相应的行政处罚措施和法律责任,起到了法律惩戒的作用。通过严格执行消防法律法规,可以切实保障公众的生命财产安全。

4. 提高消防工作的效率和效果

消防法律法规的制定和执行可以提高消防工作的效率和效果。消防法规规定了消防设施设备的建设和管理标准和要求,可以提高消防设施设备的运行效率和安全性。消防法规规定了消防安全管理和监督的具体要求和流程,可以提高消防工作的管理效率和监督效果。消防法规规定了火灾隐患排查和整改、火灾事故应急救援等方面的具体要求和流程,可以提高消防工作的应急处理效率和准确性。

5. 推动消防工作的现代化和科学化发展

消防法律法规的制定和执行可以推动消防工作的现代化和科学化发展。消防法规规定了消防设施设备的设计标准与要求,可以促进消防设施设备的科技创新和发展。消防法规规定了火灾隐患排查和整改、火灾事故应急救援等方面的科学化要求和流程,可以促进消防工作的技术创新和提升。

(二)消防法律法规的重要性

消防法律法规是保障公众生命财产安全的重要手段和法律保障,具有以下几个方面的重要性:

1. 消防法律法规是消防安全工作的重要参考标准和依据

消防法律法规是消防安全工作的重要参考标准和依据。消防法规规定了消防安全的基本要求、消防设施设备的设计和管理标准、消防安全管理和监督的具体要求和流程等方面的规定和要求,为消防安全工作提供了参考和指导。

2. 消防法律法规是保障公众生命财产安全的重要手段

消防法律法规是保障公众生命财产安全的重要手段。消防法规规定了建筑物、设施设备、聚集场所等的消防安全要求和标准,规范了消防安全管理和监督的具体要求和流程,可以切实保障公众的生命财产安全。

3. 消防法律法规是消防工作现代化和科学化发展的重要推动力

消防法律法规是消防工作现代化和科学化发展的重要推动力。消防法规规定了消防设施设备的设计标准和要求，可以促进消防设施设备的科技创新和发展。消防法规规定了火灾隐患排查和整改、火灾事故应急救援等方面的科学化要求和流程，可以促进消防工作的技术创新和提升。

4. 消防法律法规是推动法治建设和社会治理的重要内容

消防法律法规是推动法治建设和社会治理的重要内容。通过消防法律法规的制定和执行，可以提高消防安全工作的法治化水平，加强对违法行为的惩罚和法律保障，推动社会治理现代化。

5. 消防法律法规是推动国家安全战略的重要组成部分

消防法律法规是推动国家安全战略的重要组成部分。消防安全是国家安全的重要方面之一，通过消防法律法规的制定和执行，可以加强对消防安全的管理和监督，提高国家安全的整体水平。

第二节 消防法律法规的体系和层次

消防法律法规体系是指国家针对消防安全问题制定的法律、行政法规、地方性法规、规章和规范性文件等法律法规的整体，用于规范消防工作，保障公民的生命财产安全。消防法律法规的层次分为以下几个层次。

一、宪法层次

宪法是国家的最高法律，是国家制度和社会制度的基础。宪法不仅是国家治理的总章程，也是国家法律体系的核心和基石。在消防领域，宪法对消防工作的规定主要体现在第三十一条，明确规定国家要采取措施维护火灾防控，加强消防宣传教育，增强公众的消防安全意识。

（一）宪法中消防工作的规定

《宪法》第三十一条规定："国家维护火灾防控的措施，保护公民、法人和其他组织的财产安全。加强火灾防控的宣传教育，增强公众的消防安全意识。"该条规定了国家维护火灾防控的措施和保护公民、法人和其他组织财产安全的任务。同时，还强调了加强火灾防控的宣传教育和增强公众的消防安全意识，这是消防工作的基础。

（二）宪法对消防工作的意义

强调了国家的责任。宪法规定国家要维护火灾防控的措施和保护公民、法人和其他组织的财产安全。这表明消防工作是国家的责任，国家要对消防工作负起管理和监督的责任，确保消防安全工作的顺利开展。

加强了宣传教育和公众意识。宪法规定要加强火灾防控的宣传教育和增强公众的消防安全意识。这是消防工作的基础。只有让公众认识到消防安全的重要性，才能促进消防事业的发展。

保障了公民的生命财产安全。宪法规定要保护公民、法人和其他组织的财产安全。消防安全是关乎公民生命财产安全的大事，而宪法的规定为消防安全提供了法律保障，保障公民的基本权益和安全。同时，宪法还规定了国家对消防工作的管理和监督职责，对消防安全保障和消防工作的开展起到了重要的法律保障作用。

促进了消防事业的发展。宪法的规定为消防事业的发展提供了法律保障和政策支持。在国家和地方政府的引导下，各级消防机构将更加注重消防宣传教育和公众意识的提高，加强火灾防控的技术研究和人才培养，不断提高消防工作水平和能力。

（三）宪法对消防工作的启示

宪法对消防工作的规定和意义为我们提供了以下几方面的启示：第一，加强消防宣传教育和增强公众的消防安全意识是消防工作的基础，也是消防工作的长期任务；第二，国家要负起管理和监督消防工作的责任，确保消防安全工作的顺利开展；第三，消防安全事关公民生命财产安全，应得到高度重视和保障；第四，消防事业需要不断加强技术研究和人才培养，提高消防工作的水平和能力。

宪法对消防工作的规定和意义对于保障公民的生命财产安全、促进消防事业的发展和加强法制建设都具有重要的意义和价值。

二、法律层次

法律是由全国人民代表大会及其常委会制定的普通法律，是对某一特定问题做出系统规定的法规。在消防领域，主要包括《消防法》《安全生产法》等法律。其中，《消防法》是我国消防领域的基本法律，规定了国家对消防工作的管理和监督，强调了消防工作的重要性和公民的消防安全责任，对消防安全保障和消防工作的开展起到了重要的法律保障作用。《安全生产法》则对安全生产和消防安全提出了更加具体和细致的要求和规定。

（一）法律层次的定义和作用

法律是由全国人民代表大会及其常委会制定的普通法律，是对某一特定问题做出系统规定的法规。在消防领域，法律是制定和实施消防工作的基础和法律依据。法律对消防工作的开展具有重要的指导作用，为消防工作提供了制度保障和法律支持。

（二）消防领域的法律法规

1.《消防法》

《消防法》是我国消防领域的基本法律，于1998年11月1日开始施行，是国家对消防工作管理和监督的法律基础。该法律主要包括八章五十七条规定，对于消防安全保障和消防工作的开展起到了重要的法律保障作用。

《消防法》规定了消防工作的法律地位和任务，要求各级政府、企事业单位和公民要认真履行消防安全管理职责，加强消防宣传教育，加强火灾隐患排查和消防检查，加强火灾事故应急救援工作，规定了火灾应急救援的机构和职责，要求依法惩处违反消防安全规定的行为。同时，《消防法》规定，公民对于消防安全事故有义务提供必要的救助和报警。

2.《安全生产法》

《安全生产法》是国家对安全生产和消防安全提出的更加具体和细致的要求和规定的法律，于2014年12月1日开始施行。该法律主要包括八章七十条规定，涉及安全生产的方方面面，其中也包括了消防安全问题。

《安全生产法》规定了安全生产和消防安全的法律地位和任务，要求各级政府、企事业单位和公民要重视安全生产和消防安全工作，制定安全生产和消防安全制度，加强生产场所、设施、设备和安全管理的规范，规定了安全生产和消防安全事故的预防和应急处置要求，规定了安全生产和消防安全的监督管理职责和依法追究责任的措施。

（三）法律的意义和作用

1. 规范和约束消防工作

法律是对某一特定问题做出系统规定的法规，消防工作是必须遵守的法律法规的规范对象。法律对消防工作的规范和约束，使消防工作的开展有了明确的法律依据和标准，可以有效地保障消防安全和公众的生命财产安全。

2. 确定消防工作的任务和责任

法律对消防工作的任务和责任进行了明确规定，对各级政府、企事业单位和公民来说，有了明确的消防安全管理职责，必须认真履行自己的职责，加强消防宣传教育，加强火灾隐患排查和消防检查，加强火灾事故应急救援工作，规定了火灾应急救援的机构和职责，依法惩处违反消防安全规定的行为等，从而确保消防工作的有序进行。

3. 增强公众的消防安全意识

法律对消防工作的宣传教育和公众意识提高起到了重要的作用。法律规定要加强火灾防控的宣传教育和增强公众的消防安全意识，从而使公众更加认识到消防安全的重要性，进而提高公众的自我保护能力和消防安全意识。

4. 保障消防工作的开展

法律是消防工作的基础和保障，法律规定了消防工作的法律地位和任务，保障了消防工作的开展。消防工作必须依照法律的规定开展，只有依法开展消防工作，才能保障公民的生命财产安全。

法律在消防领域具有重要的作用和意义，是保障消防工作顺利开展和提高消防安全水平的重要手段。

三、行政法规层次

行政法规是国务院或者地方政府依据法律制定的规范性文件,是国家行政机关的一种权力行使形式。在消防领域,主要包括《火灾隐患排查治理条例》《火灾自动报警系统管理办法》等行政法规。这些行政法规在具体的消防管理和监督中,对火灾隐患排查、火灾报警系统建设、消防安全检查等方面提出了明确的要求和规定,起到了重要的管理和监督作用。

(一)行政法规的定义和作用

行政法规是国务院或者地方政府依据法律制定的规范性文件,是国家行政机关的一种权力行使形式。行政法规在制定和实施消防工作方面具有重要的指导作用,是消防领域的重要法律规范。行政法规在消防领域的作用主要包括以下几个方面:第一,对消防安全管理和监督提供了具体的规范和要求,保障了公众的生命财产安全;第二,规范了消防工作的具体操作流程,提高了消防工作的效率和效果;第三,对于依法惩处违反消防安全规定的行为,起到了制度保障作用。

(二)消防领域的行政法规

1.《火灾隐患排查治理条例》

《火灾隐患排查治理条例》于2009年12月1日开始施行,是对火灾隐患排查和治理的法律规范。该条例规定了火灾隐患排查和治理的责任和程序,明确了火灾隐患排查和治理的标准和要求,加强了火灾隐患排查和治理的管理和监督,促进了消防安全工作的开展。

2.《火灾自动报警系统管理办法》

《火灾自动报警系统管理办法》于2003年1月1日开始施行,是对火灾自动报警系统建设和管理的法律规范。该办法规定了火灾自动报警系统的标准和要求,对火灾自动报警系统的设计、安装、检测、维护和管理等方面提出了具体要求和规定,保障了火灾自动报警系统的正常运行和消防工作的顺利开展。

(三)行政法规的重要性

行政法规是国家行政机关权力的具体表现形式,是实现法律目标的重要手段。在消防领域,行政法规对于消防安全工作的开展具有重要的指导作用,是保障公众生命财产安全的重要法律规范。行政法规不仅规范了消防安全管理和监督的具体要求,还对消防工作的具体操作流程、依法惩处违反消防安全规定的行为等起到了重要的法律保障作用。因此,各级政府和消防部门应当认真贯彻执行行政法规,加强对消防安全工作的管理和监督,保障消防安全工作的有序开展。同时,公民和企事业单位也应当遵守行政法规,履行自己的消防安全管理职责,积极参与消防安全工作,共同营造良好的消防安全环境。

四、地方性法规层次

地方性法规是地方人民代表大会及其常委会制定的法律，适用于本行政区域内的事项。在消防领域，主要包括各省、市、自治区制定的《消防条例》《消防安全管理条例》等法规。这些法规在消防工作中，主要负责具体的行政管理和监督职责，对消防安全工作的规范和管理起到了重要的作用。

（一）地方性法规的定义和作用

地方性法规是地方人民代表大会及其常委会制定的法律，适用于本行政区域内的事项。在消防领域，地方性法规主要负责具体的行政管理和监督职责，对消防安全工作的规范和管理起到了重要作用。地方性法规的作用主要体现在以下几个方面：第一，具体规范消防安全管理和监督职责，保障公众的生命财产安全；第二，规范消防工作的具体操作流程，提高消防工作的效率和效果；第三，依法惩处违反消防安全规定的行为，起到制度保障作用。

（二）消防领域的地方性法规

1.《消防条例》

各省、市、自治区制定的《消防条例》是地方性法规中对消防安全管理和监督的职责规范和要求。该条例对各级政府、企事业单位和公民在消防安全方面的职责和义务、火灾隐患排查和消除、火灾报警和应急救援等提出了具体的要求和规定，保障了消防安全工作的顺利开展。

2.《消防安全管理条例》

各省、市、自治区制定的《消防安全管理条例》是地方性法规中对消防安全管理和监督的具体规范和要求。该条例对消防安全管理和监督的组织和领导、火灾隐患排查和整改、火灾事故应急救援、消防设施设备的建设和管理等提出了具体要求和规定，确保了消防安全工作的顺利开展。

（三）地方性法规的重要性

地方性法规是地方政府制定的法规，具有针对性强、实施有效等特点，是具体实施法律的重要依据和支撑。在消防领域，地方性法规主要负责消防安全管理和监督职责，具有重要的指导作用。地方性法规不仅规范了消防安全管理和监督的具体要求，还对消防工作的具体操作流程、依法惩处违反消防安全规定的行为等起到了重要的法律保障作用。同时，地方性法规也为当地政府部门开展消防安全工作提供了制度保障和法律支持。因此，地方性法规在消防领域中具有重要的作用和地位，对保障公众生命财产安全、提高消防工作效率和效果、依法惩处违反消防安全规定的行为等都起到了重要的促进作用。同时，地方性法规也可以根据不同地区和情况的不同，制定出更具针对性和适用性的消防安全管理和监督措施，有助于不同地区消防安全工作的开展和不断完善。

五、规章层次

规章是国家机关制定的具有法律效力的规范性文件，主要包括行政机关规章和地方性规章。在消防领域，主要包括国务院制定的《火灾自动报警系统规定》《消防安全技术规范》等规章。这些规章对消防安全工作的具体实施和技术标准的制定提供了具体的指导和规范。

（一）规章的定义和作用

规章是国家机关制定的具有法律效力的规范性文件，主要包括行政机关规章和地方性规章。规章是对法律的具体实施和细化，具有强制力，是消防工作的重要法规。规章对消防安全工作的具体实施和技术标准的制定提供了具体的指导和规范，保障了公众的生命财产安全。

（二）消防领域的规章

1.《火灾自动报警系统规定》

《火灾自动报警系统规定》是国务院制定的规章，于2002年1月1日开始施行。该规定规定了火灾自动报警系统的类型和性能指标、设计、安装和调试要求，对火灾自动报警系统的建设和使用起到了具体的规范和指导作用，确保了火灾自动报警系统的正常运行和消防工作的顺利开展。

2.《消防安全技术规范》

《消防安全技术规范》是国家标准化管理委员会制定的规章，适用于消防安全技术设计、施工、验收和使用。该规范主要包括建筑物消防设计和设施设备配置的要求、消防设施设备的使用和维护管理要求等方面的规定，确保了消防安全技术的规范实施和消防工作的顺利开展。

（三）规章的重要性

规章是法律的具体实施和细化，具有强制力，是消防工作的重要法规。规章对消防安全工作的具体实施和技术标准的制定提供了具体的指导和规范，保障了公众的生命财产安全。规章的制定不仅规范了消防安全管理和监督的具体要求，还对消防工作的具体操作流程、依法惩处违反消防安全规定的行为等起到了重要的法律保障作用。因此，规章在消防工作中具有重要的指导作用。

六、规范性文件层次

规范性文件是国家机关或者其他组织制定的具有一定规范性文件，包括行业标准、地方标准、企业标准等。在消防领域，主要包括《消防水源与消防给水设计规范》《火灾风险评估技术规范》等规范性文件。这些文件对于消防安全工作的技术规范、设计标准和管理要求提供了参考和指导。

（一）规范性文件的定义和作用

规范性文件是国家机关或者其他组织制定的具有一定规范性文件，包括行业标准、地方标准、企业标准等。在消防领域，规范性文件主要提供了消防安全工作的技术规范、设计标准和管理要求，对消防工作的开展具有重要的指导作用。规范性文件的作用主要体现在以下几个方面：第一，为消防工作提供技术规范和设计标准，保障公众的生命财产安全；第二，规范消防设施设备的设计、安装和使用，提高消防设施设备的运行效率和安全性；第三，提高消防工作的效率和效果，为消防管理和监督提供参考。

（二）消防领域的规范性文件

1.《消防水源与消防给水设计规范》

《消防水源与消防给水设计规范》是由国家住房和城乡建设部制定的规范性文件，是消防设施设计的重要参考标准。该规范规定了消防水源与消防给水设施的设计标准和要求，包括水源类型、供水方式、水泵选型和安装等方面，确保了消防设施设备的安全可靠和消防工作的有效开展。

2.《火灾风险评估技术规范》

《火灾风险评估技术规范》是由国家市场监督管理总局和国家标准化管理委员会联合发布的规范性文件，是对火灾风险评估的技术规范和要求。该规范规定了火灾风险评估的原则、方法和步骤，包括火灾风险评估的范围、对象、评价指标和评价结果等方面，确保了消防安全工作的科学化和规范化。

（三）规范性文件的重要性

规范性文件是消防工作的重要参考标准和依据，对消防安全工作的规范和管理起到了重要的作用。规范性文件为消防工作提供了技术规范和设计标准，确保消防设施设备的安全可靠和消防工作的有效开展。同时，规范性文件也为消防管理和监督提供了参考和指导，提高消防工作的效率和效果。规范性文件的制定和修订也是与时俱进、适应新形势新需求的重要手段，可以及时对消防工作中出现的新情况、新问题进行调整和完善。因此，规范性文件的重要性在消防领域中不可忽视。

同时，规范性文件也是消防工作的基础和保障，可以为消防设施设备的设计和建设提供标准和要求，为消防安全管理和监督提供基础和指导。消防工作是人民生命财产安全的重要保障，规范性文件的制定和实施不仅是法制建设和社会治理的重要内容，也是保障公众生命财产安全的重要手段。因此，规范性文件在消防领域中具有不可替代的重要作用。

（四）规范性文件的层次

规范性文件包括国家标准、行业标准、地方标准、企业标准等，不同层次的规范性文件具有不同的适用范围和权威性。具体分为以下几个层次：

1. 国家标准

国家标准是由国家标准化管理委员会发布的标准,是具有法律效力的标准,适用于全国范围。在消防领域,国家标准如《建筑消防设计规范》《火灾自动报警系统设计规范》等,是消防安全工作的重要参考标准和法律依据。

2. 行业标准

行业标准是由行业管理部门发布的标准,适用于某一特定行业。在消防领域,行业标准如《消防水源与消防给水设计规范》《建筑消防设施维护管理规范》等,是消防工作中的重要参考标准和依据。

3. 地方标准

地方标准是由地方政府发布的标准,适用于本地区。在消防领域,地方标准如各省市自治区发布的《消防设施维护管理规范》《消防安全检查规范》等,是消防安全工作的重要参考标准和法律依据。

4. 企业标准

企业标准是由企业自行制定的标准,适用于该企业内部。在消防领域,企业标准如各大企业制定的消防设施设备维护管理规范、消防应急预案等,是企业消防安全管理和自身消防设施设备建设的重要参考标准和依据。

不同层次的规范性文件具有不同的适用范围和权威性,但它们的制定都是为了规范消防工作中的技术规范、设计标准和管理要求,保障公众的生命财产安全。在消防工作中,各层次的规范性文件相互配合、相互补充,形成了一个完整的消防安全工作标准体系。

第三节 消防法律法规的适用范围和实施

一、消防法律法规的适用范围

消防法律法规适用范围广泛,涉及建筑、市政、环保、安全等多个领域,具体如下:

（一）建筑领域

消防法律法规在建筑领域的适用范围非常广泛,包括建筑物的设计、施工、使用和管理等方面。

1. 建筑设计和建设

消防法律法规对建筑设计和建设提出了具体的要求和标准。例如,《建筑设计防火规范》规定了建筑物的防火设计和建设标准,包括防火隔离、防火分区、防火门窗、防火保护构件等方面的要求,确保建筑物在发生火灾时能够尽可能地减少火势蔓延和损害。此外，消防法律法规还规定了建筑物的消防通道、疏散楼梯、防排烟系统、火灾报警系统等消防设施的建设标准和配置要求，确保建筑物在发生火灾时能够及时疏散人员和扑灭火灾。

2. 建筑消防设施的管理和维护

消防法律法规规定了建筑消防设施的管理和维护要求。例如，《建筑消防设施管理规定》规定了建筑消防设施的日常管理和维护要求，包括设施设备的使用、保养、维修和更新等方面的要求，确保消防设施设备的正常运转和可靠性。此外，消防法律法规还规定了建筑消防设施设备的检查和测试要求，要求各类建筑物的负责人按照规定定期检查消防设施设备的运转状况，及时发现并处理问题。

3. 建筑消防安全的监督和检查

消防法律法规规定了对建筑消防安全的监督和检查要求。例如，《建筑消防设施检查和评定规定》规定了对建筑消防设施设备的检查和评定要求，要求对各类建筑物的消防设施设备进行定期检查和评定，发现问题及时整改。此外，消防法律法规还规定了各级消防机构对建筑消防安全的监督和检查要求，要求各级消防机构加强对建筑物消防安全的监管和检查，确保建筑消防安全得到有效的保障和监督。

4. 建筑物的使用和管理

消防法律法规对建筑物的使用和管理也提出了具体要求和标准。例如，《建筑消防管理条例》规定了建筑物消防安全的管理要求，包括建筑物的消防安全制度、消防安全管理人员的配备、火灾隐患排查和整改等方面的要求。此外，消防法律法规还规定了各类建筑物的消防安全检查要求，要求建筑物负责人定期对消防设施设备进行检查和维护，确保设施设备的正常运转和可靠性。

消防法律法规在建筑领域的适用范围非常广泛，包括建筑物的设计、施工、使用和管理等方面。消防法律法规的制定和实施，能够有效地保障建筑物的消防安全，减少火灾事故的发生，确保公众的生命和财产安全。

（二）市政领域

消防法律法规对市政领域的消防安全工作也提出了具体要求。例如，《市政消防设施管理规定》规定了市政消防设施的管理和维护要求。

1. 市政消防设施的建设

消防法律法规规定了市政消防设施的建设要求和标准。例如，各级政府部门应当根据不同地区、不同行业、不同场所的消防安全需要，制定相应的市政消防设施建设规划和标准，确保市政消防设施的建设质量和安全可靠性。市政消防设施主要包括消火栓、消防水池、消防水泵房等设施。

2. 市政消防设施的管理和维护

消防法律法规规定了市政消防设施的管理和维护要求。例如，《市政消防设施管理规定》规定了市政消防设施的日常管理和维护要求，包括设施设备的使用、保养、维修和更新等方面的要求，确保市政消防设施设备的正常运转和可靠性。此外，消防法律法规还规定了市政消防设施设备的检查和测试要求，要求各级政府部门按照规定定期检查市政消防设施设备的运转状况，及时发现并处理问题。

3. 市政场所的消防安全管理和监督

消防法律法规规定了市政场所的消防安全管理和监督要求。例如，《城市公共场所消防安全管理办法》规定了城市公共场所的消防安全管理要求，要求各类公共场所的负责人制定消防安全制度和应急预案，加强对消防设施设备的管理和维护。此外，消防法律法规还规定了各级消防机构对市政场所消防安全的监管和检查要求，要求各级消防机构加强对市政场所消防安全的监管和检查，确保市政场所消防安全得到有效保障。

消防法律法规在市政领域的适用范围广泛，主要涉及市政消防设施的建设、管理和维护，以及市政场所的消防安全管理和监督等方面。

（三）环保领域

消防法律法规在环保领域的适用范围主要是针对危险化学品的储存和使用，以保障人民群众的生命和财产安全。

1. 危险化学品的分类和标识

消防法律法规对危险化学品的分类和标识提出了明确要求。例如，《危险化学品安全管理条例》规定了危险化学品的分类标准和标识要求，要求在危险化学品储存、运输、使用等环节中，对危险化学品的分类和标识进行严格管理和监督，防止危险化学品带来的火灾和爆炸等安全事故。

2. 危险化学品的储存和运输

消防法律法规对危险化学品的储存和运输提出了具体要求。例如，《危险化学品安全管理条例》规定了危险化学品的储存、运输和装卸要求，包括危险化学品储存场所的设置、容量和布局等要求，确保危险化学品储存的安全性和稳定性。此外，消防法律法规还规定了危险化学品运输车辆的要求和安全措施，要求对危险化学品运输车辆的运输过程进行严格监督和管理，防止危险化学品的泄漏和爆炸等安全事故。

3. 危险化学品的使用

消防法律法规对危险化学品的使用提出了具体要求。例如，《危险化学品安全管理条例》规定了危险化学品使用的操作要求和安全措施，要求对危险化学品的使用过程进行严格监督和管理，防止危险化学品使用过程中发生安全事故。

4. 环保行业的消防安全管理和监督

消防法律法规还规定了环保行业的消防安全管理和监督要求。例如，《消防法》规定了各级消防机构的职责和任务，明确了消防队伍在环保行业的消防安全监管中的作用和职责，加强了对环保行业消防安全的监管和管理，确保环保行业的消防安全得到有效保障。

消防法律法规在环保领域的适用范围主要是针对危险化学品的储存和使用，以保障人民群众的生命和财产安全。在环保领域，消防法律法规所涉及的主要内容包括危险化学品的分类和标识、储存和运输、使用等方面，消防法律法规的主要目的是确保环境保护行业的消防安全，防止危险化学品引发的火灾、爆炸等安全事故。

（四）安全领域

消防法律法规在安全领域的适用范围非常广泛，包括聚集场所、交通运输、特种设备等多个方面。

1. 聚集场所的消防安全要求

消防法律法规对聚集场所的消防安全提出了具体要求。例如，《消防安全条例》规定了各类聚集场所的消防安全要求，包括室内和室外聚集场所的消防设施和消防安全管理制度要求，如防火隔离、消防疏散、消防设施设置和消防设备维护等。此外，消防法律法规还规定了聚集场所的消防安全审查和监督要求，对新建、改建或者扩建的聚集场所进行消防安全审查，对已建聚集场所进行定期检查和监督。

2. 交通运输事故的消防处置要求

消防法律法规对交通运输事故的消防处置提出了具体要求。例如，《道路交通安全法》规定了交通事故发生时的消防处置要求，要求公安机关和消防机构在接到交通事故报警后，即时到达现场进行消防救援和灭火，确保交通事故现场的安全和秩序。

3. 特种设备的消防安全要求

消防法律法规对特种设备的消防安全提出了具体要求。例如，《特种设备安全法》规定了特种设备的消防安全要求，要求特种设备的设计、制造、安装、使用、维修和报废等过程中，必须符合国家有关消防法律法规的要求，确保特种设备的消防安全。

4. 其他安全领域的消防安全管理和监督

消防法律法规还规定了其他安全领域的消防安全管理和监督要求。例如，对于涉及燃气、电力、石油和化学等领域的消防安全问题，消防法律法规规定了相应的消防安全管理要求和监督措施。此外，对于各类场所的火灾事故，消防法律法规还规定了火灾调查和鉴定要求，要求对火灾事故进行深入调查和鉴定，查明事故原因和责任，并提出防范和改进措施，以避免类似事故再次发生。

消防法律法规在安全领域的适用范围非常广泛，覆盖了许多关键领域和关键行业。这些规定的制定和实施，能够有效保障人民群众的生命和财产安全。

二、消防法律法规的实施

消防法律法规的实施包括以下方面：

（一）立法和修订

消防法律法规的实施是通过立法和修订来实现的。在我国，立法和修订消防法律法规的主要机构是全国人民代表大会及其常务委员会、国务院及其各部门以及地方人民代表大会及其常务委员会。

1. 立法

立法是消防法律法规实施的基础。我国的消防法律法规主要包括《消防法》《消防安全条例》《建筑设计防火规范》《建筑消防设施管理规定》《危险化学品安全管理条例》《道路交通安全法》等多部法律法规。这些法律法规在消防安全管理中起着至关重要的作用。

2. 修订

随着时代和技术的发展，消防安全管理工作也需要不断更新和完善。因此，对消防法律法规进行修订也是实施消防法律法规的重要手段之一。修订主要是根据当前的实际情况和问题，对现有法律法规进行修改和完善，以保持消防法律法规的科学性、严密性和适用性。

3. 实施

消防法律法规的实施需要各级政府、部门和个人共同努力。国家和地方政府应当加强对消防法律法规的宣传和贯彻落实，制定和完善相关的政策和措施，推动消防工作的开展。各级消防机构应当加强对消防法律法规的执行和监督，加强对各类场所的检查和监管，防止火灾事故的发生。同时，广大市民也应当自觉遵守消防法律法规，增强自身的消防安全意识和能力，共同营造安全、和谐的社会环境。

消防法律法规的实施需要全社会的共同参与和努力，通过立法和修订来完善消防法律法规体系，加强对消防安全管理的监管和执行，提高消防安全水平，保障人民群众的生命和财产安全。

（二）宣传教育

消防法律法规的实施不仅需要立法和修订，还需要加强宣传教育工作。消防安全是全民安全，需要社会各界的共同参与和支持。

1. 加强消防安全知识宣传

各级政府和消防机构需要通过各种宣传手段，向社会广泛宣传消防安全知识和法律法规。例如，可以通过电视、广播、报刊、互联网等媒体平台，开展消防安全知识宣传和普及活动，增强公众的消防安全意识和知识水平。此外，还可以通过制作宣传资料、举办消防安全讲座、组织消防安全演习等方式，加强对消防安全知识的宣传和普及。

2. 提高公众的自我保护能力

消防法律法规的实施需要提高公众的自我保护能力。各级政府和消防机构可以通过开展消防安全演习、组织消防安全培训、指导应急疏散演练等方式，提高公众的自我保护能力。同时，还需要加强对特定人群的消防安全宣传和教育，如学校、医院、高层建筑、商场等场所的消防安全宣传和教育，以提高人们在火灾发生时的应对能力。

3. 加强对重点场所的消防安全监管

各级政府和消防机构需要加强对重点场所的消防安全监管，通过开展检查、评估和指导等方式，提高重点场所的消防安全水平。例如，加强对聚集场所、工厂企业、公共交通场所等重点场所的消防安全监管，确保这些场所的消防安全符合法律法规的要求。

消防法律法规的实施需要各级政府和消防机构的积极参与和推动，加强宣传教育工作，增强公众的消防安全意识和自我保护能力，加强对重点场所的消防安全监管，确保消防安全工作的有效开展。

（三）监督检查

消防法律法规的实施需要强化监督检查工作，以确保各项消防安全工作的落实和执行。各级政府和消防机构应该加强对各类场所的监督检查，发现问题及时处理，确保消防安全得到有效保障。

1. 定期检查和监督

各级消防机构应该定期对各类建筑物、聚集场所、特种设备等进行检查和监督。对于新建、改建或者扩建的建筑物和聚集场所，应该在设计、施工和验收等关键阶段进行检查和监督，确保其符合消防安全要求。对于已建建筑物和聚集场所，应该定期进行检查和监督，发现问题及时整改。

2. 专项检查和整治

除了定期检查和监督外，各级消防机构还应该组织开展专项检查和整治活动。例如，针对重点场所、重点时段和重点问题等进行集中检查和整治，发现问题及时整改，提高消防安全水平。

3. 责任追究和惩处

对于发现的违法违规行为和安全隐患，各级消防机构应该及时进行责任追究和惩处。对于严重违法违规行为和安全隐患，应该依法予以行政处罚或者刑事追究，形成强有力的震慑效应。

消防法律法规的实施需要强化监督检查工作，提高各类场所的消防安全水平，确保公众的生命财产安全得到有效保障。

（四）执法和处罚

消防法律法规的实施需要加强执法和处罚工作，以维护消防安全的正常秩序，具体包括以下几个方面：

1. 加大执法力度

各级政府和消防机构需要加大执法力度，确保消防法律法规得到有效执行。针对消防安全管理中的各种违法违规行为，如违规搭建、私拉电线、乱接电线、防火巷道被占用等，相关执法机构应当严格依照消防法律法规进行查处，对于拒不整改的，要采取强制措施，确保消防安全。

2.加大处罚力度

对于违反消防法律法规的行为,相关执法机构应当依法给予处罚。针对违法违规行为,应当严格按照《消防法》等法律法规的规定予以处罚,包括责令改正、罚款、行政拘留、吊销许可证或执照等。同时,针对严重违法违规行为,应当及时移交公安机关,追究刑事责任。

3.建立信用评价机制

建立消防安全信用评价机制,对于消防安全管理中表现优异的单位和个人给予表彰,同时对于违法违规行为严重的单位和个人实行黑名单制度,限制其在相关领域从事业务活动。

加强执法和处罚工作,对于维护消防安全的正常秩序、提高消防安全管理的效果具有重要意义。

第三章　消防监督机构

第一节　消防监督机构的组织和职责

消防监督机构的组织通常由国家、地方政府和公安机关等部门组成，负责对本辖区内的消防安全工作进行监督和管理，具体组织形式和职责如下。

一、国家级消防监督机构

国家级消防监督机构是指国务院的消防监督管理部门。其主要职责包括：负责制定和修改国家消防安全管理制度、法规和标准，指导、协调和监督各地方消防工作的开展，负责组织和协调大型火灾事故的处置，负责指导和协调重点单位和重点部位的消防安全工作等。

（一）组织结构

国家级消防监督机构是由国务院的消防监督管理部门负责组织和管理的。目前，国务院的消防监督管理部门为消防部门，隶属于公安部，是负责全国消防工作的领导机构。消防部门下设消防监督管理局，负责具体的消防监督管理工作。消防监督管理局下设消防监督管理处、消防技术处、消防科研处、消防宣传处等职能部门，分别负责消防监督、技术研究、科研、宣传等工作。

（二）职责

国家级消防监督机构的职责非常重要，涵盖了全国消防工作的领导和管理，主要职责包括：

1. 制定和修改国家消防安全管理制度、法规和标准

国家级消防监督机构负责制定和修改国家消防安全管理制度、法规和标准，确保消防安全工作在全国范围内有一套科学的管理制度和规范的法律法规，为全国消防工作的开展提供规范和支撑。

2. 指导、协调和监督各地方消防工作的开展

国家级消防监督机构负责指导、协调和监督各地方消防工作的开展，提供技术和管理

支持，协调和解决全国范围内的重点问题，确保全国消防工作的协调性和统一性。

3. 负责组织和协调大型火灾事故的处置

国家级消防监督机构负责组织和协调大型火灾事故的处置工作，根据火灾事故情况，及时组织消防力量进行灭火救援和人员疏散，协调和指导各地消防部门的工作，确保火灾事故得到及时、有效的处置。

4. 负责指导和协调重点单位和重点部位的消防安全工作

国家级消防监督机构负责指导和协调重点单位和重点部位的消防安全工作，加强对重点行业和场所的监管和管理，制定并完善消防安全标准和管理制度，加强对重点单位和部位的定期检查和监督，确保消防安全得到有效保障。

5. 组织和开展消防技术研究和科学普及工作

国家级消防监督机构负责组织和开展消防技术研究和科学普及工作，研究和推广消防新技术、新材料、新装备等，提高消防救援能力和科技含量，同时开展广泛的消防安全宣传教育工作，增强公众的消防安全意识和自我保护能力。

6. 组织和协调国际消防合作和交流工作

国家级消防监督机构负责组织和协调国际消防合作和交流工作，与国际消防组织和各国消防机构建立联系和合作关系，推进消防技术和管理经验的交流和合作，促进全球消防工作的发展。

7. 其他职责

国家级消防监督机构还承担其他重要职责，如组织和开展消防应急演练、火灾事故调查和鉴定、消防工程设计审查和验收等工作，确保消防安全管理工作的全面推进。

国家级消防监督机构是国家消防工作的最高管理机构，其职责涵盖了全国消防工作的领导和管理，发挥着至关重要的作用，为保障全国消防安全做出了重要贡献。

二、地方各级消防监督机构

地方各级消防监督机构是各省、自治区、直辖市的消防监督机构，其主要职责包括制定和执行本地区消防安全管理制度、法规和标准、协调和指导本地区各级消防机构的工作、组织和协调本地区的消防宣传教育、培训和演练等。

（一）组织结构

地方各级消防监督机构通常由省级或市级消防部门负责组织和管理，下设消防监督管理局或消防监察大队，负责具体的消防监督管理工作。消防监督管理局或消防监察大队下设消防监督管理处、消防技术处、消防宣传教育处等职能部门，分别负责消防监督、技术研究、宣传教育等工作。

（二）职责

地方各级消防监督机构的职责非常重要，主要包括：

1. 制定和执行本地区消防安全管理制度、法规和标准

地方各级消防监督机构负责制定和执行本地区的消防安全管理制度、法规和标准，确保消防安全工作在本地区内有一套科学的管理制度和规范的法律法规，为本地区消防工作的开展提供规范和支撑。

2. 协调和指导本地区各级消防机构的工作

地方各级消防监督机构负责协调和指导本地区各级消防机构的工作，制定本地区消防工作的发展计划和重点工作，组织和协调各级消防机构的联合行动，加强各级消防机构之间的沟通和协作。

3. 组织和协调本地区的消防宣传教育、培训和演练等

地方各级消防监督机构负责组织和协调本地区的消防宣传教育、培训和演练等工作，加强对全社会的消防安全知识普及和教育，增强公众的消防安全意识和自我保护能力，提高各级消防机构的应急处置能力。

4. 对本地区的各类建筑物、聚集场所、特种设备等进行定期检查和监督，发现问题及时整改

地方各级消防监督机构负责对本地区的各类建筑物、聚集场所、特种设备等进行定期检查和监督，发现问题及时整改。他们负责审核和批准建筑物、聚集场所的消防设计方案和验收报告，并对施工过程进行监督和检查，确保建筑物、聚集场所的消防安全符合规定和标准。他们还负责对各类特种设备进行检查和监督，确保特种设备的消防安全符合规定和标准。

5. 处理消防安全事故和违法违规行为

地方各级消防监督机构负责处理本地区发生的消防安全事故和违法违规行为。他们负责对事故现场进行调查和处理，并对违法违规行为进行处罚。同时，他们还负责对消防安全责任事故进行事故调查和责任追究，确保事故责任人得到严格追究和处罚。

三、公安机关消防监督机构

公安机关消防监督机构是指公安机关设立的专门负责消防监督管理工作的机构，其职责和作用在消防安全工作中起着至关重要的作用。

（一）组织结构

公安机关消防监督机构是由公安机关设立的，通常隶属于公安局或者分局。根据各地方的实际情况，公安机关消防监督机构的组织结构会有所不同，但通常会设立消防监督管理处、消防技术处、消防宣传教育处等职能部门，分别负责消防监督、技术研究、宣传教育等工作。

（二）职责

公安机关消防监督机构的主要职责包括：

执行国家和地方消防安全管理制度、法规和标准。公安机关消防监督机构负责执行国家和地方消防安全管理制度、法规和标准，确保全国范围内消防安全工作在法律法规的框架下得到科学、规范、有效的开展。

协调和指导本辖区各级消防机构的工作。公安机关消防监督机构负责协调和指导本辖区各级消防机构的工作，协助地方政府加强对各级消防机构的管理和监督，指导和协调各级消防机构的联合行动，共同维护全国范围内的消防安全。

组织和协调本辖区的消防宣传教育、培训和演练等。公安机关消防监督机构负责组织和协调本辖区的消防宣传教育、培训和演练等工作，加强对全社会的消防安全知识普及和教育，增强公众的消防安全意识和自我保护能力，提高各级消防机构的应急处置能力。

对本辖区的各类建筑物、聚集场所、特种设备等进行定期检查和监督，发现问题及时整改。公安机关消防监督机构负责对本辖区的各类建筑物、聚集场所、特种设备等进行定期检查和监督，发现问题及时整改，及时排除火灾隐患，确保人民群众的生命财产安全。此外，公安机关消防监督机构还负责对火灾事故进行调查和处理，制定和实施火灾事故的应急预案，提高火灾应急处置能力。同时，他们还要积极开展消防宣传教育，引导广大群众树立消防安全意识，提高公众的自我保护能力和防范火灾的能力。在日常工作中，公安机关消防监督机构需要加强与其他相关机构的沟通协作，做好信息共享，共同维护全国范围内的消防安全。

第二节　消防监督机构的工作方法和手段

消防监督机构是负责监督和管理消防安全工作的机构，其工作方法和手段对于维护消防安全具有重要作用。

一、定期检查

消防监督机构会定期对各类建筑物、聚集场所、特种设备等进行检查和监督，发现问题及时整改。检查的方式包括例行检查和专项检查，通过检查消防设施、电气线路、人员疏散通道等方面，发现存在的安全隐患，并要求单位或个人立即整改，确保人民群众的生命财产安全。

（一）检查范围

定期检查的范围主要包括各类建筑物、聚集场所、特种设备等。其中，建筑物包括住宅楼、办公楼、工厂厂房、商场超市、学校医院等，聚集场所包括体育馆、展览馆、影剧院、会议中心、娱乐场所等，特种设备包括电梯、锅炉、压力容器、气瓶等。这些场所和设备都是火灾的高发区域和高风险区域，因此需要定期检查。

（二）检查内容

定期检查的内容主要包括消防设施、电气线路、人员疏散通道等方面。具体来说，包括以下几个方面：第一，消防设施的检查，包括消火栓、灭火器、消防水源、防火卷帘门、自动喷水灭火系统等消防设施的数量、位置、使用情况等方面的检查，确保消防设施的正常运行和有效性；第二，电气线路的检查，包括电气线路的使用情况、电气设备的维护情况等方面的检查，避免电气线路的短路、过载等故障引发火灾；第三，人员疏散通道的检查，包括人员疏散通道的数量、宽度、通畅情况等方面的检查，确保在火灾发生时人员能够快速、安全地疏散；第四，其他方面的检查，还包括防火隔离、易燃易爆物品的存储、各类特种设备的运行情况等方面的检查，以及建筑物的安全出口标识、防火门、防火涂料等消防安全设施的使用情况等方面的检查。

（三）检查方式

定期检查主要有例行检查和专项检查两种方式。第一，例行检查。例行检查是指按照一定的计划和时间表对建筑物、聚集场所、特种设备等进行检查的方式，以确保消防安全工作能够全面、持续地开展。例行检查的周期一般为半年或一年一次，具体时间根据实际情况而定。第二，专项检查。专项检查是指针对某一特定场所或设备进行的检查，主要针对性地发现并解决存在的安全隐患。例如，对于大型活动举办前的场地、展览展示前的展馆、电梯使用年限到期前的检测等都属于专项检查范畴。

（四）检查要求

定期检查的要求主要包括以下几点：第一，检查要求全面。检查范围应覆盖所有的建筑物、聚集场所、特种设备等，保证消防安全监督全面覆盖。第二，检查要求科学。检查应按照一定的程序、规范和标准进行，确保检查结果客观、科学、准确。第三，检查要求及时。检查发现的问题应及时反馈给被检查单位或个人，要求其立即整改，确保消防安全隐患得到及时消除。第四，检查要求严格。对于不合格或存在安全隐患的场所或设备，应及时采取强制措施，如责令整改、暂停使用、限期改造等，确保消防安全监督工作得到严格执行。

（五）检查效果

定期检查是消防监督机构最基本、最有效的工作手段之一，它能够发现并及时解决安全隐患，降低火灾发生的概率和危害程度。定期检查不仅有利于防范火灾，还能够促进消防安全管理工作的落实，增强单位和个人的消防安全意识和责任意识，推动全社会消防安全水平的提高。

（六）检查注意事项

在进行定期检查时，消防监督机构需要注意以下几点：第一，检查要规范。消防监督机构应当严格按照相关法律法规和检查标准进行检查，不得随意更改检查标准或者扩大检查范围。第二，检查要公正。消防监督机构应当公正、客观、专业地开展工作，不得因私心杂念或者其他原因影响检查结果。第三，检查要注重实效。检查工作不应仅仅停留在表面，要注重检查结果的实效性，检查发现问题后，应及时跟进整改工作，并严格督促单位或个人按照要求完成整改任务。第四，检查要讲究方法。在进行检查时，消防监督机构需要讲究方法，采用合适的方式和手段，对不同场所和设备进行细致入微的检查。第五，检查要注意安全。在进行检查时，消防监督机构需要注意自身安全，特别是对于存在较大危险的场所和设备，要采取必要的防护措施，确保人员的安全。

二、火灾事故处置

消防监督机构在火灾事故发生时会组织和协调消防力量进行灭火救援和人员疏散，协调和指导各地消防部门的工作，确保火灾事故得到及时、有效的处置。

（一）火灾现场指挥

当火灾事故发生时，消防监督机构会迅速组织人员前往火灾现场，负责现场指挥和协调。消防监督机构指挥员应具备较强的应急处置能力和协调能力，能够科学、合理地指挥现场的灭火救援工作，确保救援行动顺利进行。

消防监督机构指挥员需要做好以下几个方面的工作：第一，制定救援方案。针对不同的火情，制定合理的灭火救援方案，确保救援工作高效有序进行。第二，统一指挥。消防监督机构指挥员应与现场指挥员协调一致，统一指挥灭火救援工作，确保各方面协调配合，减少救援时间和资源浪费。第三，随时掌握火情。消防监督机构指挥员需要通过现场的视频监控、图像传输和无线通信设备等手段随时掌握火情，及时调整救援方案和救援力量。第四，协调其他部门。消防监督机构指挥员需要与其他相关部门，如医疗救护、公安交警等协调配合，保证现场救援工作的顺利开展。

（二）协调和指导各地消防部门的工作

在火灾事故发生时，消防监督机构还需要协调和指导各地消防部门的工作，确保消防力量的快速调配和有效使用。

消防监督机构需要做好以下几个方面的工作：第一，快速调配消防力量。消防监督机构需要根据火灾情况和救援方案，快速调配消防力量，确保现场灭火救援工作能够高效有序地进行。第二，协调各方力量。消防监督机构需要协调各方力量，包括政府部门、企事业单位、志愿者等，共同参与灭火救援工作。第三，指导消防部门的工作。消防监督机构需要向各地消防部门提供指导和支持，确保消防部门在救援工作中的合理运用，提高救援效率和成功率。第四，提供物资保障。消防监督机构需要协调各方力量提供必要的物资保障，如救援装备、防护用品、食品饮水等，确保救援人员在火灾事故中的安全和健康。

（三）监督火灾事故的处置工作

消防监督机构还需要对火灾事故的处置工作进行监督，确保救援工作能够按照规定程序和标准进行，避免出现漏洞和瑕疵。

消防监督机构需要做好以下几个方面的工作：第一，督促落实救援方案。消防监督机构需要督促现场指挥员和消防部门按照制定的救援方案进行救援工作，确保救援工作的科学性和有效性。第二，检查灭火器材和设备。消防监督机构需要检查现场灭火器材和设备的使用情况，确保消防设施的正常运转和有效性。第三，监督人员疏散工作。消防监督机构需要监督人员疏散工作的顺利开展，确保人员的生命安全。第四，处理救援过程中的问题。消防监督机构需要处理救援过程中出现的问题，如设备故障、人员受伤等，确保救援工作的正常进行。

消防监督机构在火灾事故处置方面发挥着重要的作用，需要具备较强的应急处置能力和协调能力，确保救援工作的顺利开展。消防监督机构需要通过定期演练和培训等手段提高自身的应急处置能力和工作效率，为火灾事故的处置提供更好的保障。

三、技术支持

消防监督机构在开展技术支持方面，主要包括技术研究和宣传教育两个方面。通过技术研究和宣传教育，消防监督机构可以提高各级消防机构的应急处置能力，促进消防安全工作的全面发展和提高。

（一）技术研究

消防监督机构通过技术研究，不断提升自身的技术水平和消防安全工作的效率。技术研究主要包括以下几个方面：第一，消防技术研究。消防监督机构会对消防技术进行研究，包括消防装备、消防器材、消防车辆等，不断改进和提升消防装备的性能和效能，提高消防救援效率。第二，火灾原因分析研究。消防监督机构会对火灾事故的原因进行分析研究，探究火灾事故的本质原因，从根本上避免火灾事故的发生。第三，消防安全管理研究。消防监督机构会对消防安全管理进行研究，提出科学、合理的管理方法和策略，确保消防安全管理工作的有效开展。第四，消防标准制定研究。消防监督机构会制定和发布一些消防技术标准和规范，以指导和规范消防安全工作的开展。

（二）宣传教育

消防监督机构通过宣传教育，增强广大人民群众的消防安全意识和应急处置能力。宣传教育主要包括以下几个方面：

1. 消防安全知识宣传

消防安全知识宣传是消防监督机构宣传教育工作的重要方面。通过宣传教育，消防监督机构可以向广大群众普及消防安全知识，让人们了解火灾的危害性和预防措施，增强消防安全意识，从而降低火灾事故的发生率和危害程度。

消防安全知识宣传主要包括以下几个方面：第一，火灾的危害性。消防监督机构会向广大群众宣传火灾的危害性，包括对人身安全、财产安全和社会稳定性的影响。通过宣传，让人们认识到火灾的严重性，增强防火意识；第二，火灾的防范措施。消防监督机构会向广大群众宣传火灾的防范措施，包括家庭、学校、办公场所、公共场所等各个领域的消防安全知识。宣传内容可以包括火源的安全使用、防火器材的使用、电器用电安全等。第三，火灾应急处理。消防监督机构会向广大群众宣传火灾应急处理的方法和技巧，包括逃生、报警、救援等方面的知识。通过宣传，让人们在火灾发生时能够迅速、有效地采取应急措施，降低人员伤亡和财产损失。第四，消防法律法规。消防监督机构会向广大群众宣传消防法律法规，包括《中华人民共和国消防法》《消防安全标准》等。通过宣传，让人们了解相关法规的内容和要求，自觉遵守法律法规，不违法乱纪，从源头上预防火灾事故的发生。

消防安全知识宣传途径多样，包括宣传展板、宣传单张、广播电视、互联网、社交媒体等。消防监督机构可以结合实际情况，选择合适的宣传方式和途径，广泛宣传消防安全知识，增强广大群众的消防安全意识和应急处置能力，从而推动全社会消防安全水平的提高。

2. 消防安全宣传活动

消防安全宣传活动是消防监督机构宣传教育的重要组成部分。通过多种形式的活动，能够更好地传播消防安全知识，增强广大群众的消防安全意识和应急处置能力，从而减少火灾事故的发生和危害。

（1）活动内容

消防安全宣传活动主要包括以下几个方面的内容：第一，消防安全知识普及。介绍消防安全的基本知识，包括火灾的成因、分类、危害、防范措施等方面的内容，让人们了解火灾的危害和防范方法，增强其消防安全意识；第二，应急处置方法演示。通过演示消防器材的使用方法和火灾事故的应急处置方法和技巧，让人们掌握基本的应急处置技能，提高应对突发事件的能力。第三，自救互救技能培训。开展自救互救技能培训，让人们掌握基本的自救互救技能，提高生命自救和互救能力；第四，消防器材使用体验。通过现场体验消防器材的使用，让人们了解消防器材的种类、使用方法和注意事项，提高其使用消防器材的技能。第五，消防宣传资料发布。发放消防安全宣传资料，如海报、手册、宣传单等，让人们了解消防安全知识和防范措施。

（2）活动方式

消防安全宣传活动的方式多种多样，可以根据不同的群体和活动内容选择不同的方式。几种常见的活动方式：第一，展览。通过展览消防安全器材、设备和展板等，让人们了解消防安全知识和消防器材的使用方法；第二，讲座。邀请专业人士进行消防安全知识讲解，让人们深入了解消防安全知识。第三，演示。通过现场演示消防器材的使用方法和火灾事故的应急处置技巧，让人们学习应急处置技能。第四，比赛。开展消防安全知识竞赛或消防器材使用比赛，增强人们的消防安全意识和技能。第五，宣传车辆。派遣宣传车辆巡回宣传，通过宣传广播、宣传展板等形式，向社区、学校、单位等地方传递消防安全知识。第六，主题活动。以特定主题为背景，如"火灾防控月""消防安全日"等，组织各种形式的活动，加强对消防安全知识的宣传和普及；第七，社区巡查。消防监督机构开展社区巡查，检查社区内的消防设施和器材是否完好有效，同时向居民宣传消防安全知识。

（3）效果评估

消防安全宣传活动的效果评估是重要的环节，它能够及时发现宣传活动存在的问题，并进一步优化活动方案。评估主要从以下几个方面进行：第一，宣传覆盖面。评估活动的宣传覆盖面，包括宣传人数、宣传时间、宣传区域等方面的内容，统计宣传效果；第二，宣传效果。通过问卷调查、统计活动期间的火灾发生率等方式，对宣传效果进行评估，了解宣传活动对消防安全意识和应急处置能力的提升效果。第三，问题发现。评估活动期间存在的问题和不足，对活动方案进行改进，强化宣传效果。第四，持续改进。对宣传活动方案进行持续改进，不断提高宣传效果，增强人们的消防安全意识和应急处置能力。

3.宣传材料制作

宣传材料制作是消防监督机构开展宣传教育工作的重要方式之一。通过制作各种形式的宣传材料，可以让消防安全知识更加直观地呈现出来，加深广大群众对消防安全的认识和理解，增强其消防安全意识和应急处置能力。

海报制作。海报是消防安全宣传的重要形式之一，它可以通过图文并茂的方式，生动形象地传递消防安全知识。消防监督机构可以根据宣传的内容和对象，制作不同类型的海报，如宣传防火常识的海报、消防器材使用方法的海报等，通过海报的形式宣传消防安全知识。

手册制作。手册是一种较为系统和全面的宣传材料。消防监督机构可以制作消防安全手册，以图文并茂的方式详细介绍消防安全的相关知识，让人们了解消防安全的基本知识和防范措施，增强其消防安全意识和应对突发事件的能力。

宣传单制作。宣传单是一种简单直观的宣传材料，可以通过简短明了的文字和图片向广大群众传递消防安全知识。消防监督机构可以制作不同类型的宣传单，如宣传火灾防范知识的宣传单、宣传消防器材使用方法的宣传单等，通过宣传单的形式向群众宣传消防安全知识。

广告制作。广告是一种较为广泛的宣传形式，可以通过多种媒介进行宣传，如电视、广播、互联网等。消防监督机构可以制作消防安全的广告，通过不同的媒介向广大群众传递消防安全知识，提高人们对消防安全的认识和重视程度。

4. 消防主题日活动

消防主题日活动是消防监督机构宣传教育的重要组成部分，通过特定的时间节点和主题，让消防安全知识深入人心，形成全社会共同关注和维护消防安全的氛围。常见的消防主题日活动有"全民防火日""全国爱国卫生运动月""全国消防宣传日"等。

全民防火日。全民防火日是每年的11月9日，旨在增强全民的消防安全意识和自我保护能力。消防监督机构可以组织消防演习、宣传展览、知识竞赛等活动，宣传消防安全知识，增强群众的消防安全意识。

全国爱国卫生运动月。全国爱国卫生运动月是每年的6月份，旨在倡导全民爱国卫生、树立文明习惯、推进卫生事业发展。消防监督机构可以通过宣传消防安全知识、开展消防器材使用体验、组织消防演练等活动，增强群众的消防安全意识和自我保护能力。

全国消防宣传日。全国消防宣传日是每年的11月1日，旨在加强全社会的消防安全宣传，增强群众的消防安全意识和自我保护能力。消防监督机构可以通过举办消防安全知识讲座、展览、演示等活动，加强消防安全宣传，增强群众的消防安全意识。

通过技术研究和宣传教育的开展，消防监督机构可以不断提高自身的应急处置能力和综合素质，有效开展消防安全工作，促进消防安全工作的全面发展和提高。

四、处罚违规行为

消防监督机构作为负责消防安全监督管理的机构，在发现和处理违反消防法律法规的行为方面拥有很大的权力。这些行为包括消防设施不达标、防火措施不完备、违规使用易燃易爆物品等，如果不及时处理，就会对人民群众的生命财产造成极大的危害。因此，消防监督机构需要通过采取一系列措施来惩戒违规行为，促进消防安全工作的开展。

（一）处罚措施

消防监督机构在发现违规行为后，可以采取多种处罚措施，包括以下几个方面：

1. 警告

消防监督机构在进行消防安全监督管理工作中，首要任务是发现和排查存在的消防安全隐患和违规行为。当发现轻微的违规行为时，消防监督机构可以采取口头警告的方式进行处罚。这种方式不仅能够及时纠正违规行为，还能够增强违规者的消防安全意识，避免违规行为对消防安全造成影响。

口头警告是一种比较温和的处罚措施，适用于一些违规行为较轻的场合。在执行口头警告处罚时，消防监督机构需要采取以下措施：第一，明确违规行为。消防监督机构在发现违规行为后，需要明确违规的具体情况和原因，并向违规者进行解释和说明。第二，提醒及时改正。消防监督机构应该向违规者提醒其存在的消防安全隐患和违规行为，告知其应该采取的改正措施，并给予一定的改正期限。第三，留下警示记录。在执行口头警告处罚时，消防监督机构需要向违规者留下相关的警示记录，以备日后查证和记录。

在执行口头警告处罚时，消防监督机构需要注意以下几个问题：第一，权威性。消防监督机构在进行口头警告处罚时，需要展现出其权威性和决定性，让违规者认识到自己存在的问题，并且需要及时改正。第二，及时性。消防监督机构在发现违规行为后，需要及时进行处罚，及时提醒违规者，并留下相应的记录，以确保处罚措施的及时性和有效性。第三，公正性。消防监督机构在执行处罚措施时，需要保持公正、公平、公开的原则，严格依照法律法规执行处罚，确保处罚的公正性和合法性。

口头警告作为一种消防安全监管的处罚措施，虽然比较温和，但是对于一些轻微的违规行为还是很有效的。在执行口头警告处罚时，消防监督机构需要注意权威性、及时性和公正性等方面的问题，以达到惩戒违规行为的目的。

2. 罚款

罚款是消防监督机构处理违规行为时常用的一种处罚方式。在消防法律法规中，对于违反消防安全规定的单位或个人，消防监督机构可以根据违规行为的性质、情节和后果，对其进行罚款处罚。罚款的数额一般由法律法规规定或者根据实际情况确定。

罚款处罚的主要目的是通过经济手段惩戒违规行为，从而促进单位和个人遵守消防安全规定，保障消防安全。罚款处罚可以让违规者付出经济代价，对其形成一定的震慑作用，提高其对消防安全的重视程度，从而避免因违规行为而导致的火灾事故和人员伤亡。

在罚款处罚时，消防监督机构一般会按照以下程序进行：第一，认定违规行为。消防监督机构通过巡查、检查等方式，认定违规行为，并收集相关证据。第二，确定罚款数额。消防监督机构根据违规行为的性质、情节和后果，结合相关法律法规规定和实际情况，确定罚款数额。第三，通知违规者。消防监督机构将罚款处罚通知书送达违规者，并告知其可以提出申诉或者缴纳罚款。第四，执行罚款。如果违规者不提出申诉或申诉被驳回，消防监督机构可以强制执行罚款，直到罚款完毕。

需要注意的是，罚款处罚不仅要根据违规行为的性质、情节和后果等因素确定罚款数额，还需要考虑违规者的经济能力。对于一些经济困难的违规者，可以适当减免罚款数额，但不能影响处罚的效果和消防安全的保障。同时，消防监督机构在执行罚款处罚时，也需要注意程序合法性和处罚的公正性，保障违规者的合法权益。

3. 责令停产停业

责令停产停业是消防监督机构对严重违规行为采取的一种惩罚措施。当消防监督机构发现某个企业或单位存在严重的消防安全隐患，而该企业或单位不愿意主动整改或整改不到位时，消防监督机构可以采取责令停产停业的措施，以保障消防安全和人民生命财产安全。

责令停产停业是一项严厉的处罚措施，其适用范围仅限于对消防安全影响较大的违规行为。消防监督机构在采取该措施前，必须经过调查取证、听取违规者的申辩意见，并经过多次催促督促整改。如果在整改期限内，违规者仍未按要求进行整改，或整改不到位，消防监督机构就可以责令违规者停产停业整改，直到整改合格为止。

责令停产停业措施不仅可以对违规者造成经济损失，更重要的是可以对其整改消防安全隐患的决心和行动形成有效的威慑，从而增强整改意识，推动消防安全工作的开展。对消防监督机构来说，对于违规行为的惩戒，既是保障消防安全的需要，也是履行职责的必要方式之一。

（二）处罚流程

消防监督机构在对违规行为进行处罚时，需要按照一定的程序和流程进行，确保处罚工作的合法性和有效性。一般来说，处罚流程包括以下几个环节：第一，发现问题。消防监督机构通过巡查、检查、举报等方式，发现违规行为。第二，调查取证。对违规行为进行调查取证，收集相关证据材料。第三，行政处罚决定。消防监督机构根据法律法规和调查取证结果，对违规行为做出行政处罚决定，并告知违规者。

（三）处罚的实施和效果

消防监督机构对违规行为进行处罚，不仅是惩戒违规者，更重要的是通过对违规行为的惩戒，促进消防安全工作的开展，维护公共安全和社会稳定。处罚的实施和效果需要考虑以下几个方面：第一，及时、公正、严厉。消防监督机构在处罚违规行为时，应当及时、公正、严厉，确保处罚的有效性和权威性。第二，强化教育和预防。处罚的目的不仅仅是惩罚违规行为，更重要的是通过处罚，强化教育和预防，让违规者认识到消防安全的重要性，积极参与消防安全工作。第三，建立公开透明的制度。消防监督机构应当建立公开透明的处罚制度，公开处罚标准、流程和结果，让社会各方面对处罚工作进行监督和评价。第四，形成良好的社会氛围。通过处罚违规行为，消防监督机构可以引导全社会形成重视消防安全的良好氛围，减少火灾事故的发生和危害。

消防监督机构需要充分发挥自身的监督管理职能，在发现和处理违反消防法律法规的行为方面及时采取合理有效的处罚措施，确保消防安全工作的顺利开展和公共安全的维护。

五、演练和培训

消防监督机构会组织和协调各级消防机构开展消防演练和培训活动，提高各级消防人员的应急处置能力。通过实际演练，消防人员可以更好地掌握灭火救援的技能和技巧，提高应对突发事件的能力。

（一）培训内容

应急处置能力培训主要包括以下几个方面的内容：第一，消防安全知识。介绍消防安全的基本知识，包括火灾的成因、分类、危害、防范措施等方面的内容，让学员了解火灾的危害和防范方法，增强其消防安全意识。第二，应急处置方法。介绍火灾事故发生后的应急处置方法和技巧，包括报警、疏散、灭火等方面的内容，让学员掌握基本的应急处置技能，提高其应对突发事件的能力。第三，自救互救技能。介绍自救互救的方法和技巧，包括逃生、救护、急救等方面的内容，让学员掌握基本的自救互救技能，提高其生命自救和互救能力。第四，消防器材使用。介绍消防器材的种类、使用方法和注意事项，包括灭火器、消防水带、灭火器材等方面的内容，让学员了解消防器材的使用方法和注意事项，提高其使用消防器材的技能。第五，现场救援技能。介绍现场救援的方法和技巧，包括抬担架、心肺复苏、止血等方面的内容，让学员掌握基本的现场救援技能，提高其应对突发事件的能力。

（二）培训方法

应急处置能力培训的方法多种多样，可以根据不同的学员和培训内容选择不同的方法。下面介绍几种常见的培训方法：第一，现场演示。通过现场演示，展示火灾事故的应急处置方法和技巧，让学员通过亲身体验来掌握应急处置技能。第二，模拟演练。通过模拟演练，模拟真实的火灾事故场景，让学员在真实场景中进行应急处置演练，提高其实际操作能力和应对突发事件的能力。第三，课堂授课。通过课堂授课，讲解消防安全知识和应急处置方法，让学员了解基本的消防安全知识和应急处置技能。第四，在线培训。通过网络平台或移动端应用程序，提供在线的应急处置能力培训课程，方便学员随时随地进行学习和掌握知识。第五，实践教学。通过实践教学，让学员亲自操作消防器材，掌握基本的灭火技能和使用消防器材的技能，提高其实际操作能力。

（三）培训对象

应急处置能力培训的对象主要包括以下几类人员：第一，广大市民。通过开展消防安全知识宣传和应急处置能力培训，增强广大市民的消防安全意识和应对突发事件的能力。第二，企事业单位员工。通过开展应急处置能力培训，提高企事业单位员工的应急处置能力和自救互救能力，增强其安全意识和保障企业生产经营的稳定。第三，学校师生。通过开展应急处置能力培训，提高学校师生的应急处置能力和自救互救能力，确保学校师生的生命安全和学习环境的稳定。第四，消防救援人员。通过开展消防救援人员的应急处置能力培训，提高消防救援人员的应急处置能力和救援技能，保证其能够有效地开展消防救援工作。

通过应急处置能力培训，可以提高广大人民群众的应急处置能力和自救互救能力，增强消防安全意识，减少火灾事故的发生和危害。消防监督机构将继续开展应急处置能力培训工作，不断提高广大人民群众的消防安全意识和应对突发事件的能力。

六、消防监督检查模式的改革方法

消防监督检查指的是消防机构根据有关法律对单位、企业等开展一系列的消防安全检查工作，包括遵守消防法律的情况、消防设施配备情况等。当前，需及时转变监督工作的各项观念,增强消防监督检查人员的责任意识和主动意识,结合实际需要,以灵活为整改原则,发挥出经济建设与发展的核心作用,保障人民群众的生命财产安全,探索出真正适应国情发展的消防监督检查模式。

(一)消防监督检查模式改革的必要性

近些年来,我国在消防方面的发展状况得到了广泛的改善,全社会对于消防安全有了更多的认知。消防监督检查是消防工作的一项重要环节,有利于各行业对于消防安全事件的有效防范,还能有效提升消防人员的预警能力。消防监督检查是一项长期性、系统性的工程,作为我国的消防机构要做好内部工作的统一与协调,积极解决当前面临的众多问题,始终将满足人民群众的新要求作为工作的核心,不断完善消防监督检查模式改革的举措,为减少火灾隐患和人民的生命财产安全提供保障。消防监督检查工作是一项执法工作,检查模式改革是非常有必要的,要通过改革手段与社会实际相接轨,以经济建设和发展需求为根本,构建高效的检查与监督模式,强化组织消防监督与检查的专项整治活动,加大执法力度,严厉打击违反消防安全规定的不良行为,让社会的经济建设在安全的环境下开展,实现社会和谐发展。

(二)现行消防监督检查存在的问题

在我国社会发展的现阶段,经济建设是要以消防安全为基础的,因此消防监督检查工作非常重要。但在实践过程中,仍然存在一定的现实问题。第一,由于我国消防技术标准制定比较晚,而消防监督检查工作又是需要基础理论和科学实践相结合进行的,所以在这一层面上缺少经验。另外,站在监管的角度而言,部分单位因为缺少对人员消防安全的意识培养和能力训练,一旦发生了火灾则易造成恐慌,导致群死群伤的问题出现,给消防工作带来了巨大的压力。

第二,部分社会单位对消防安全问题的忽视。在社会的整体化建设与发展中,社会单位是最主要的构成要素,这是开展消防安全工作的重要构成。但由于一些社会单位对于有关问题无法完全重视,对员工消防意识管理也比较松散,对消防执法工作没有正确的认知,消防观念不强,在面对消防检查处罚时往往不认同,所以消防执法的环境并不理想。且由于有的单位所开展的工作不全面,因此设施检查无法实现深入的目标。除此之外,在市场竞争的环境下,部分社会单位的消防工作存在不规范行为。比如消防审核与实际施工环节的落实存在出入,形成缺陷无法通过消防验收;负责消防监督检查工作的人员对检查程序不够了解,无法指出实质性的消防问题等,这都是当前消防监督检查工作中的突出问题。

第三,消防监督检查工作任务重、责任大,执法人员的能力不足也是消防监督检查工作效率低下的重要原因。一些执法人员在面对消防安全问题时缺乏把控,不仅在行政处罚上力度不够,监管也不到位,无法由源头上消除安全方面的隐患。再加上有的单位过于追求经济效益，导致单位消防安保力量不足。部分社会单位虽然落实了监督检查工作的流程，但同样会因为一系列客观因素影响，不能拿出有力的整改举措，没有系统化地对消防监督检查工作进行规划，各级和各岗位工作责任难以落实，导致火灾隐患仍然存在。

（三）消防监督检查模式改革的思路

1. 优化监督思想

当前社会，对于消防监督和管理工作检查模式的改革要做到与时俱进，在监督的职能上进行改革，促使消防监督检查工作适应新时期社会经济发展的客观规律。简单来说，就是改革要站在社会宏观的角度，集中精力，由之前静态化的监督检查模式转变成动态化的模式，实施一对一的定点和定向的检查工作，构建起由政府所领导由单位负责的不断完善的消防安全管理各项制度。

2. 优化工作模式

在新时期，消防监督检查模式改革要立足于经济建设，从消防的实际情况出发，贯彻落实指导思想，实事求是地确定消防安全的重点单位，做好消防改革的宏观控制工作。首先，要将地域性的消防工作特点作为依据，制定出专项的方案，实施以抽查为主要方式的检查工作，请求当地政府配合，做好社会公告；其次，需要加强消防安全的宣传和教育工作，层层动员，让业务得到广泛宣传，做到家喻户晓；最后，将部门的引导作用充分发挥出来，同时可以先组织单位开展具有自己特色的消防检查工作，增强安全方面的意识，并在其基础上，利用好新闻媒体的传播效应，将检查结果公告社会，以督促相关单位对消防问题进行整改，实现消防工作的社会化目标。

（四）消防监督检查模式的改革建议

1. 深入落实消防检查工作目标

作为消防监督检查的相关机构，应积极开展消防指导工作，深入开展消防监督检查，完善各项技术服务，有效落实检查的各项目标。在制度方面，要从多个角度出发，完善执法警务的办案情况，形成系统化的管理网络，不断地坚定当前科学发展观，开展有效的执行活动。始终以公平、严格为基本原则，按照执法流程办事，面对有消防问题的社会单位要做到"一碗水端平"，采用追责制度，完善各级内部的分工工作，让各个岗位的人员可以相互配合，有效提高工作效率。

2. 完善监督及检查制度

作为消防监督检查的相关部门，针对社会单位的消防安全问题，可以积极开展单位评优活动，以此提升社会单位对消防工作的重视和关注，结合实际情况把责任一一落实在个人身上，针对集体或是个人开展良好的评价工作。对于一些表现优秀的个人、单位，需要给予奖励，这样才能让更多的工作人员带着热情去工作。同时在监督以及检查过程中，要建立健全的执法制度，及时、准确地下发法律文书，建立与完善应急反应和处置机制，针对消防监督检查人员在工作中存在的问题，要积极反思和解决，通过加强人员培训等多种方式，增强执法队伍的消防责任意识和工作能力，提升消防执法效率。

3.明确消防监督检查工作

明确法律责任是消防监督检查模式改革的重点环节。在具体的改革实践中，以有关法律为根据调整当前的制度，这样才能在检查工作时做到有法可依，有章可循，体现工作的规范性。同时，构建消防工作档案，规范安全操作的各项具体流程，组织人员开展各种活动，如疏散演习等，提升相关人员的消防知识掌握和实践演练经验，打造高素质的消防执法队伍。另外，在消防监督工作中，只要发现了隐患就需要赶紧通知相关人员对有关工作做好整改，采用对应方法强化主动的服务意识。只有这样才能进一步提高监督工作的服务能力，并且提高有关人员的实战能力。

4.简化消防监督机构的职能

现阶段，部分消防监督机构存在职能上的问题，比如机构责权不清晰、机构冗杂的现象。正因如此，在消防监督检查模式改革的意识下，要重点对消防监督机构的职能进行有效精简。

首先，将当前三级消防监督管理模式优化为二级消防监督管理。"三级监督管理模式"要求消防监督检查工作实行三级管理制度，也就是说消防部门负责检查重点区域中的重点单位，各级派出所负责其他社会单位的消防安全状况。转为二级消防监督管理之后，不同层级的消防监督管理权限归属于不同的消防机构，实施直属的监督和监管，体现了监督和检查工作的针对性，可以避免一对多的监督情况，把办事流程进一步简化来提高效率。同时还需简化行政许可的程序。消防机构需要建立专门执行消防监督与检查的部门，对被许可人所从事各种生产生活行为的消防情况进行监管，明确划分监督与检查的责任，避免发生重复许可的资源浪费现象。最后，要促使消防监督机构转变管理方式，站在宏观管理的角度，严格依照市场经济的发展现状与条件，对法律、行政和经济手段进行灵活运用，通过社会性消防规则对消防行为进行合理有效的调整，使社会消防资源得到优化配置，从而实现预防与减少火灾的目的。

5.积极运用专业技术力量

开展消防安全评估当前经济快速发展，所使用的建筑建设标准不断提高，其配套系统设施种类极多，为很多专业化的消防安全技术问题带来后续的大量工作，这些都是需要完善、解决的。然而，现今的消防监督检查模式并不能很好地满足时代发展要求，消防专业化技术的监督和检查工作存在问题，一定程度上制约了消防监督工作的实际效能。因此，在改革的理念下，消防监督检查工作要结合科学技术，积极融入社会的技术骨干以及力量，开展相关的业务服务，扩大消防监督检查工作面，为消防主管部门的消防安全评估和审查创造条件。一是消防主管部门要设置适当的分级技术，提高社会单位参与度，完善安全评价网络，引导机构采用专业的力量开展有效的工作，分析消防隐患和火灾问题的相关因素，将问题具体化地指出，让社会单位明确自身场所的消防安全现状，进而有的放矢地对场所进行改造。二是消防监督检查工作要明确重点，利用专业的技术力量，对于存在重大安全隐患的地方以及一些重大项目，完善其安全评估工作，提升监督的工作效率，保障各个项目的消防安全。

总而言之，消防监督检查模式改革的目的不仅是进一步提升消防监督检查工作的效率，更多的是为经济社会建设以及人民群众的生命财产安全提供基础。所以对政府部门来说，除了需要肩负起关于安全管理的有关工作，还需要通过不断完善有关法律，以及深入落实消防检查工作目标、简化行政管理等手段，全面提高全社会的火灾风险抵御能力。

第四章 消防安全管理

第一节 消防安全管理的基本理论和原则

一、消防安全管理的基本理论

消防安全管理是指通过对建筑物、场所、设备和人员等进行科学合理的管理，确保其在生产、生活和公共活动中不发生火灾，或者在火灾发生后能够迅速控制和扑灭，从而保障人民群众的生命财产安全。

消防安全管理的基本理论主要包括以下几个方面：第一，火灾发生的原因和规律。消防安全管理需要深入了解火灾发生的原因和规律，以便制定针对性的消防安全管理措施。第二，火灾防控措施。消防安全管理需要制定科学合理的火灾防控措施，包括建筑物和设备的防火设计、防火材料的使用、消防器材和设备的设置、消防组织和管理等方面。第三，应急处置措施。消防安全管理需要制定科学合理的应急处置措施，包括应急预案的制定、应急疏散和救援等方面；第四，消防安全教育和培训。消防安全管理需要通过消防安全教育和培训，增强人员的消防安全意识和应急处置能力，从而减少火灾事故的发生和危害。第五，法律法规和标准。消防安全管理需要遵守国家和地方相关的消防法律法规和标准，确保消防安全工作的合法性和规范性。第六，消防技术和设备。消防安全管理需要掌握消防技术和设备的相关知识，以便更好地使用和管理消防器材和设备，提高应急处置能力。

消防安全管理的基本理论包括火灾发生的原因和规律、火灾防控措施、应急处置措施、消防安全教育和培训、法律法规和标准、消防技术和设备等方面，这些理论为消防安全管理工作的开展提供了重要的理论基础。

二、消防安全管理的原则

消防安全管理的原则是指在消防安全管理活动中应当遵循的准则和规范，是保障消防安全的基本保证。

（一）预防为主原则

消防安全管理的预防为主原则，是指在消防安全管理工作中，预防火灾事故是最重要的，应该采取预防措施来防范火灾事故的发生。

具体来说，包括以下几个方面的内容：第一，预防火灾的责任落实。对于建筑物、场所、设施等所有可能发生火灾的场所，应该明确责任单位或责任人，建立健全消防安全管理制度，落实消防安全的管理责任。第二，预防火灾的检查和排查。对建筑物、场所、设施等进行消防安全检查和排查，及时发现和解决消防安全隐患，确保消防安全。第三，预防火灾的宣传教育。通过开展消防安全知识宣传教育，提高公众对消防安全的认知和预防火灾的能力。第四，预防火灾的设施和装备。建立和完善消防设施和装备，包括火灾自动报警系统、室内消火栓系统、灭火器等，确保在火灾发生时能够及时发现和扑灭火灾。第五，预防火灾的应急预案。建立和完善消防应急预案，加强应急演练，提高灾害应对和处置能力。

通过预防为主的原则，可以有效地预防火灾事故的发生，保障人民生命财产安全，实现消防安全工作的全面、持续和协调发展。

（二）全员参与原则

消防安全管理的全员参与原则是消防安全管理的重要原则之一，是指在消防安全管理活动中，所有人员都应参与其中，共同维护消防安全。消防安全不是某一个部门或个人的事情，而是全社会的责任和义务。因此，全员参与原则的实施是实现消防安全管理的重要途径，能够有效地增强消防安全意识，促进消防安全文化的形成。

全员参与原则的实施，需要从以下几个方面入手：第一，加强消防安全宣传教育。通过多种形式，对全社会进行消防安全宣传教育，增强群众的消防安全意识和应急处置能力，让大家知道如何正确使用消防设施和器材，掌握火灾应急处置技能，减少火灾事故的发生。第二，落实消防安全责任。通过建立健全的消防安全责任制度，明确各级管理者和从业人员的消防安全责任，推动全员参与原则的落实，将消防安全责任层层压实，切实保障消防安全。第三，定期进行消防演练。消防演练是增强消防安全意识、提高应急处置能力的重要途径。通过定期进行消防演练，提高人员的应急处置技能和火灾自救能力，增强人们对火灾应对措施的认知和记忆，形成应对突发事件的有效机制。第四，加强消防安全培训。对从业人员进行消防安全培训，提高其消防安全知识水平和应急处置能力，让他们能够在日常工作中注意消防安全，掌握正确的消防安全知识和技能，有效预防火灾事故的发生。

全员参与原则的实施，需要将消防安全管理工作贯穿于全社会，让每一个人都成为消防安全的参与者和维护者。通过加强消防安全宣传教育、落实消防安全责任、定期进行消防演练和加强消防安全培训等措施，有效实现消防安全全员参与的目标，建立起全社会共同关注和维护消防安全的良好机制。

（三）科学管理原则

消防安全管理的科学管理原则是消防安全管理工作的基本原则之一，其核心是在消防安全管理工作中采用科学的管理方法和手段，以达到全面推进消防安全管理活动的目的。

具体来说，消防安全管理的科学管理原则包括以下几个方面：第一，系统化。消防安全管理应当建立系统化的管理模式，确保消防安全管理工作的全面性和连续性，包括规章制度、工作流程、工作职责等。第二，预防为主。科学管理原则强调消防安全工作的预防性，强调消防安全管理工作的重点在于预防火灾事故的发生，而不只是应对火灾事故发生后的处置工作。第三，标准化。科学管理原则要求消防安全管理的工作要遵循规范化、标准化的管理要求，即要制定、执行消防安全标准、规范性文件，加强对消防设施的检查，确保消防设施的运行状态符合要求。第四，数据化。科学管理原则强调对消防安全管理活动进行数据化管理，通过数据的收集、分析和处理，及时了解消防安全工作的进展情况和存在的问题，为消防安全管理决策提供依据。第五，持续改进。科学管理原则要求消防安全管理工作要不断改进和完善，通过制定优化消防安全管理措施和方法，提高消防安全管理的工作效率和水平，以实现持续改进。

消防安全管理的科学管理原则是以科学的理论和方法为基础，采取科学的管理手段和措施，全面推进消防安全管理工作，提高消防安全管理水平。

（四）综合治理原则

消防安全管理的综合治理原则是指采取多种手段和措施，对消防安全进行全方位、全周期的管理和治理。这个原则强调的是综合性、全面性、科学性和实效性。

具体来说，消防安全管理的综合治理原则包括以下几个方面：第一，综合预防措施。采取多种综合预防措施，对各种消防安全隐患进行全面、系统的排查和治理，确保安全隐患得到及时、有效的解决。第二，多部门协同管理。通过建立跨部门的消防安全管理机制和工作协调机制，实现各部门之间的信息共享、资源共享和协同作业，促进消防安全管理工作的科学化、专业化和高效化。第三，科学技术支撑。利用现代科技手段，如物联网、大数据、人工智能等，提高消防安全管理的智能化、信息化和精细化水平，实现消防安全管理工作的精确化和实效化。第四，全民参与。建立健全消防安全管理参与机制，发挥全民的积极性、主动性和创造性，营造全社会共同参与消防安全管理工作的良好氛围。第五，应急管理和处置能力。建立健全应急管理和处置体系，提高应急处置能力和水平，确保在火灾等突发事件发生时能够快速、有效地开展应急处置工作，最大限度地减少人员伤亡和财产损失。

综合治理原则是消防安全管理的重要原则之一，通过多种手段和措施，全面提高消防安全管理工作的质量和效益，保障人民群众生命财产安全，推进消防安全事业的可持续发展。

（五）合法合规原则

消防安全管理的合法合规原则是指在进行消防安全管理活动时必须遵守相关法律法规、标准和规范，合法合规是消防安全管理活动的基础和前提。

1. 合法合规原则的基本内容

消防安全管理的合法合规原则主要包括以下几个方面的内容：第一，遵守法律法规。在进行消防安全管理活动时，必须遵守国家和地方的消防安全法律法规，如《中华人民共和国消防法》《消防安全管理条例》等。第二，遵守消防安全标准。在进行消防安全管理活动时，必须遵守相关消防安全标准，如《建筑设计防火规范》《消防设施维护管理规定》等。第三，遵守规范性文件。在进行消防安全管理活动时，必须遵守各级政府、行业组织、消防部门等制定的规范性文件，如《消防安全责任制实施细则》《高层建筑消防安全管理规定》等。第四，依法行政。在进行消防安全管理活动时，必须依法行政，依据法律法规规定和程序，执行消防安全管理工作。第五，公开透明。在进行消防安全管理活动时，必须保持公开透明，公正公平处理消防安全事务，接受群众监督和社会评价。

2. 合法合规原则的实施措施

在消防安全管理活动中，为了保证合法合规原则的贯彻落实，需要采取以下实施措施：第一，加强法制宣传教育。消防部门应加强法制宣传教育，让所有从事消防安全管理工作的人员了解相关法律法规、标准和规范，增强其法律意识和规范意识。第二，建立健全制度体系。消防部门应建立健全消防安全管理制度体系，包括法律法规、标准和规范等，明确各项工作的职责和要求。第三，定期开展检查和考核。消防部门应定期对各类建筑、场所、设施进行检查和考核，评估其消防安全管理工作的合法合规情况，及时纠正和完善。第四，推进信息化建设。消防部门应推进消防安全管理信息化建设，加强信息共享和交流，提高管理效率和透明度。第五，加大监督和检查力度。消防部门应加强对消防安全管理活动的监督和检查，发现违法违规行为及时处理，保障消防安全。第六，强化责任追究。对于违反法律法规、标准和规范的行为，消防部门应及时追究责任，形成严格的法律惩处和制度约束。

3. 合法合规原则的意义

合法合规原则是消防安全管理活动的基础和前提，它的实施具有以下重要意义：第一，保障消防安全。合法合规原则的实施可以有效避免违法违规行为的发生，保障消防安全。第二，规范消防管理。合法合规原则的实施可以规范消防管理行为，提高消防安全管理工作的质量和水平。第三，维护社会公平正义。合法合规原则的实施可以保障社会公平正义，确保消防安全管理活动的公正公平和透明度。第四，提高工作效率。合法合规原则的实施可以提高消防安全管理工作的效率，加快工作进程，提高工作效率。第五，增强社会信任。合法合规原则的实施可以增强社会对消防安全管理工作的信任，提高消防安全工作的社会形象和地位。

（六）持续改进原则

消防安全管理的持续改进原则是指在进行消防安全管理活动中，需要不断地进行自我评估、自我纠错、自我完善，以实现消防安全管理的持续改进和提高。

1. 持续改进原则的基本内容

消防安全管理的持续改进原则主要包括以下几个方面的内容：第一，自我评估。消防部门应定期对自身的消防安全管理工作进行评估，及时发现存在的问题和不足。第二，自我纠错。消防部门应针对评估中发现的问题和不足，采取相应的纠正措施，及时改进消防安全管理工作。第三，自我完善。消防部门应不断完善消防安全管理制度和工作流程，提高工作效率和质量。第四，持续改进。消防部门应通过不断的自我评估、自我纠错和自我完善，实现消防安全管理的持续改进和提高。

2. 持续改进原则的重要性

持续改进原则是消防安全管理活动的重要原则，其重要性主要体现在以下几个方面：第一，不断提高消防安全水平。持续改进原则可以让消防安全管理活动不断地自我完善和提高，从而提高消防安全水平，保障人民生命财产安全。第二，提高工作效率。持续改进原则可以让消防部门不断地完善工作流程和制度体系，提高工作效率和质量，更好地满足消防安全管理的需求。第三，增强应对能力。持续改进原则可以让消防部门不断地学习和掌握新的消防技术和管理理念，提高应对突发事件的能力和水平，保障消防安全。第四，提高社会认可度。持续改进原则可以让消防部门不断地改进工作，提高社会认可度和声誉，增强公众对消防部门的信任和支持。

持续改进原则是消防安全管理活动的基本原则之一，其实施措施和重要性都十分重要。只有不断地进行自我评估、自我纠错和自我完善，才能实现消防安全管理的持续改进和提高，为人民生命财产安全保驾护航。

第二节　消防安全管理的体系和要素

消防安全管理体系是指由组成要素相互关联、相互影响、协调配合的消防安全管理系统。它是消防安全管理的组织形式，是对消防安全管理要素的组织和管理，体现了管理的系统性、全面性和协调性。

一、消防安全管理体系要素

消防安全管理体系主要包括以下几个要素：

（一）政策和目标

消防安全管理体系要素之一是政策和目标。在消防安全管理活动中，政策和目标的制定和落实是非常重要的，因为它们为消防安全管理提供了指导和方向，使消防安全工作能够得到有效的实施和推进。具体的详细点：第一，制定消防安全政策和目标。制定消防安全政策和目标是制定消防安全管理体系的第一步，它们应该考虑到实际情况和需要，具有可操作性和可实现性，为消防安全管理提供清晰的方向和目标。第二，将消防安全政策和目标贯彻到每个环节。消防安全政策和目标不仅是制定，更需要贯彻到每个环节，包括制定具体的消防安全工作计划、制定消防安全制度和规范、安排消防安全培训等，保证消防安全管理工作有条不紊地进行。第三，加强政策和目标的宣传。消防安全政策和目标应该得到广泛的宣传和普及，让每个消防安全管理工作人员都能理解其重要性和意义，并为其付诸行动。第四，监督政策和目标的执行情况。为了保证消防安全政策和目标的实施和落实，需要加强监督和考核，及时发现问题并加以解决，推动消防安全管理工作不断向前发展。第五，不断完善和调整政策和目标。随着社会和消防安全管理环境的变化，消防安全政策和目标也需要不断地调整和完善，以保证其持续性和有效性。

政策和目标的制定和落实是消防安全管理体系的重要组成部分，是消防安全管理活动顺利开展的前提和基础，需要得到高度重视和认真落实。

（二）组织结构

消防安全管理体系的组织结构是指在消防安全管理中，各级消防部门和企事业单位的组织架构和职责分工，以及相互之间的关系和协作机制。建立和完善消防安全管理体系的组织结构是确保消防安全工作科学化、规范化、有效化的重要保障。

确定消防安全管理机构的组成。针对各级消防部门和企事业单位的消防安全管理职责和责任，应当明确消防安全管理机构的组成和人员职责，确保消防安全工作的全面、协调、有效。消防安全管理机构的组成应包括管理层、专业技术人员、监督人员等，具体情况应根据单位的实际情况而定。

制定消防安全管理机构的职责分工。根据消防安全管理机构的组成，制定各级消防部门和企事业单位消防安全管理机构的职责分工，明确各部门和岗位的职责，建立起相互协调、密切配合的管理机制，确保消防安全工作的全面推进。

建立相互协调、密切配合的管理机制。建立相互协调、密切配合的消防安全管理机制，建立纵向和横向的沟通机制，促进各级消防部门和企事业单位之间的协作和配合，确保消防安全管理工作的有效推进。

（三）人员

消防安全管理体系中的人员是消防安全管理工作的重要组成部分，是保障消防安全工作顺利进行的基础。人员要素包括消防安全管理人员的编制、培训、考核和管理。

1. 消防安全管理人员编制

第一,消防安全管理人员的分类。消防安全管理人员根据其工作性质和职责可分为消防安全监督管理人员、消防安全维护人员和消防安全培训人员等。第二,消防安全管理人员的编制。各级消防部门应根据其职责和工作需要,合理编制消防安全管理人员,包括领导干部、专业技术人员、基层管理人员等,以满足消防安全管理工作的需要。第三,编制标准。消防安全管理人员的编制应参照相关法律法规和标准,根据各级消防部门和企事业单位的实际情况和需要进行具体编制,合理配置消防安全管理人员,保证消防安全管理工作的顺利开展。

2. 消防安全管理人员培训

第一,培训目的。消防安全管理人员培训的目的是提高其消防安全管理素养和专业技能,增强其责任意识和安全意识,提高其应对突发事件的能力,提高消防安全管理水平。第二,培训内容。消防安全管理人员培训内容包括法律法规和标准、消防安全知识、应急处置、管理技能等方面的知识和技能培训。第三,培训形式。消防安全管理人员培训形式包括集中培训和现场教学等,可采用多种教学方式,如讲座、研讨、演示、实验等。第四,培训管理。消防部门应建立健全消防安全管理人员培训管理制度,包括培训计划、培训评估、培训档案等,对消防安全管理人员进行培训管理和跟踪。

3. 消防安全管理人员考核

第一,考核内容。消防安全管理人员考核的内容包括消防安全管理工作的执行情况、消防设施设备的运行情况、消防安全知识和技能的掌握情况等。第二,考核方式。消防安全管理人员考核方式主要有日常考核和定期考核两种。日常考核是指对消防安全管理人员日常工作中的表现进行评估,定期考核是指对消防安全管理人员定期进行全面评估。第三,考核标准。考核标准应参照相关法律法规和标准,根据各级消防部门和企事业单位的实际情况和需要进行制定和修订,明确考核内容和标准,确保考核的客观公正性和科学性。第四,考核结果。考核结果应及时反馈给消防安全管理人员,对考核结果进行分析和总结,对考核中发现的问题和不足进行整改,提高消防安全管理人员的综合素质和能力水平。

4. 消防安全管理人员管理

第一,管理制度。消防部门应建立健全消防安全管理人员管理制度,包括消防安全管理人员的聘任、管理、考核、奖惩等方面的规定。第二,管理流程。消防部门应建立健全消防安全管理人员管理流程,明确各级消防部门和企事业单位的管理职责和工作流程,确保消防安全管理工作的有效开展。第三,管理措施。消防部门应采取多种管理措施,如加强安全教育、完善考核机制、实行激励机制、加强安全监管等,提高消防安全管理人员的管理水平和工作效能。

消防安全管理人员是消防安全管理体系中不可或缺的要素,其编制、培训、考核和管理是保障消防安全工作顺利进行的重要措施。消防部门和企事业单位应注重对消防安全管理人员的建设和管理，不断提高其消防安全管理素养和专业技能，提高整体消防安全管理水平。

（四）制度和规范

消防安全管理体系要素之一是制度和规范，它是消防安全管理的重要组成部分，包括消防安全管理制度和规范的制定和执行，以确保消防安全工作的规范化、标准化和程序化。

1. 消防安全管理制度的建立和实施

第一，消防安全管理制度的编制。各级消防部门和企事业单位应根据消防安全管理工作的特点和需求，制定相应的消防安全管理制度，包括消防安全管理组织机构、职责分工、工作流程、管理制度等。第二，消防安全管理制度的执行。各级消防部门和企事业单位应根据消防安全管理制度的规定，执行消防安全管理工作，对违反消防安全管理制度的行为进行纠正和处理。第三，消防安全管理制度的监督和检查。各级消防部门应对企事业单位的消防安全管理制度进行监督和检查，确保其有效执行。

2. 消防安全管理规范的建立和实施

第一，消防安全管理规范的制定。消防安全管理规范是指制定针对特定行业、场所、设施的消防安全管理规范，规范消防安全管理行为和操作流程，保障消防安全。第二，消防安全管理规范的执行。企事业单位应按照相关消防安全管理规范的要求，落实消防安全管理措施，保障消防安全。第三，消防安全管理规范的监督和检查。各级消防部门应对企事业单位的消防安全管理规范进行监督和检查，确保其有效执行。

（五）设施和装备

消防安全管理体系中设施和装备是非常重要的要素之一。设施和装备包括各类建筑、场所消防设施和装备的建设和管理。其目的是保障消防设施和装备的完好运行和有效使用，从而提高消防安全工作的能力和水平。

1. 消防设施的建设和管理

第一，消防设施的分类。消防设施包括火灾自动报警系统、消火栓系统、喷淋系统、疏散指示系统、烟气排放系统、防烟排烟系统等。第二，消防设施的建设和管理。各级消防部门应根据实际情况，对消防设施进行建设和管理，保障消防设施的完好运行和有效使用。第三，消防设施的规划和设计。消防设施的规划和设计应符合相关法律法规和标准的要求，根据建筑物类型、用途、高度等因素确定合理的消防设施。第四，消防设施的检查和维护。消防设施应定期进行检查和维护，保证其正常运行。第五，消防设施的更新和升级。根据技术和管理的需要，需要对老旧消防设施进行更新和升级，以提高其运行效率和安全性。

2.消防装备的采购和管理

第一,消防装备的分类。消防装备包括灭火器、消防水带、消防泵、消防喷枪等。第二,消防装备的采购和管理。各级消防部门应根据实际需要,进行消防装备的采购和管理,保障消防装备的完好运行和有效使用。第三,消防装备的品质和品牌。消防装备的采购应注意品质和品牌,优先选择符合国家标准和行业标准的产品,确保消防装备的品质。第四,消防装备的检查和维护。消防装备应定期进行检查和维护,确保其正常运行。第五,消防装备的更新和升级。根据技术和管理的需要,需要对老旧消防装备进行更新和升级,以提高其运行效率和安全性。

3.消防设施和装备的使用和管理

消防设施和装备的使用和管理也是消防安全管理体系要素中重要的一部分,其具体内容如下:第一,使用管理制度。各级消防部门和企事业单位应建立完善的消防设施和装备使用管理制度,包括使用范围、使用方法、使用时限、维护保养、故障处理等内容。第二,使用和维护人员的培训。对消防设施和装备的使用和维护人员进行培训,提高其使用技能和维护水平,确保设施和装备的有效使。第三,日常维护和保养。对消防设施和装备进行日常的维护和保养,保证其正常运行和有效使用。第四,定期检查和维修。对消防设施和装备进行定期的检查和维修,确保其安全可靠。第五,备品备件的管理。对消防设施和装备备品备件的管理,保证备品备件的充足和质量。第六,应急准备。对消防设施和装备进行应急准备,制定应急预案,明确应急处置措施,提高应急处置能力。

消防设施和装备的建设和管理是消防安全管理体系要素中不可缺少的重要部分,必须严格按照相关法律法规和标准要求进行规划、设计、采购、管理和维护,以保障消防安全工作的顺利开展。

(六)监督和评估

消防安全管理体系中,监督和评估是重要的要素之一,可以检验和评估消防安全管理工作的效果和管理水平,及时发现和解决存在的问题,提高消防安全管理水平。

1.监督和评估的目的

监督和评估的目的有:第一,检查和评估消防安全管理工作的效果和管理水平,发现问题并及时解决;第二,为消防安全管理提供数据和依据,制定改进措施,提高消防安全管理水平;第三,促进消防安全管理工作的改进和进步,落实消防安全管理职责,推动消防安全管理工作的开展。

2.监督和评估的内容

监督和评估的内容包括:第一,消防安全管理制度和规范的执行情况;第二,消防设施和装备的管理和运行情况;第三,消防安全管理人员的专业素质和工作情况;第四,消防安全培训和应急演练的开展情况;第五,消防安全事故的处理和应对情况。

3. 监督和评估的方法

第一，定期检查。各级消防部门和企事业单位应定期开展消防安全管理工作的检查和评估，如月度、季度、半年度和年度等不同周期的检查和评估。第二，突击检查。根据实际情况和需要，可以对消防安全管理工作进行突击检查，检查和评估其执行情况和管理水平。第三，专项检查。针对某些重要场所或重点工程等，可以开展专项检查，对其消防安全管理工作进行全面检查和评估。第四，现场监督。对于某些需要特别关注的场所或项目，可以派出专人进行现场监督，确保消防安全管理工作的正常开展。

4. 监督和评估的管理

第一，监督和评估工作应由专门的机构或人员负责，明确其职责和权限，确保监督和评估工作的有效开展；第二，监督和评估结果应及时通报和反馈给相关部门和单位，对发现的问题应提出整改建议和措施，督促相关部门和单位及时落实；第三，建立监督和评估档案，记录检查和评估的内容、方法、结果和整改情况等信息，以备日后参考和使用；第四，对于监督和评估中发现的问题，应及时整改，并建立长效机制，避免问题重复出现；第五，加强监督和评估的宣传教育，提高各级消防部门和企事业单位对监督和评估工作的认识和重视程度，增强其自我监督和管理意识；第六，制定监督和评估的标准和指南，明确监督和评估的程序和标准，确保监督和评估的客观性和公正性。

二、消防安全管理体系的构成

消防安全管理体系的构成包括以下几个方面：

（一）消防安全管理体系的组织结构

消防安全管理体系的组织结构应根据实际情况和需要进行设计和建立，以确保消防安全管理工作的有效开展。一般情况下，消防安全管理体系应包括以下组织结构：

1. 最高领导机构

最高领导机构是消防安全管理体系的最高决策和管理机构，负责制定和审批消防安全管理的政策和规划，并对消防安全管理工作进行监督和评估。

2. 消防安全管理机构

消防安全管理机构是消防安全管理体系的核心机构，负责制定和实施消防安全管理的制度和规范，对消防设施和装备进行管理和维护，组织应急处置工作，并对消防安全管理工作进行监督和评估。

3. 消防安全管理人员

消防安全管理人员是消防安全管理体系的基层执行人员，负责具体的消防安全管理工作，包括日常巡查、检查和维护消防设施和装备，组织应急处置工作等。

4. 消防安全培训机构

消防安全培训机构是为了提高消防安全管理人员的专业技能和应急处置能力而设立的

机构，负责开展消防安全培训和教育工作，提高消防安全管理人员的专业素质和应急处置能力。

5.监督检查机构

监督检查机构是为了加强对消防安全管理工作的监督和检查而设立的机构，负责对消防安全管理工作进行监督和评估，发现问题并提出整改建议和措施。

6.协作机构

协作机构是为了加强各部门和单位之间的协作和配合而设立的机构，负责对消防安全管理工作进行协调和配合，确保消防安全工作的有效开展。

以上是消防安全管理体系中的基本组织结构，具体的组织形式和机构设置应根据实际情况和需要进行设计和建立。

（二）消防安全管理制度和规范

消防安全管理制度和规范是消防安全管理体系的重要组成部分，是指对消防安全管理工作进行规范和制度化的文件和制度。其主要目的是确保消防安全管理工作的规范化、标准化和程序化，提高消防安全工作的效率和水平，避免发生火灾事故，最大限度地保护人员的生命财产安全。消防安全管理制度和规范的主要内容：

1.消防安全管理制度

消防安全管理制度的主要内容：第一，消防安全责任制度。明确消防安全管理的主体、责任和义务，确保各方面的消防安全工作得到有效管理。第二，消防安全管理工作制度。制定消防安全工作的组织架构、职责分工、工作流程等，明确消防安全管理工作的组织管理方式。第三，消防安全检查制度。建立定期、不定期的检查制度，对各类场所和建筑进行检查，及时发现和排除消防安全隐患。第四，消防安全培训制度：建立员工和管理人员的消防安全培训制度，提高员工和管理人员的消防安全意识和技能。第五，消防安全应急预案制度。制定消防应急预案，保障各类建筑和场所的消防安全应急处置工作。

2.消防安全管理规范

消防安全管理规范的主要内容：第一，消防设施建设规范。规定各类建筑和场所应当配备哪些消防设施，消防设施的规划和设计、安装和使用等规范。第二，消防器材使用规范。规定消防器材的选购、使用和管理规范，包括灭火器、消防水带、消防泵等。第三，消防安全管理人员职责规范。规定消防安全管理人员的职责、资质要求、岗位要求等规范。第四，消防安全检查规范。规定消防安全检查的频次、内容、标准和方法等规范，确保消防安全检查工作的有效开展；第五，消防安全培训规范。规定员工和管理人员的消防安全培训的内容、方法和标准等规范，确保消防安全培训工作的有效开展。

消防安全管理制度和规范的制定和执行是保障消防安全的重要保障，各级消防部门和企事业单位应当严格执行相关规定，不断完善和提高消防安全管理体系。同时，对于不遵守消防安全管理制度和规范的单位和个人，应当依法予以严肃处理，以维护消防安全和社会稳定。

(三) 消防安全管理人员

消防安全管理人员是指专门从事消防安全管理工作的人员，包括消防安全管理机构的负责人、消防安全管理人员、消防安全培训师、消防安全督导员等。

消防安全管理人员的主要职责包括：第一，负责消防安全管理工作的组织、协调和实施；第二，制定和完善消防安全管理制度和规范，保障消防安全工作的标准化和规范化；第三，负责消防安全检查和评估工作，发现和解决存在的问题和隐患；第四，组织和开展消防安全培训和应急演练等工作，增强员工和管理人员的消防安全意识和应急处置能力；第五，建立和维护消防安全档案和信息系统，做好消防安全工作的记录和管理。

消防安全管理人员的职业素质和技能要求较高，需要具备以下能力：第一，具备消防安全管理的专业知识和技能，熟悉相关法律法规和标准；第二，具备较强的组织、协调和管理能力，能够有效地组织和协调消防安全工作的开展；第三，具备较强的沟通和协商能力，能够与各方面的人员有效沟通和协商；第四，具备较强的应急处置能力，能够在突发情况下迅速做出反应和应对措施；第五，具备较强的团队合作和领导能力，能够有效地管理和领导消防安全工作团队。

消防安全管理人员是消防安全管理工作的重要组成部分，他们的工作对于保障人民生命财产安全具有重要意义。

(四) 消防设施和装备

消防设施和装备是消防安全管理体系的重要组成部分之一，是指用于灭火、疏散和救援的消防设施和装备，包括建筑物内部的消防设施和消防器材、消防车辆、灭火器、防火门窗等。

1. 建筑物内部的消防设施和消防器材

建筑物内部的消防设施和消防器材包括：第一，火灾报警系统，包括自动火灾报警系统和手动火灾报警系统，能够及时报警、指示火源位置和扩散方向；第二，自动灭火系统，包括自动喷水灭火系统、自动喷雾灭火系统、气体灭火系统等，能够自动侦测、报警、启动和控制灭火系统；第三，消防给水系统，包括消防水池、消防水泵房、消防水箱、消防水带等，能够满足消防灭火和应急救援的水源需求；第四，防烟排烟系统，包括自然排烟系统、机械排烟系统、防烟楼梯间等，能够保证人员疏散和灭火作业时的良好视野和通风环境；第五，灭火器材，包括灭火器、消火栓、消防水枪等，能够为人员灭火提供有效的手段和装备。

2. 消防车辆

消防车辆包括：第一，消防车辆种类。消防车辆主要包括消防水罐车、消防泡沫车、消防高空作业车、消防救援车等，能够提供不同类型的灭火、救援和应急支援。第二，消防车辆配置。消防车辆应根据实际需要和场所特点进行配置,包括消防水枪、水带、灭火器、扑克钩、抛绳器等消防器材和救援工具。

3.灭火器

第一,灭火器种类。灭火器主要包括干粉灭火器、二氧化碳灭火器、泡沫灭火器、水基灭火器等,能够针对不同类型的火灾进行灭火。第二,灭火器使用。灭火器应根据不同的火灾类型和情况进行选择和使用,同时需要保证使用人员具备相应的灭火技能和知识。

4.防火门窗

第一,防火门窗种类。防火门窗包括防火门、防火窗等,能够在火灾时防止火势蔓延和减少烟雾扩散。第二,防火门窗的使用。防火门窗应按照规范进行选用、安装和维护,能够承受火灾的高温和压力,保证在火灾时起到防火隔离作用。同时,需要经常进行检查和维护,确保其正常使用。

(五)消防应急管理

在消防安全管理体系中,应急管理是非常重要的一个要素。应急管理包括消防应急预案的编制和实施、应急演练的开展、应急处置能力的提高,其目的是确保发生火灾时能够及时有效地进行应急处置,最大限度地保护人员的生命财产安全。

1.消防应急预案的编制和实施

第一,消防应急预案的编制。各级消防部门和企事业单位应根据实际情况和需要,制定相应的消防应急预案,包括灾害类型、应急流程、指挥体系、应急资源和应急处置措施等。第二,消防应急预案的实施。消防应急预案应定期演练和修订,以确保其符合实际需要和法律法规的要求。同时,应将其宣传到相关人员和单位,提高应急预案的知晓率和遵守率。

2.应急演练的开展

第一,应急演练的目的。应急演练的目的是检验消防应急预案的可行性和有效性,提高应急处置能力和水平,增强应急意识和应急反应能力;第二,应急演练的内容。应急演练的内容应包括消防应急预案的实际操作、应急资源的使用、指挥体系的调度和应急处置措施的执行等。第三,应急演练的频率。应急演练的频率应根据实际情况和需要进行,建议至少每年进行一次综合演练,针对某些特殊场所或项目应根据实际情况增加演练频率。

3.应急处置能力的提高

第一,应急处置培训。应急处置培训应针对不同的人员进行,包括消防安全管理人员、消防专业人员、企事业单位职工等,提高其应急处置的技能和水平。第二,应急处置资源。应急处置资源包括消防车辆、消防器材、消防队伍等,应充分利用和管理这些资源,确保其在应急处置中的有效使用。第三,应急处置技术。应急处置技术包括消防救援技术和火灾扑救技术等,应定期开展技术培训和考核,提高应急处置技术水平。

4.应急管理的管理

第一,应急管理工作应由专门的机构或人员负责,明确其职责和权限,确保应急管理工作的有效开展;第二,应急演练和应急处置工作应按照预案和实际情况进行,及时发现问题并解决;第三,建立应急管理档案,记录应急预案的编制和实施情况、应急演练的开展情况、应急处置能力的提高情况和应急处置的实际效果等信息,以备日后参考和使用;第四,定期开展应急处置演练的评估和总结工作,发现问题并制定改进措施,提高应急处置的水平和效果。

应急管理是消防安全管理体系中不可或缺的一个要素。通过消防应急预案的编制和实施、应急演练的开展和应急处置能力的提高,可以最大限度地减少火灾对人员生命财产安全的影响。

(六)消防安全监督和评估

消防安全管理体系的构成还包括消防安全监督和评估,它们是确保消防安全管理工作得到有效执行和提高的重要手段。

1.消防安全监督

消防安全监督是指对各类场所和建筑进行监督和检查,发现和纠正存在的消防安全隐患和问题,确保各类场所和建筑的消防安全。

消防安全监督的主要内容包括:第一,消防安全检查。对各类场所和建筑进行定期、不定期的消防安全检查,及时发现和排除存在的消防安全隐患和问题。第二,消防安全监管。对建筑物的设计、施工、验收和使用等过程进行监管,确保其消防安全符合法律法规和标准的要求。第三,消防安全宣传教育。通过各种形式的宣传教育,增强公众和相关单位的消防安全意识,推动全社会的消防安全工作。

2.消防安全评估

消防安全评估是对各类场所和建筑进行评估和评价,对消防安全管理工作的质量和水平进行评估和监测。

消防安全评估的主要内容包括:第一,消防安全评估标准。制定相应的消防安全评估标准和指南,明确评估的内容、范围、方法和标准等;第二,消防安全评估对象。对各类场所和建筑进行消防安全评估,包括学校、医院、商场、酒店、工厂等各类场所和建筑。第三,消防安全评估结果。根据评估结果,对存在的问题进行整改和改进,提高消防安全管理工作的质量和水平。

消防安全监督和评估的有效开展,对于推动消防安全工作的落实和提高消防安全管理水平都有着重要的意义。

(七)消防安全文化建设

消防安全文化建设是消防安全管理体系的重要组成部分之一,是指通过教育、宣传和文化建设，形成和推广一种重视消防安全、尊重消防人员、自觉遵守消防规章制度的良好氛围和习惯，增强人们的消防安全意识。消防安全文化建设的主要内容包括：

1. 消防安全教育和宣传

消防安全教育和宣传是消防安全文化建设的重要内容，其主要目的是增强人们的消防安全意识，提高人们的消防知识水平，使其养成良好的消防安全习惯和行为。

消防安全教育和宣传的形式多种多样，如举办消防安全知识讲座、开展消防安全宣传活动、制作消防安全宣传资料等。

2. 消防安全活动开展

消防安全活动是消防安全文化建设的有效手段，能够增强人们的消防安全意识和参与度，增强消防安全责任感和紧迫感。

消防安全活动的内容包括消防演练、消防知识竞赛、消防安全主题班会、消防安全实践活动等。

3. 消防安全文化建设

消防安全文化建设是以消防安全为核心，通过制度、文化和习惯等方面的建设，形成一种强调消防安全、尊重消防人员、遵守消防规章制度的良好氛围和文化。

消防安全文化建设的主要内容包括制定和落实相关的消防安全制度和规范、培养和提升消防安全管理人员和员工的素质和能力、加强消防安全宣传教育、开展消防安全检查和评估等。

4. 消防安全责任落实

消防安全责任落实是消防安全文化建设的重要方面，要求各级领导、企事业单位和个人履行消防安全管理的职责和义务，确保消防安全工作得到有效开展。

消防安全责任落实的主要内容包括制定和落实相关的消防安全制度和规范、明确各级消防安全管理人员的职责和责任、加强消防安全督促和监管、开展消防安全检查和评估等。

消防安全文化建设是提高消防安全管理水平和保障人民群众生命财产安全的重要途径之一，是消防安全管理体系不可或缺的组成部分。

第三节　消防安全管理的实施方法和效果评价

一、消防安全管理的实施方法

消防安全管理的实施方法主要包括以下几个方面：

（一）制定完善的消防安全管理制度和规范

消防安全管理制度和规范是消防安全管理工作的基础和核心，能够保证消防安全工作的规范化、标准化和程序化。制定消防安全管理制度和规范需要结合实际情况，制定具体的管理办法、措施和标准，确保消防安全管理的有效实施。

（二）建立健全的消防安全组织架构和职责分工

消防安全管理需要建立健全的组织架构和职责分工，明确各级消防安全管理人员的职责和责任，确保各项消防安全管理工作得到有效开展。消防安全组织架构和职责分工应当根据实际情况进行合理设置，同时要强化各级消防安全管理人员的培训和学习，提高其消防安全管理能力和水平。

（三）加强消防安全培训和教育

消防安全培训和教育是提高员工和管理人员消防安全意识和技能的有效途径。在消防安全管理实施过程中，应当加强员工和管理人员的消防安全培训和教育，提高其消防安全知识和技能，提高其应对突发事件的能力和素质。

（四）建立健全的消防安全检查和评估制度

消防安全检查和评估是消防安全管理的重要环节，能够及时发现和排除消防安全隐患，提高消防安全工作的效率和水平。建立健全的消防安全检查和评估制度需要制定具体的检查标准和方法，明确检查内容和检查周期，对发现的问题及时采取措施加以改进和整改。

（五）加强消防应急管理和应急演练

消防应急管理和应急演练是保障消防安全的重要措施，能够提高消防安全应急处置的能力和效率。在消防安全管理实施过程中，应当加强消防应急管理和应急演练，制定和完善消防应急预案和应急处置措施，提高应急响应速度和能力。

以上是消防安全管理的一些实施方法，这些方法可以帮助提高消防安全管理工作的效率和水平，同时也可以更好地保障人员和财产的安全。在实际工作中，需要根据具体情况进行适当的调整和改进，确保消防安全管理工作能够得到有效实施。

二、消防安全管理的效果评价

消防安全管理的效果评价是对消防安全管理工作进行绩效评估和监督，以衡量消防安全管理工作的成效和改进空间。消防安全管理的效果评价应当结合实际情况，采用科学、合理、客观的评价方法和指标，对消防安全管理工作进行全面、系统、定量的评估。消防安全管理的效果评价主要包括以下几个方面：

（一）消防安全事故发生率

消防安全事故发生率是指在一定时间内，特定范围内消防安全事故的发生数量与人员数量、建筑物面积等相关指标的比值。消防安全事故包括火灾、爆炸、泄漏等事故，这些事故可能对人员、财产造成不同程度的损失，对社会稳定和经济发展带来不利影响。

对消防安全事故发生率的评价，可以通过对事故的发生数量、类型、原因等进行分析和统计，比较不同时间段、不同区域、不同建筑物类型等指标的差异，以及与国家和行业的消防安全标准和指导性文件的要求进行对比，从而客观评价消防安全管理的成效和不足之处。

在消防安全管理工作中，降低消防安全事故发生率是重要的工作目标之一。为了降低消防安全事故发生率，需要采取一系列的措施，包括加强消防设施和装备的建设和维护、加强消防安全教育和培训、加强消防安全检查和监督等。

同时，消防安全事故发生率的降低也需要全社会的共同努力。政府、企事业单位、个人等都需要积极参与到消防安全管理工作中，共同营造重视消防安全、遵守消防安全法律法规的社会氛围，切实保障人民群众的生命财产安全。

（二）消防设施和装备的完好率和使用率

消防设施和装备的完好率和使用率是指消防设施和装备的维护情况和使用程度。对企事业单位和公共场所而言，消防设施和装备的完好率和使用率直接关系到消防安全工作的效果和成效。因此，通过对消防设施和装备的完好率和使用率进行评价，可以客观地反映出消防安全管理工作的质量和效果，为改进消防安全管理工作提供参考。

消防设施和装备的完好率是指消防设施和装备的工作状态和可用性，包括灭火器、喷淋系统、火灾报警系统、防排烟系统等消防设施的完好率。消防设施的完好率评价主要包括设施的数量、规格、型号、安装位置、维护情况、使用情况等多个方面。通过对这些方面的评价，可以了解消防设施的实际情况，及时发现和解决存在的问题，提高消防设施的完好率，确保消防设施在火灾发生时能够正常使用，有效地遏制火势扩散，保障人员生命财产安全。

消防装备的完好率是指消防车辆、救援设备、消防器材等消防装备的工作状态和可用性。消防装备的完好率评价主要包括装备数量、种类、型号、规格、使用情况、维护情况等多个方面。通过对这些方面的评价，可以了解消防装备的实际情况，及时发现和解决存在的问题,提高消防装备的完好率,确保消防装备在火灾发生时能够正常使用,有效地开展救援工作。

消防设施和装备的使用率是指消防设施和装备在实际工作中的使用情况。消防设施和装备的使用率评价主要包括使用频率、使用时长、使用范围、使用效果等多个方面。通过对这些方面的评价,可以了解消防设施和装备的实际使用情况,及时发现和解决存在的问题,提高消防设施和装备的使用率,提高消防安全工作的效率和质量。

(三)消防安全管理制度和规范的执行情况

消防安全管理制度和规范是消防安全管理的基础和核心,其执行情况能够直接反映出消防安全管理工作的质量和效果。因此,对消防安全管理制度和规范的执行情况进行评价和监督非常重要。

具体来说,对消防安全管理制度和规范的执行情况的评价可以从以下几个方面展开:第一,制度和规范的完善程度。评价制度和规范是否具有完善的法律法规、规章制度等,是否考虑到了不同行业、不同企业的实际情况,是否具有可操作性和针对性。第二,制度和规范的贯彻程度。评价制度和规范在实际应用中的贯彻情况,包括制度和规范是否被有效传达和宣传,是否被广泛遵守,是否能够实现规范化和标准化。第三,制度和规范的适应性和更新性。评价制度和规范是否适应社会和技术的发展,是否能够及时更新和调整,是否具有前瞻性和远见性。第四,制度和规范的执行效果。评价制度和规范执行的效果,包括是否能够有效预防和控制火灾事故,是否能够减少火灾损失,是否能够提高消防安全管理的效率和水平等。第五,制度和规范的改进和优化。评价制度和规范的改进和优化情况,包括是否能够根据实际情况进行优化和改进,是否能够及时解决出现的问题和不足之处,是否能够持续提高消防安全管理工作的质量和效果。

以上几个方面是对消防安全管理制度和规范执行情况进行评价的主要内容,可以通过定量和定性的方法进行评价,进一步提高消防安全管理工作的质量和效果。

(四)消防安全文化建设和宣传教育的效果

消防安全文化建设和宣传教育的效果是衡量消防安全管理效果的重要指标之一。通过对消防安全文化建设和宣传教育的效果进行评价,能够客观反映出消防安全文化建设和宣传教育工作的成效和不足之处。

消防安全文化建设和宣传教育的效果评价可以从以下几个方面展开:第一,消防安全知识普及率。通过对一定范围内的人群进行问卷调查或测验,统计并分析其对消防安全知识的掌握程度,以此来评估消防安全宣传教育的效果。第二,消防安全意识提高程度。通过调查人们对消防安全的认知和态度的变化,来评估消防安全文化建设的成效。比如,问卷调查中问及人们是否意识到消防安全的重要性,并能否采取行动避免或应对火灾等紧急情况;第三,消防安全文化建设的推广程度。评估消防安全文化建设的推广程度可以从多个方面入手,如在公共场所、工作场所和学校等重点场所开展消防安全主题宣传活动的覆盖率、对消防安全设施的合理利用和维护程度等。第四,消防安全制度执行程度。评估消防安全制度执行程度可以通过调查和检查消防安全制度的落实情况,以及针对消防安全问题的应急预案和处置方案的实际运行情况等。第五,消防安全事件的减少程度。评估消防安全文化建设和宣传教育的效果还可以通过消防安全事件的发生率来进行。若消防安全事件的发生率有所下降,则说明消防安全管理工作已经取得了一定的成效。

(五)消防应急管理和应急演练的效果

消防应急管理和应急演练的效果是衡量消防安全管理效果的重要指标之一。通过对消防应急管理和应急演练的效果进行评价,能够客观反映出消防应急管理和应急演练工作的成效和不足之处。

消防应急管理和应急演练的效果是衡量消防安全管理工作的重要指标之一,它主要包括以下方面:第一,应急预案的制定和执行情况。应急预案的制定和执行情况是评价消防应急管理效果的重要指标之一。通过对应急预案的制定和执行情况进行评价,可以了解消防应急管理工作的合理性和可操作性,发现不足和改进的空间,进一步提高应急响应能力和水平。第二,应急救援能力。应急救援能力是评价消防应急管理效果的重要指标之一。通过对应急救援能力进行评价,可以了解应急救援力量的数量、素质、能力和装备等情况,发现不足和改进的空间,进一步提高应急救援能力和水平。第三,应急演练的效果。应急演练的效果是评价消防应急管理效果的重要指标之一。通过对应急演练的效果进行评价,可以了解应急演练的实际效果和存在的问题,发现不足和改进的空间,进一步提高应急演练的针对性和实效性。第四,应急指挥能力。应急指挥能力是评价消防应急管理效果的重要指标之一。通过对应急指挥能力进行评价,可以了解应急指挥人员的素质、能力和经验,发现不足和改进的空间,进一步提高应急指挥的协调性和效率。

以上是消防安全管理的一些效果评价指标,通过对这些指标的全面、系统、定量评价,可以客观地了解消防安全管理工作的成效和不足,为改进消防安全管理工作提供有力的支撑。

第五章　消防风险评估

第一节　消防风险评估的基本概念和方法

一、消防风险评估的基本概念

消防风险评估是对建筑物、场所、设备或活动可能引发的火灾风险进行评估和分析，以确定存在的消防风险和采取的措施是否有效，以及是否需要采取进一步的防范措施的过程。消防风险评估能够全面、系统、科学地分析和评估各种消防风险，为制定合理的消防预防和应急措施提供科学依据，降低火灾发生的概率和损失的程度。在此过程中，需要了解一些相关的概念。

（一）风险

风险是指由于某种原因可能发生的不良事件，包括事件的概率和影响程度两个方面。在消防领域，风险通常被定义为"火灾可能造成的人员伤亡、财产损失或环境污染的可能性"。风险评估的目的是确定风险级别，以便采取相应的控制措施。

在消防风险评估中，风险通常分为三种级别：第一，高风险，指可能导致重大人员伤亡、严重财产损失或环境污染的风险；第二，中等风险，指可能导致轻微人员伤亡、一定财产损失或环境污染的风险；第三，低风险，指可能导致较小人员伤亡、财产损失或环境污染的风险。确定风险级别是非常重要的，因为这有助于消防部门确定采取何种控制措施，以最大限度地降低风险的发生概率和影响程度。在消防风险评估中，通常采用量化和定性两种方法来评估风险。量化方法主要是通过数学模型和统计分析等手段对风险进行评估，而定性方法则主要是根据专家经验和判断对风险进行评估。同时，还可以采用风险矩阵等工具对风险进行分类和评估。

（二）危险源

危险源是指在特定条件下会导致人员、财产或环境受到威胁的物质、设备、环境或活动。在消防领域，危险源包括可燃、易爆、有毒、有害、压力、放射性等，如油库、油气管线、化工厂、电力设施等。对于不同类型的危险源，需要采取不同的控制措施来降低风险。消防风险评估需要对危险源进行识别、分类和评估，以便确定风险等级和采取相应的控制措施。危险源的识别和分类可以通过现场勘查、文献资料和专家意见等多种方式来完成。评估危险源可能产生的风险需要考虑多个因素，如危险源的性质、数量、贮存方式、运输方式、周围环境、设备状况等，综合评估危险源的潜在风险。在消防风险评估中，危险源的识别和评估是至关重要的步骤，对于确定风险级别和采取有效的控制措施具有重要意义。

（三）风险评估

风险评估是指对危险源及其潜在影响进行系统评价的过程。评估的目的是确定风险级别和采取相应的控制措施。在消防领域中，风险评估主要是对火灾危险源及其潜在影响进行评价。通过对危险源的识别、分析和评估，可以确定可能发生的火灾风险和风险级别，为采取相应的风险控制措施提供依据。风险评估的结果应该是客观的、科学的，并且需要针对不同的场所、设施、人员等进行定制化评估。

二、消防风险评估的分类

消防风险评估可以根据评估对象和评估目的的不同，分为多种分类。

（一）建筑消防风险评估

建筑消防风险评估是指对建筑物内部和周边环境中的消防风险进行评估，以确定建筑物的火灾安全状况和采取相应的防范措施。建筑消防风险评估通常包括以下方面：第一，建筑物火灾隐患排查。对建筑物内部存在的火灾隐患进行排查，包括电器线路、易燃易爆物品存放、消防通道、消防器材等设施的完好性和可用性等方面。第二，消防设施设备运行状况。对建筑物内部的消防设施设备进行评估，包括消火栓、室内消火栓、自动喷水灭火系统、防排烟系统、灭火器、警报器等消防设备的数量、布局、运行状况、维护情况等。第三，人员疏散能力。对建筑物内部人员疏散能力进行评估，包括疏散通道的宽度、数量、长度等因素，以及人员疏散的流程、应急预案、逃生路线等方面。第四，防火间距。对建筑物周边环境中的防火间距进行评估，以确定建筑物的消防安全距离。第五，其他因素。其他还包括建筑物内部的火灾警报装置、消防水源、消防培训等方面。

评估结果将根据风险评估等级进行分类，以便采取相应的控制措施。建筑消防风险评估的目的是保障建筑物的火灾安全，减少火灾事故的发生，并保障人员和财产的安全。

（二）物品消防风险评估

物品消防风险评估是对存放在建筑内或外的物品、材料等危险源进行评估的过程，主要包括易燃易爆危险品、液化气、压缩气体等。其目的是评估这些物品的火灾危险性，并采取相应的控制措施以降低火灾风险。

物品消防风险评估通常需要对以下因素进行考虑：第一，危险品种类。对存放在建筑内或外的易燃易爆危险品、液化气、压缩气体等物品进行分类，确定其火灾危险性。第二，数量。对危险品的数量进行评估，判断其火灾危险性和危害程度。第三，存放方式。评估危险品的存放方式和场所，如存放于密闭空间、通风不良的地下室等场所可能增加火灾发生的风险。第四，物品密度。评估危险品的密度，确定其对火灾的传播和扩散的影响。第五，防火措施。评估危险品存放场所是否有相应的防火设施和措施，如防火墙、防火卷帘门、自动灭火系统等。第六，人员防护。评估危险品存放场所的人员防护措施，如疏散通道是否畅通、灭火器的配备和使用等。第七，应急措施。评估危险品存放场所是否制定了应急预案，并对应急措施进行评估和优化，以应对火灾等突发事件。

基于以上因素的评估，物品消防风险评估可以确定危险品的火灾危险性和对周围环境和人员的潜在危害程度，为制定和实施相应的防火措施和应急措施提供参考。

（三）消防安全管理制度评估

消防安全管理制度评估是指对单位的消防安全管理制度、应急预案、消防培训等方面进行评估的过程，以发现消防安全管理工作中的不足和提出改进建议，从而加强单位的消防安全管理。

消防安全管理制度评估的内容包括以下方面：第一，消防安全管理制度的完善程度。评估单位的消防安全管理制度是否完善，包括消防组织机构、职责分工、消防安全责任制等方面。第二，应急预案的制定和实施情况。评估单位的应急预案是否符合要求，是否能够保证在突发火灾等情况下有效实施。第三，消防设施和器材的配备和使用情况。评估单位的消防设施和器材的配备情况，以及使用情况是否规范；第四，消防培训的开展情况。评估单位的消防培训情况，包括员工的消防知识、应急处置能力等方面的培训。第五，消防检查和隐患整改情况，评估单位的消防检查和隐患整改情况，包括消防设施和器材的检查、隐患排查和整改情况。第六，应急演练的组织和实施情况。评估单位的应急演练情况，包括演练的频率、组织方式、实施效果等方面。第七，消防安全文化建设情况。评估单位的消防安全文化建设情况，包括员工的消防安全意识、消防安全教育等方面。

通过对以上方面的评估，可以帮助单位发现消防安全管理工作中的不足和提出改进建议，从而不断完善消防安全管理制度，提高单位的消防安全管理水平。

（四）特殊场所消防风险评估

特殊场所消防风险评估是指针对各种特殊场所，如地下车库、商场、宾馆、医院等进行消防风险评估的过程。特殊场所由于其特殊性质和功能，其火灾风险与普通建筑不同，因此需要对其进行专门的消防风险评估。

特殊场所消防风险评估通常需要对以下因素进行考虑：第一，场所特性。不同特殊场所的建筑结构、使用性质、人员流动情况等都不同，需要对其特性进行分析，确定其火灾风险特点。第二，消防设施和设备。不同特殊场所的消防设施和设备也不同，需要对其完好率、使用率等进行评估，确保其正常运行，提高其灭火能力和疏散能力。第三，应急预案。不同特殊场所的应急预案也不同，需要对其有效性进行评估，确保在火灾发生时可以及时有效地开展应急处理。第四，人员疏散能力。特殊场所人员数量多、流动性大，需要评估其疏散能力，确定疏散通道和出口是否畅通，并进行应急疏散演练。第五，消防安全培训。不同特殊场所的人员对消防安全的认识和掌握程度不同，需要对其进行消防安全培训，提高其自救和灭火能力。

特殊场所消防风险评估的目的是发现存在的安全隐患，提出改进建议，并加强消防安全管理工作，降低火灾风险。通过消防风险评估，可以提高特殊场所的防火水平，确保人民群众生命财产安全。

（五）城市消防风险评估

城市消防风险评估是对城市内的消防安全进行评估的过程，其目的是发现城市内存在的火灾隐患和安全问题，并提出相应的改进建议。

城市消防风险评估的内容主要包括以下几个方面：第一，城市规划评估。评估城市规划对消防安全的影响，包括城市建筑密度、消防车辆通行道路的宽度、建筑物的高度等因素。第二，消防设施布局评估。评估城市内消防设施的布局，如消防水源、消防栓、室内消防设备等是否合理、完备、有效，以及消防设施的维护保养情况。第三，消防人员力量配置评估。评估城市内的消防队伍是否足够、合理配置，以及消防队伍的应急反应能力和培训情况。第四，应急救援评估。评估城市内的应急救援体系是否完善，包括应急预案、应急指挥系统、应急物资储备等方面。第五，火灾历史分析。对城市内近年来的火灾历史进行分析，了解火灾的原因和影响，以及消防部门应对火灾的效果和不足之处。第六，风险评估报告。根据评估结果，编制风险评估报告，明确存在的风险和隐患，并提出相应的改进建议，以便采取措施降低消防风险。

（六）重点单位消防风险评估

重点单位消防风险评估是针对石油化工、危险化学品等重点单位的消防风险进行评估的过程。其目的是发现可能存在的安全隐患，以制定相应的防范措施，确保这些重点单位的消防安全。

重点单位消防风险评估通常需要对以下几个方面进行考虑：第一，场所环境。对重点单位的场所环境进行评估，包括建筑结构、消防设施、通道和安全出口等，以了解其火灾风险。第二，危险源。对重点单位内可能存在的危险源进行识别和分类，包括危险化学品、易燃易爆物品、高温设备等。第三，应急预案。评估重点单位的应急预案是否完善，并检查是否有应急演练等措施，以确保应对突发事件时的应急处置能力。第四，员工素质。评估重点单位的员工消防安全意识和培训情况，以了解其火灾应对能力。第五，监管机构合规性。评估重点单位是否符合相关消防安全管理法律法规和监管要求，以保证其消防安全合规性。

通过对重点单位消防风险评估的实施，可以及时发现可能存在的安全隐患，采取有效的防范措施，并通过应急演练等方式增强员工的消防安全意识和应对能力，从而确保这些重点单位的消防安全。

以上分类只是一些常见的消防风险评估分类，实际应用中可以根据具体情况进行更细分和分类。

三、消防风险评估的方法

消防风险评估是对危险源及其潜在影响进行系统评价的过程，其评估方法因评估对象、评估目的、评估环境等不同而异。常见的消防风险评估方法包括以下几种。

（一）定性评估法

定性评估法是消防风险评估中的一种方法，它采用专家判断和经验总结的方法，通过对危险源进行简单描述和分析，确定其火灾风险级别。该方法主要适用于危险源较少、结构简单的场所，如一些小型企业和住宅小区等。

定性评估法的主要特点是简单易行、操作便捷，可以快速确定危险源的火灾风险级别，对于初步了解场所的消防风险状况有较好的效果。其缺点是受专家经验和主观判断的影响较大，容易出现误判或漏判，评估结果不够精确。

在进行定性评估时，一般需要考虑以下几个方面：第一，危险源的特点。对危险源的种类、数量、性质、状态等进行描述和分析。第二，可能的火灾危害。对火灾可能造成的人员伤亡、财产损失等危害进行分析。第三，现有的消防安全措施。对场所内的消防设施、消防通道等进行评估。第四，危险源与环境的关系。考虑危险源与周围环境的关系，如周边建筑、交通道路等是否存在影响。

在评估完以上因素后，根据专家经验和综合分析结果，确定危险源的火灾风险级别。一般分为高、中、低三个级别，高风险等级需要采取更为严格的控制措施，中风险等级需要加强防范措施，低风险等级则需要保持现有措施不变。

（二）定量评估法

定量评估法是一种基于具体数据和统计方法进行火灾风险评估的方法。其主要包括以下几个步骤：第一，危险源识别和分类。对可能导致火灾的危险源进行识别和分类；第二，数据收集。收集与危险源相关的具体数据，包括危险品种类、数量、密度等。第三，风险分析。对危险源产生的风险进行分析和评估，包括风险概率、风险程度和风险类型等。根据数据收集的结果，使用适当的数学模型进行分析和计算，得出火灾风险值。第四，风险评价。根据风险分析结果，确定风险级别和采取相应的控制措施。一般将火灾风险值划分为不同的等级，根据不同等级采取相应的控制措施，以降低火灾风险。

常用的定量评估方法包括火灾危险性评估、火灾隐患评估、火灾风险评估等。这些方法都基于统计学原理和数学模型,通过对危险源的具体参数进行测量和计算,计算出其火灾风险值,并对风险值进行判断和分类。定量评估法可以提供更加准确、科学的火灾风险评估结果,有助于采取更加有效的风险控制措施。

(三)故障树分析法

故障树分析法是一种系统性的分析方法,可以用于识别系统中潜在的故障和失效机制,以及导致故障的基本事件。在消防风险评估中,故障树分析法可以用于确定火灾发生的概率和影响程度,以确定火灾风险等级。

故障树分析法的基本思想是将系统的故障树结构分解成一系列的基本事件,通过对每个基本事件的概率和相互之间的逻辑关系进行分析,从而确定系统发生故障的概率和影响程度。

具体而言,故障树分析法的步骤如下:第一,确定系统的故障模式和故障目标,建立故障树;第二,识别故障树中的基本事件,即导致故障的最小事件;第三,对每个基本事件进行概率分析,确定其发生概率;第四,根据基本事件之间的逻辑关系,对故障树进行分析,计算出整个系统发生故障的概率;第五,对故障概率进行风险评估,确定相应的风险等级。

故障树分析法具有以下优点:第一,可以清楚地表示系统的故障模式和故障目标,有助于识别和分析潜在的故障机制和基本事件;第二,可以对系统的故障概率进行量化分析,从而确定系统的可靠性和安全性;第三,可以通过对故障树进行模拟和优化,找出改善系统性能的方案。

故障树分析法也存在一些限制和局限性,如对系统参数的要求较高,需要进行详细的故障分析和数据收集。同时,故障树分析法只能用于静态分析,对于复杂的动态系统分析可能不太适用。

(四)事件树分析法

事件树分析法是一种消防风险评估方法,它通过分析火灾发生的事件树结构,确定可能导致火灾的事件和条件,以及其对火灾的影响程度和概率。其具体步骤包括:第一,确定事件树的起始事件。事件的起始事件是指导致火灾发生的事件。例如,在一家工厂中,起始事件可能是电气故障、人为错误或化学反应等。第二,建立事件树。根据起始事件,建立一系列可能导致火灾发生的事件和条件,形成事件树结构。事件树的每个节点都代表一个事件或条件,每个分支代表可能的情况。第三,计算概率。通过概率论和统计学方法,计算每个事件或条件发生的概率。第四,计算影响程度。根据每个事件或条件发生后对火灾的影响程度,给出相应的评价指标,如火灾蔓延速度、火灾烈度等,并进行量化计算。第五,分析事件树。根据事件树的结构和计算结果,分析可能导致火灾发生的事件和条件,以及其对火灾的影响程度和概率。根据分析结果,确定火灾风险等级,并提出相应的控制措施。

事件树分析法可以帮助评估火灾发生的概率和可能的影响，以及确定风险等级和控制措施，从而提高消防安全性。

（五）剩余风险评估法

剩余风险评估法是在采取一系列防范措施后，对剩余的火灾风险进行评估和分析，以确定是否需要进一步加强防范措施。其主要流程包括以下几个步骤：第一，确定防范措施。对危险源进行识别和分类，确定针对不同危险源采取的防范措施。第二，评估防范措施。评估采取防范措施后的火灾风险，确定防范措施的效果和可行性。第三，确定剩余风险。对采取防范措施后的剩余风险进行评估和分析，确定其可能的影响程度和概率。第四，制定控制措施。针对剩余风险，制定相应的控制措施，如加强防范措施、完善应急预案等；第五，再次评估。对采取控制措施后的剩余风险进行再次评估，确认控制措施的有效性和可行性；第六，监测与更新。对剩余风险进行监测和更新，定期进行风险评估和控制措施的修订和更新，确保消防安全措施的持续有效性。

剩余风险评估法主要适用于消防安全控制措施已经实施，但仍存在一定风险的场所，如化工厂、石油储罐区等。通过对剩余风险的评估和控制，可以最大限度地降低火灾风险，保障人员和财产的安全。

（六）多目标决策方法

多目标决策方法是指根据评估对象的不同特点和评估目的，采用多种方法进行评估，并根据评估结果综合判断和决策。在消防风险评估中，采用多目标决策方法可以使决策更加科学和合理，降低决策的风险和误差。

具体来说，多目标决策方法可以包括以下几个步骤：第一，确定评估目标和评估指标。根据评估对象和评估目的，确定需要评估的目标和指标，例如人员伤亡、财产损失、火灾发生概率等。第二，选择评估方法。根据评估目标和评估指标的特点，选择适合的评估方法，可以采用定性评估、定量评估、故障树分析、事件树分析等方法。第三，评估结果分析。根据评估结果，对评估对象的火灾风险进行分类和综合评估，确定火灾风险等级和存在的隐患。第四，制定控制措施。根据评估结果和火灾风险等级，制定相应的控制措施，如加强消防设施建设、提高消防员的培训和应急处置能力等。第五，决策。根据评估结果和制定的控制措施，综合分析并进行决策，确定采取何种措施来降低火灾风险和防范隐患。通过采用多目标决策方法，可以使消防风险评估更加全面和科学，降低决策的风险和误差，提高消防安全管理的水平和效果。

不同的消防风险评估方法各有优缺点，评估人员应根据具体情况选择合适的方法，以确保评估结果准确、可靠。

第二节　消防风险评估的程序和内容

消防风险评估是对危险源及其潜在影响进行系统评价的过程，主要目的是确定风险级别和采取相应的控制措施。消防风险评估的基本流程通常包括以下几个步骤：

一、危险源识别和分类

对可能导致火灾的危险源进行识别和分类，如易燃物、电气设备等。此步骤需要对危险源进行搜集、调查和分析，以确定所有潜在的火灾危险源。

在危险源识别和分类这个步骤中，需要采取以下措施：

（一）搜集信息

搜集信息是进行消防风险评估的第一步，其目的是了解评估对象的基本情况和相关因素，为后续的评估工作提供必要的信息支持。

搜集信息的内容包括：第一，建筑物结构和用途。了解建筑物的结构类型、高度、面积、楼层数等基本信息，以及建筑物的主要用途和功能。第二，火灾历史记录。了解建筑物和周边区域的火灾历史记录，包括火灾发生的时间、地点、原因、损失程度等，以确定评估对象的火灾风险等级。第三，危险品存储和使用情况。了解评估对象内部和周边区域存在的危险品种类、数量、存储位置和使用方式等情况，以评估危险品对火灾风险的影响。第四，法规、标准和规范。了解相关的消防安全法规、标准和规范，包括国家、地方的相关法律法规和标准、行业标准、技术规范等，以确定评估的合规性和科学性。第五，消防设施和设备。了解评估对象内部和周边区域的消防设施和设备，包括灭火器、灭火系统、报警设备、通风设备等，以评估其运行状况和有效性。第六，人员疏散和逃生设施。了解评估对象内部和周边区域的人员疏散和逃生设施，包括安全出口、疏散楼梯、疏散通道、应急照明等，以评估其是否满足相关的安全要求。第七，消防人员和消防力量。了解评估对象内部和周边区域的消防人员和消防力量，包括消防队伍、消防车辆和消防装备等，以评估其能力和效能。

搜集信息的方式可以通过实地勘察、资料查询、调查问卷等多种方式进行，同时需要保证所搜集到的信息的准确性和可靠性。

（二）识别危险源

识别危险源是消防风险评估的第一步，主要是对建筑内外可能存在的危险源进行识别和分类，以便后续的风险分析和评估。具体的步骤和注意事项如下：第一，对建筑内外进行全面的勘察和检查。需要查看建筑物的结构、布局、用途和设施等方面的信息，以发现可能存在的危险源。第二，根据建筑物的不同特点和用途，确定可能存在的危险源种类。例如，对于商业建筑物，需要重点关注易燃易爆物品、电气设备、压力容器等危险源；对于医院和养老院等场所，需要关注火源设备和病人等易燃易爆物品；第三，采用专业工具和仪器进行检测和测量。例如，可以使用热成像仪、气体检测仪等工具，对可能存在的热源、燃气泄漏等情况进行检测和测量。第四，根据危险源的特点和分布情况，确定评估的范围和深度。例如，对于危险品仓库和加油站等特殊场所，需要进行深入的评估和检查。第五，根据评估的结果，对危险源进行分类和整理。可以按照危险源的种类、数量、位置等进行分类，以便后续的风险分析和评估。

此外，还需要注意消防安全的管理和保养情况。例如，建筑物的消防设施、安全出口、防火墙等是否得到合理的保养和管理。

（三）分类危险源

危险源的分类是消防风险评估中重要的一步，可以对评估的范围和难度进行限制，便于后续的风险评估和控制措施制定。

分类危险源的几个重要因素：第一，性质和类型。根据危险源的物理和化学性质，可以将其分类为固体、液体、气体等不同类型的危险品。例如，易燃液体、有毒气体等都是不同类型的危险品。第二，数量和存放方式。危险品的数量和存放方式也会影响其危险程度。例如，大量的液化气体或压缩气体可能会增加火灾爆炸的风险，而良好的存放方式和通风设施可以减少这种风险。第三，潜在危害。根据危险源可能造成的危害程度和范围，可以将其分类为高、中、低等不同级别的危险源。例如，一些易燃液体在着火后可能会燃烧引起爆炸，而某些有毒气体可能会对人体造成致命的危害。第四，特殊因素。在对危险源进行分类时，还需要考虑到特殊因素，如危险品的剧毒性、腐蚀性、放射性等特性。这些特殊因素会对危险源的危害程度和控制措施的制定产生重要影响。第五，其他因素。除了以上几个因素外，危险源的分类还需要考虑到其他因素，如危险品的运输、使用、处置等环节，以及可能产生的火灾、爆炸、中毒等不同类型的风险。

（四）确定危险源的特征

确定危险源的特征是指对每一类危险源进行详细的描述和分析，包括其物理、化学和机械特性等方面。具体需要考虑以下几个因素：第一，物理特性。包括危险源的形状、颜色、温度、密度、黏度等物理特性，这些特性对火灾发生的可能性和扩散程度都有重要影响。第二，化学特性。包括危险源的化学组成、反应特性、挥发性等化学特性，这些特性对火灾的发生、蔓延和扑灭方式都有重要影响。第三，机械特性。包括危险源的强度、韧性、易损性等机械特性，这些特性对危险源在火灾中的行为和表现有重要影响。第四，危害程度。对危险源的可能危害程度进行评估和判断，如对人员、财产、环境的影响等，以确定危险源的火灾风险级别。

在确定危险源的特征时，需要借助现代化工技术手段和设备进行分析和测试，例如采用红外光谱、气相色谱等技术手段，以确保数据的准确性和可靠性。同时，还需要结合现场实际情况，考虑危险源与其他设施、材料之间的相互作用，综合分析危险源的风险等级。

（五）给出建议

在确定了危险源的特征和可能的风险之后，需要根据风险等级给出相应的改进和优化建议，以提高消防安全水平。这些建议可能包括以下几个方面：第一，改进管理制度。对重点单位或特殊场所，应建立完善的消防管理制度，并进行定期的检查和评估。例如，对于危险化学品生产企业，应建立完善的危险化学品管理制度，并对员工进行相关培训和教育。第二，优化消防设施。根据危险源的特征和可能的风险，对建筑物的消防设施进行优化和升级。例如，对于存储易燃易爆物品的仓库，应配置相应的自动灭火系统和防火门，以降低火灾风险。第三，提高应急救援能力。针对不同的消防风险等级，应制订相应的应急预案，并进行定期演练和检查。例如，对于地下车库等人员密集场所，应配备足够的灭火器和疏散设备，以确保在火灾发生时能够迅速疏散人员和扑灭火灾。第四，加强宣传教育。通过宣传教育，提高公众对消防安全的认识和意识，促进全社会的消防安全建设。例如，通过媒体宣传和消防知识培训，向公众普及火灾防范知识和应急处理技能。

评估结果需要记录和归档，以备后续参考。此外，评估的结果还应向相关单位和个人进行报告和说明，以推动改进和优化工作的落实。

二、风险分析

消防风险评估的程序和内容中，风险分析是其中一个重要的步骤。风险分析主要是对危险源产生的风险进行分析和评估，包括风险概率、风险程度和风险类型等。

（一）风险分析的内容

具体来说，风险分析包括以下内容：第一，风险概率。风险概率是指火灾发生的可能性。通过对危险源的定量或定性分析，可以确定其对火灾发生的影响程度和概率。根据风险概率的高低，可以对危险源进行分类和排序。第二，风险程度。风险程度是指火灾发生后可能对人员和财产造成的损失程度。风险程度可以根据危险源对人员和财产造成的直接或间接损失进行评估和判断。根据风险程度的高低，可以确定风险等级和采取相应的控制措施。第三，风险类型。风险类型是指火灾发生的影响类型，包括人身安全、财产损失、环境污染等。通过对风险类型的分析和评估，可以确定火灾的影响范围和影响程度。

（二）风险分析的工具

在进行风险分析时，需要采用合适的方法和工具，进行风险分析可以采用以下方法与工具：第一，故障树分析法FTA。对火灾发生的故障树结构进行分析，确定火灾的概率和影响程度。第二，事件树分析法（ETA）。通过分析火灾发生的事件树结构，确定可能导致火灾的事件和条件，以及其对火灾的影响程度和概率。第三，定量风险分析（QRA）。通过对危险源的具体参数进行测量和计算，计算出其火灾风险值，并对风险值进行判断和分类。第四，定性风险分析（QCA）。采用专家判断和经验总结的方法，通过对危险源进行简单描述和分析，确定其火灾风险级别。第五，三维模拟软件。利用计算机技术和三维模型对危险源和建筑物进行模拟，以评估火灾风险和疏散效率等。第六，火灾风险评估软件。通过输入建筑物和危险源等参数，自动计算出火灾风险值，并给出相应的风险评估报告。第七，统计分析方法。利用统计学方法对火灾历史数据进行分析，以预测火灾的概率和影响程度。

三、风险评价

风险评价是在风险分析的基础上，综合考虑风险分析结果和实际情况，对风险进行综合评价，以确定风险级别和采取相应的控制措施。其具体步骤如下：

（一）确定风险级别

确定风险级别的过程是将风险分析的结果进行综合评价，并将危险源的风险级别进行分类，以便后续的管理和控制。一般来说，风险级别的划分需要考虑风险的概率和影响程度两个方面。

对于概率的评估，可以采用定性或定量分析的方法，确定危险源发生火灾的概率大小。对于影响程度的评估，需要考虑火灾发生后可能对人员、财产、环境等造成的影响，如人员伤亡、财产损失、环境污染等。

综合考虑概率和影响程度的结果，将危险源的风险级别划分为低风险、中风险和高风险等级，以便后续采取相应的控制措施和应急措施。对于高风险等级的危险源，需要采取更为严格和有效的控制措施，以保障人员和财产的安全。而对于低风险等级的危险源，则可以采取相对较为简单和灵活的控制措施。

确定风险级别是风险评估的重要环节，是对风险分析结果的综合评价，可以为后续的管理和控制提供参考依据。

（二）制定控制措施

制定控制措施是根据风险评估结果制定相应的措施，以预防、减轻或消除危险源带来的风险，保障人员和财产的安全。

具体措施包括：第一，预防措施。通过对危险源进行防范和管理，降低其火灾风险。如对易燃物品进行储存和管理、加强电气设备的维护和检查、加强建筑物的防火设施等。第二，应急处置措施。针对突发事件和火灾事故，制订相应的应急预案和处置措施，如人员疏散、火灾扑救和救援等，以减轻火灾带来的损失和危害。第三，监测措施。通过实时监测和检测，发现危险源的异常和隐患，及时采取措施进行处理，以防止火灾的发生。第四,教育培训措施。加强对相关人员的教育培训,增强其消防安全意识和应对火灾事故的能力。

对于高风险的危险源,需要采取更加严格和有效的控制措施,如安装自动灭火系统、加强监测和巡查、增加应急救援力量等。同时,需要对控制措施的实施情况进行监测和检查,确保其有效性和可持续性。

(三)制订应急预案

制订应急预案是消防风险评估中非常重要的一个步骤,具体包括以下几个方面:第一,应急响应流程的制定。应急响应流程是指在火灾发生时的应急响应程序,需要明确各部门的职责和任务分工,以确保各部门之间的协调配合。第二,应急处置措施的制定。应急处置措施是指在火灾发生时所需要采取的具体措施,包括火灾报警、疏散人员、扑救火源等。第三,应急设备配备的规划。应急设备是指在火灾发生时用于救援和扑救火灾的设备,如消防水枪、灭火器等,需要规划合理的数量和位置。第四,应急预案的演练和验证。应急预案需要经过实际演练和验证,以发现问题并加以改进,确保在火灾发生时能够快速、有效地响应和处置。

应急预案的制订需要充分考虑不同情况下的应对措施,并根据实际情况不断地进行修订和更新。同时,需要与相关部门和人员进行沟通和协调,以确保应急预案的有效实施。

(四)定期复评

定期复评是消防风险评估中的一个重要环节,其目的是对之前采取的控制措施和应急预案进行检查和评估,以确定其有效性和可持续性。具体步骤包括:第一,定期检查危险源。定期对危险源进行检查和监测,发现存在的问题和隐患,并及时采取相应的纠正措施。第二,更新风险评估。定期更新风险评估,重新评估危险源的风险级别和潜在影响,以确定是否需要采取新的控制措施。第三,评估控制措施。对已经采取的控制措施进行评估和监测,以确定其有效性和可持续性,如果发现问题需要及时进行调整和更新。第四,修订应急预案。根据风险评估和控制措施的更新,修订和完善应急预案,保证其与实际情况相符合,并且能够在火灾发生时快速、有效地响应和处置。第五,提升员工意识。定期组织消防安全培训和演练,增强员工的消防安全意识和应急处置能力,以减少因人为因素导致的火灾事故。通过定期复评,能够有效地发现和纠正存在的问题和隐患,提高消防安全管理的效能和可持续性,降低火灾事故的发生率和危害程度。

风险评价是消防风险管理的重要环节,能够有效降低火灾风险,保障人员财产安全。在进行风险评价时,需要综合运用多种方法和工具,以确保评价结果的科学性和准确性。

四、风险控制

风险控制是指根据风险评估结果,采取措施降低或消除危险源带来的风险。消防风险评估的风险控制包括预防控制和应急控制两个方面。

预防控制主要包括以下方面：第一，改进设计和施工。对新建和改造的建筑物，在设计和施工阶段就要充分考虑消防安全因素，如设置适当的防火墙、疏散通道和灭火设备等。第二，安全管理制度。制定完善的消防安全管理制度和应急预案，并定期对员工进行消防安全教育和培训，增强员工的消防安全意识和应急处置能力。第三，安全监测。对危险源的监测和检查，及时发现和处理安全隐患，如定期对电气设备进行维护和检修，防止火灾因电气故障引发。第四，安全设备。配置合适的消防设施和设备，如灭火器、灭火器具、自动灭火系统等，以便在火灾发生时能够及时控制和扑灭火灾。

应急控制主要包括以下方面：第一，应急预案。制订完善的应急预案，明确应急响应流程和应急处置措施，提高应急处置的效率和准确性。第二，应急设备。配置完善的应急设备，如疏散指示灯、应急照明、应急广播等，以便在火灾发生时能够及时疏散人员和提供应急信息。第三，应急演练。定期组织应急演练和模拟，提高应急响应和处置的能力和效率。

风险控制需要在消防风险评估的基础上进行，对于高风险的危险源，需要采取更加严格和有效的控制措施和应急预案，以确保消防安全。同时，风险控制也需要定期复评和监测，以保持其有效性和可持续性。

五、风险监测

风险监测是消防风险评估的一个重要环节，其主要目的是对消防风险控制措施的实施情况进行监测和评估，以确保措施的有效性和可持续性。风险监测通常包括以下内容：

（一）监测控制措施的实施情况

监测控制措施的实施情况，如防火墙、自动喷水灭火系统、消防通道等设施的使用情况和维护情况，以确保其正常运行和有效性。

对于消防控制措施的监测需要考虑以下几个方面：第一，设施使用情况。监测消防设施和设备的使用情况，包括防火门、灭火器、火灾报警器等是否能够及时使用，并且监测这些设施和设备的使用频率，以判断其是否足够满足消防安全需要。第二，设施维护情况。监测消防设施和设备的维护情况，包括定期保养和维修，以确保其正常运行和可靠性。同时，还需要监测设施和设备的老化程度和寿命，及时更新和更换需要维修或更新的设施和设备。第三，消防通道畅通情况。监测消防通道的畅通情况，包括通道是否被占用或堵塞、通道的宽度是否满足要求等，以确保消防人员和设备能够及时进入和离开火灾现场。第四，消防人员培训和演练情况。监测消防人员的培训和演练情况，包括培训和演练的内容、频率和质量等，以确保消防人员具备足够的应急处置能力和技能。第五，火灾记录和分析。监测火灾的发生情况和原因，并对火灾进行分析和记录，以便总结经验和改进措施。

对于监测结果的处理，需要及时对监测结果进行整理和分析，发现问题和不足，并采取相应的措施加以改进。同时,还需要对监测结果进行记录和归档,以便后续的参考和总结。

(二)监测危险源的变化

在消防风险评估中,监测危险源的变化是一个非常重要的环节。随着时间的推移和业务的发展,危险源的类型、数量和存放位置都有可能发生变化,这可能导致原有的风险控制措施不再有效,甚至会引入新的风险。因此,对危险源的变化情况进行监测是至关重要的。

在监测危险源的变化时,需要采取以下措施:第一,定期检查。定期对危险源进行检查,包括检查存放位置、数量、使用方式等情况,及时发现危险源的变化。第二,监测系统。建立监测系统,监测危险源的变化情况,如液位、温度、湿度、气体浓度等参数的变化,及时发现风险隐患。第三,信息共享。加强与其他部门的信息共享,及时获得相关信息,如新引进的危险品、新开业的企业等。第四,教育培训。加强员工消防安全教育和培训,提高员工对危险源变化的敏感度和应变能力,及时发现和报告风险隐患。

通过监测危险源的变化,可以及时发现潜在的风险隐患,采取相应的控制措施和应对措施,确保消防安全。

(三)监测消防设施设备的运行情况

监测消防设施设备的运行情况,需要进行定期的检查和测试,以确保其正常运行和可靠性。具体措施包括:第一,定期维护保养:对消防设施设备进行定期维护保养,如清洗、加油、更换易损件等,确保设备处于良好的工作状态。第二,定期检查测试:对消防设施设备进行定期的检查测试,如对自动灭火系统进行试验和检查,对报警器进行测试等,以确保其正常运行和可靠性。第三,记录和归档:对检查测试的结果进行记录和归档,以备查阅和参考。同时,对发现的问题进行整理和汇总,及时进行改进和优化。第四,加强培训。对消防设施设备的使用和维护进行培训,增强员工的消防意识和技能,以确保设备的正常使用和维护。

(四)监测人员的消防安全知识和技能

监测人员的消防安全知识和技能是确保消防安全的重要方面之一。定期开展消防安全培训和演练,可提高人员对消防安全的认知和应对火灾事故的能力。具体包括以下几个方面:第一,培训计划。制订消防安全培训计划,包括培训的内容、时间、方式等,确保培训覆盖所有人员,并定期进行评估和改进。第二,消防知识培训。开展消防安全知识培训,包括消防设施设备的使用方法、火灾逃生和自救方法等,让人员了解消防安全知识和应急处置流程。第三,消防演练。定期组织消防演练,模拟火灾事故场景,让人员在实践中熟悉应急处置流程和技能,提高应对火灾事故的能力。第四,消防应急演练。定期组织消防应急演练,让人员了解应急救援流程和应急设备的使用方法,提高应对突发事件的能力。第五，监测消防安全管理情况。定期对人员的消防安全管理情况进行监测，确保消防安全管理工作的有效性。包括对人员的消防知识、技能、意识等进行评估，以便制定相应的改进措施。

定期监测人员的消防安全知识和技能的掌握情况，能够提高单位内部人员应对火灾事故的能力，减少火灾事故的发生。

（五）监测相关法规和标准的更新

消防安全管理涉及的法规和标准不断地更新和改变，因此需要及时监测其变化情况，以便及时调整和完善消防安全管理制度和应急预案，确保其符合最新的法规和标准要求。具体来说，需要注意以下几个方面：第一，消防安全法规的更新情况。需要及时了解消防安全法规的变化，例如《消防法》《建筑设计防火规范》等文件的更新情况，以及其对消防安全管理制度和应急预案的影响。第二，消防安全标准的更新情况。需要关注相关标准的更新情况，如《消防设施维护管理规程》《建筑物火灾风险评估规范》等文件的更新情况，以及其对消防设施设备的管理和维护要求等方面的影响。第三，监管部门的要求变化情况。需要及时了解监管部门对消防安全管理的要求变化情况，以及其对单位的检查和评估要求等方面的影响。第四，行业标准的更新情况。需要关注行业标准的更新情况，如石油、化工、建筑等行业的消防安全标准的更新情况，以及其对消防安全管理制度和应急预案的影响。监测相关法规和标准的更新情况是消防风险评估中至关重要的一步，需要加强对相关信息的搜集和分析，以便及时调整和完善消防安全管理制度和应急预案，确保消防安全管理工作的顺利开展。

通过风险监测，可以及时发现和处理风险控制措施的不足和缺陷，进一步提高消防安全水平。

第三节　消防风险评估的应用和效果

消防风险评估是保障消防安全的重要手段，应用广泛，效果显著。以下是消防风险评估的应用及效果。

一、提高消防安全水平

消防风险评估可以对消防安全进行全面而深入的分析和评估，确保单位的消防安全措施得到有效的实施和完善。通过风险评估，可以发现存在的潜在风险和隐患，制定相应的预防和控制措施，以预防火灾事故的发生。同时，风险评估也可以根据实际情况对消防设施和设备进行优化和改进，提高其运行效率和可靠性。

通过消防风险评估的应用，单位可以更加全面地了解火灾的潜在风险和危害，建立完善的消防安全管理制度和应急预案，增强员工的消防安全意识和能力，从而有效地减少火灾事故的发生，保障人身和财产的安全。

此外，消防风险评估也可以为消防安全管理提供科学的依据和参考，对单位的消防安全工作的开展和管理起到重要的促进作用。通过风险评估，单位可以及时了解消防安全管理的状况，发现存在的问题并加以解决，实现持续改进和提高消防安全水平的目标。

二、减少火灾事故发生

消防风险评估是对可能导致火灾事故的危险源进行识别、分析、评估、控制和监测的过程。消防风险评估应用广泛，包括对建筑物、城市、重点单位等各种场所的消防风险评估。

（一）提高消防安全水平

消防风险评估是消防安全管理的重要手段之一，它可以帮助单位全面了解危险源及其可能带来的风险，并采取相应的措施进行管控，从而提高消防安全水平。通过消防风险评估，单位可以了解到可能存在的火灾危险源及其对建筑物和人员的潜在威胁，可以对这些危险源进行分类管理和管控，以确保消防安全。消防风险评估还可以发现单位内部的隐患，及时进行整改和优化，从而提高消防安全水平。

（二）减少火灾事故发生

通过对危险源进行评估和管控，能够有效地减少火灾事故的发生率，降低经济损失和人员伤亡。消防风险评估可以帮助单位及时了解可能存在的火灾隐患，制定相应的防范措施，从而避免火灾事故的发生。例如，对于存放易燃易爆物品的单位，通过消防风险评估可以确定危险源的位置、数量和特征，制定相应的防范措施，避免火灾事故的发生。消防风险评估还可以对现有的消防设施和设备进行检测和监测，确保其正常运行和有效性，从而减少火灾事故的发生。

（三）提高消防应急能力

消防风险评估可以帮助单位制订应急预案，规范应急响应流程和应急处置措施，提高单位的消防应急能力。应急预案是对火灾事故发生时应对的具体方案，包括应急响应流程、应急处置措施、应急设备配备等。通过消防风险评估，单位可以了解到可能存在的火灾危险源及其对建筑物和人员的潜在威胁，制订相应的应急预案和处置措施，以便在火灾事故发生时能够迅速、有效地响应和处置。应急预案需要经过实际演练和验证，以确保在火灾发生时能够快速、有效地响应和处置，提高消防应急能力。

（四）符合法规要求

消防风险评估是单位履行消防安全管理责任的重要手段之一，同时也是法规要求的必备环节。《消防法》《建筑设计防火规范》等法规对单位进行了明确规定，要求对建筑物进行消防安全评估，并制定相应的消防安全管理制度和应急预案。通过消防风险评估，单位可以提高消防安全管理的合规性和科学性。

消防风险评估的应用范围广泛，效果明显。通过消防风险评估，单位可以全面了解危险源及其可能带来的风险，并采取相应的措施进行管控，从而提高消防安全水平、减少火灾事故发生率、提高消防应急能力和符合法规要求。

三、优化消防设施设备

消防设施设备是消防安全的重要保障，通过消防风险评估，可以发现消防设施设备存在的问题和不足，及时进行改进和完善，从而提高消防设施设备的运行效率和可靠性。

（一）发现问题并进行改进

通过消防风险评估，可以发现消防设施设备存在的问题和不足，如自动喷水灭火系统、防火门等的缺陷和不足。消防设施设备的不足会影响其运行效率和可靠性，存在安全隐患。通过消防风险评估，单位可以针对发现的问题和不足，及时进行改进和完善，提高消防设施设备的运行效率和可靠性，从而提高消防安全水平。

（二）定期检测和维护

消防设施设备需要定期进行检测和维护，以确保其正常运行和有效性。通过消防风险评估，可以制订相应的检测和维护计划，并严格执行，以保证消防设施设备的正常运行和有效性。同时，还需要对检测和维护情况进行记录和归档，以备后续参考。

（三）加强消防设施设备的配备和更新

随着科技的不断进步，消防设施设备也需要不断更新和完善。通过消防风险评估，可以及时发现消防设施设备的不足和缺陷，及时进行更新和完善。同时，还需要加强消防设施设备的配备，确保其能够有效应对火灾事故。

（四）进行消防设施设备的实际演练

消防设施设备的实际演练可以提高单位的消防应急能力和消防设施设备的使用效率。通过消防风险评估，可以制订相应的消防演练计划，并组织实施，以检验消防设施设备的使用效率和应对火灾事故的能力。

通过消防风险评估，可以及时发现消防设施设备存在的问题和不足，及时进行改进和完善，提高消防设施设备的运行效率和可靠性。同时，还可以加强消防设施设备的配备和更新，并进行消防设施设备的实际演练，以提高单位的消防应急能力和消防设施设备的使用效率。这样可以有效地提高单位的消防安全水平，减少火灾事故的发生率，保障单位和人员的安全。

四、规范管理程序

消防风险评估是消防安全管理的重要手段之一,通过对可能导致火灾事故的危险源进行识别、分析、评估、控制和监测的过程,从而提高消防安全水平、减少火灾事故发生率、提高消防应急能力、优化消防设施设备等,而规范管理程序也是消防风险评估的应用之一。

(一)制定完善的消防管理程序

通过消防风险评估,可以发现消防管理程序中存在的不足和缺陷,及时进行完善和改进,确保消防管理程序的规范和有效。消防管理程序包括消防安全责任制、消防安全管理制度、消防安全操作规程等,通过对消防管理程序的规范和完善,能够提高单位的消防安全水平,避免火灾事故的发生。

(二)加强人员培训和演练

消防安全管理需要通过人员的培训和演练来进行。通过消防风险评估,可以及时发现人员的消防安全意识和技能方面的问题和不足,加强消防安全意识的教育和培训,提高人员的消防安全技能水平,增强应对火灾事故的能力。同时,还需要进行实际演练,以检验消防安全管理程序的有效性和可操作性,从而形成一套完整的消防安全管理体系。

(三)加强消防安全意识教育

消防安全意识是消防安全管理的基础,通过消防风险评估,可以及时发现单位内部的消防安全意识方面的问题和不足,加强消防安全意识教育,提高单位内部人员的消防安全意识,形成一种良好的消防安全文化。消防安全意识教育包括消防安全知识的宣传和教育、消防安全演练等,通过消防安全意识教育,可以使单位内部人员养成良好的消防安全习惯,提高消防安全水平。

(四)建立消防安全管理体系

消防安全管理需要建立一套完整的管理体系,通过消防风险评估,可以制定相应的消防安全管理体系,确保消防安全管理的规范和有效。消防安全管理体系包括消防安全管理机构、消防安全管理制度、消防安全操作规程、消防设施设备管理和维护制度、消防应急预案等,通过这些管理制度和措施的完善,能够提高单位的消防安全管理水平,保障单位的消防安全。

(五)加强消防安全督查和监管

消防安全督查和监管是消防风险评估的重要应用之一,通过消防风险评估,可以发现单位内部的消防安全隐患和问题,建立相应的消防安全监管制度,加强对单位的消防安全督查和监管。通过消防安全督查和监管,可以及时发现和纠正消防安全隐患和问题,加强消防安全管理和工作,提高消防安全水平。

通过消防风险评估,可以制定完善的消防管理程序,加强人员培训和演练,加强消防安全意识教育，建立消防安全管理体系，加强消防安全督查和监管等措施，形成一套完整的消防安全管理体系，从而提高消防安全水平，保障人民生命财产安全。

五、提高社会认可度

消防风险评估作为消防安全管理的重要手段，除了能够提高消防安全水平、减少火灾事故发生率、优化消防设施设备等方面的应用和效果，还可以提高单位的社会认可度，增强单位的品牌形象和信誉度。

（一）树立安全生产形象

安全生产是企业发展的基础，也是企业社会责任的重要组成部分。通过采取消防风险评估措施，单位能够提高消防安全水平，有效减少火灾事故的发生，降低经济损失和人员伤亡，从而树立安全生产的形象，增强企业在社会上的品牌形象和公信力。

（二）获得荣誉和奖励

通过消防风险评估，单位可以发现和解决潜在的火灾隐患，提高消防安全管理水平，符合国家和地方的消防安全标准和规范，从而获得相应的荣誉和奖励，如消防安全示范单位、安全生产标准化认证等，进一步增强单位的品牌形象和信誉度。

（三）获得客户信任

消费者在选择商品和服务时，除了考虑质量和价格，还会考虑安全和信誉等因素。通过采取消防风险评估措施，单位能够提高消防安全水平，增加客户的信任和忠诚度，从而提高销售额和市场占有率。

（四）提高员工幸福感

消防安全是员工的生命财产安全，通过采取消防风险评估措施，单位能够保障员工的生命财产安全，提高员工的幸福感和满意度，从而增强员工的归属感和忠诚度，进一步提高单位的品牌形象和信誉度。

对一些重点单位，如政府部门、医院、学校、商场等，采取消防风险评估措施的重要性更加凸显。通过采取消防风险评估措施，这些重点单位能够建立起消防安全管理的标准化、规范化体系，确保安全生产，保障公众的生命财产安全，提高社会认可度，增强单位的品牌形象和信誉度。

消防风险评估措施的应用和效果不仅能够提高消防安全水平、优化消防设施设备、规范管理程序等，还能够提高单位的社会认可度，增强品牌形象和信誉度。单位在进行消防风险评估时，应注重落实措施的有效性和可操作性，确保消防安全措施的落地实施，从而取得更好的应用和效果。

第六章 消防检查和监督

第一节 消防检查和监督的基本概念和目的

一、消防检查

消防检查是指对建筑物、场所、设备、消防通道、消防设施等进行检查，以发现存在的消防安全隐患，指出不符合消防安全要求的地方，并要求当事人整改的一种行政监管措施。消防检查由消防监督机构进行，旨在确保建筑物和场所的消防安全，预防和减少火灾事故的发生。消防检查主要包括现场检查和档案核查两种方式，以保证消防设施设备的正常运行和有效性。

（一）消防检查的概念

消防检查是指有关部门或组织对建筑物、设施、场所、活动等进行的以消防安全为目的的检查和监督活动。它是消防安全管理的重要组成部分，旨在发现和消除火灾隐患，提高消防安全水平，确保公众和单位人员的生命财产安全。

1. 消防安全检查

消防安全检查是消防部门或其他有关部门对建筑物、设施、场所、活动等进行的一种消防安全监督活动。其目的是查找存在的消防安全隐患，及时采取措施进行整改和消除，确保公众和单位人员的生命财产安全。

2. 消防设施设备检查

消防设施设备检查是指对建筑物内部的消防设施设备进行的检查和监督活动。消防设施设备包括自动喷水灭火系统、消防水泵、防火门、疏散楼梯、消防电梯等。其目的是检查设施设备的运行状况和完好性，及时发现和排除设施设备存在的问题，保障其有效性和可靠性。

3. 消防疏散演练检查

消防疏散演练检查是对单位内部的消防疏散演练进行的检查和监督活动。其目的是检查演练的实施情况和效果，发现存在的问题和不足，并提出改进意见，以提高单位的消防应急能力和消防安全水平。

4. 消防宣传教育检查

消防宣传教育检查是对单位内部的消防安全宣传教育工作进行的检查和监督活动。其目的是检查单位的宣传教育工作是否达到预期效果、是否存在不足和缺陷，并提出改进意见，以增强消防安全意识和技能水平。

5. 消防制度落实检查

消防制度落实检查是对单位内部消防安全制度的落实情况进行的检查和监督活动。其目的是检查消防制度的有效性和可操作性，发现制度执行中存在的问题和不足，并提出改进意见，以保障单位的消防安全。

6. 特种行业检查

特种行业检查是指对某些特殊行业或场所进行的消防安全检查和监督活动，如石化、煤炭、危险化学品、高层建筑、地下商场等。这些行业或场所存在较高的火灾危险性和风险性，因此需要加强消防安全管理，确保公众和员工的生命财产安全。

7. 日常检查和定期检查

日常检查是指消防部门或其他有关部门对建筑物、设施、场所、活动等进行的常规消防安全检查，其周期通常为每日或每周。定期检查是指对建筑物、设施、场所、活动等进行的定期消防安全检查，其周期通常为每月、每季度、每半年或每年一次。通过日常检查和定期检查，能够及时发现和解决消防安全问题，提高单位的消防安全水平。

消防检查是消防安全管理的重要组成部分，通过对建筑物、设施、场所、活动等进行的检查和监督活动，能够及时发现和消除火灾隐患，提高消防安全水平，确保公众和单位人员的生命财产安全。

（二）消防检查的目的

消防检查的目的是发现和消除消防安全隐患，提高消防安全水平，保障公众和单位人员的生命财产安全。具体来说，消防检查的目的包括以下几方面：第一，发现存在的消防安全隐患，及时采取措施进行整改和消除，提高建筑物、设施、场所、活动等的消防安全水平；第二，检查消防设施设备的运行状况和完好性，发现存在的问题和不足，保障设施设备的有效性和可靠性；第三，检查消防疏散演练的实施情况和效果，发现存在的问题和不足，并提出改进意见，以提高单位的消防应急能力和消防安全水平；第四，检查单位的消防安全宣传教育工作是否达到预期效果，是否存在不足和缺陷，并提出改进意见，以增强消防安全意识和技能水平；第五，检查消防制度的落实情况，发现制度执行中存在的问题和不足，并提出改进意见，以保障单位的消防安全；第六，对特种行业进行检查，发现存在的消防安全隐患和问题，加强对特种行业的消防安全监督和管理。

消防检查的目的是预防火灾事故的发生，提高消防安全水平，保障公众和单位人员的生命财产安全。

二、消防监督

消防监督是指对建筑、场所和设施等进行的定期或不定期的监督,旨在确保其符合消防安全标准和规定,防范和遏制火灾事故的发生。消防监督的内容包括建筑、场所和设施的消防安全设计审查、消防设施设备的安装验收、消防安全检查等。

(一)消防监督的相关概念

消防监督是指对消防安全工作进行的全过程、全方位地监督和管理活动,旨在确保建筑物、设施、场所等的消防安全状况符合国家法律法规和标准要求,保障公众和单位人员的生命财产安全。

1. 消防安全监督

消防安全监督是指对建筑物、设施、场所等进行的一种消防安全监督活动。其目的是查找存在的消防安全隐患,及时采取措施进行整改和消除,确保公众和单位人员的生命财产安全。

2. 消防设施设备监督

消防设施设备监督是指对建筑物内部的消防设施设备进行的监督活动。消防设施设备包括自动喷水灭火系统、消防水泵、防火门、疏散楼梯、消防电梯等。其目的是监督设施设备的运行状况和完好性,及时发现和排除设施设备存在的问题,保障其有效性和可靠性。

3. 消防疏散演练监督

消防疏散演练监督是对单位内部的消防疏散演练进行的监督活动。其目的是监督演练的实施情况和效果,发现存在的问题和不足,并提出改进意见,以提高单位的消防应急能力和消防安全水平。

4. 消防宣传教育监督

消防宣传教育监督是对单位内部的消防安全宣传教育工作进行的监督活动。其目的是监督单位的宣传教育工作是否达到预期效果,是否存在不足和缺陷,并提出改进意见,以增强消防安全意识和技能水平。

5. 消防制度落实监督

消防制度落实监督是对单位内部消防安全制度的落实情况进行的监督活动。其目的是监督消防制度的有效性和可操作性,发现制度执行中存在的问题和不足,并提出改进意见,以保障单位的消防安全。

6. 特种行业监督

特种行业监督是针对特种行业进行的一种消防安全监督活动,如加油站、压缩气体储存设施、烟花爆竹生产和储存等。特种行业的监督涉及消防安全的特殊性和复杂性,需要针对特种行业的特点制订相应的监督计划和方案,确保特种行业的消防安全状况符合国家法律法规和标准要求。

7. 消防监督机构

消防监督机构是指负责消防监督和管理的专门机构，一般为消防部门和相关行政机构。消防监督机构负责制订消防监督计划、开展消防监督工作、检查和评估消防安全工作、处理违法违规行为等。

8. 消防监督制度

消防监督制度是指规范消防监督活动的制度体系，包括消防监督计划的制订、检查和评估的方法和标准、监督对象的范围和标准、监督程序和方式、监督结果处理等方面的规定。消防监督制度对于提高消防安全水平、预防和减少火灾事故发生具有重要作用。

消防监督是保障消防安全的重要手段，通过对建筑物、设施、场所等进行全过程、全方位的监督和管理活动，能够发现和消除消防安全隐患，提高消防安全水平，确保公众和单位人员的生命财产安全。

（二）消防监督的目的

消防监督的目的是确保建筑物、设施、场所等的消防安全状况符合国家法律法规和标准要求，保障公众和单位人员的生命财产安全。具体来说，消防监督主要包括以下几个方面：第一，查找和排除消防安全隐患，预防火灾事故的发生；第二，监督建筑物内部的消防设施设备的运行状况和完好性，确保其有效性和可靠性；第三，监督单位内部的消防疏散演练、消防宣传教育工作及消防制度的落实情况，提高单位的消防应急能力和消防安全水平；第四，监督特种行业的消防安全状况，加强对高风险行业的监督，防范和化解安全风险。

通过消防监督，能够及时发现和解决消防安全问题，预防火灾事故的发生，提高消防安全水平，保障公众和单位人员的生命财产安全，维护社会稳定和安全。

第二节 消防检查和监督的程序和要求

消防检查和监督的程序和要求是为了确保消防安全管理工作的规范性、科学性和有效性。

一、消防检查的程序和要求

消防检查是消防安全管理的重要组成部分，旨在发现和消除火灾隐患，提高消防安全水平，确保公众和单位人员的生命财产安全。

（一）确定检查标准和方法

为了确保消防检查的规范性、科学性和有效性，需要根据消防法律法规和相关标准，确定消防检查的标准和方法。具体来说，需要了解以下几方面的内容：第一，消防法律法规和政策。例如《中华人民共和国消防法》《火灾隐患排查治理办法》《建筑消防设施维护管理规定》等。第二，相关消防标准和规范。例如《建筑设计防火规范》《建筑消防设计规范》《消防设施检测与维护规程》等。第三，消防技术要求和实际情况。例如消防安全隐患排查的要求、建筑物和设施的消防安全标准、不同类型建筑物的消防安全管理要求等。

根据以上内容，可以制定出符合实际情况的消防检查标准和方法。

（二）制订检查计划

制订检查计划是消防检查的前提。为了确保检查的全面性和科学性，需要根据单位的特点和消防安全风险情况，制订消防检查计划。具体来说，需要考虑以下几方面：第一，建筑物类型和用途。例如住宅楼、商场、酒店、学校等。第二，建筑物面积和高度：大型建筑物、高层建筑物等。第三，消防设施和设备的完好性和可靠性。例如自动喷水灭火系统、消防水泵、防火门、疏散楼梯、消防电梯等。第四，火灾隐患排查的要求。例如定期消防检查、日常巡查等。

根据以上内容，可以制订出符合实际情况的消防检查计划。

（三）检查前准备

为了确保消防检查的顺利进行，需要对待检单位进行事先了解和准备，包括取得单位同意、通知被检查单位、准备检查工具等。具体来说，需要做好以下几个方面的准备工作：第一，通知被检查单位。在进行消防检查前，需要提前通知被检查单位，告知检查时间、检查内容、检查范围等。通知可以以书面或口头形式进行，确保被检查单位能够做好相关准备工作。第二，取得单位同意。消防检查涉及单位的日常管理和运营，因此需要取得被检查单位的同意。在通知被检查单位的同时，应当征得单位的同意，以确保检查的合法性和公正性。第三，准备检查工具。消防检查需要使用一些专业的工具和设备，如消防检测仪器、手持式灭火器、消防水带等。在进行消防检查前，需要准备好相关工具和设备，并确保其能够正常使用。第四，进行检查培训。为了提高检查人员的专业水平和能力，需要对检查人员进行专业培训。培训内容应当包括消防法律法规、消防设施设备的检查方法、火灾隐患排查的技巧等。第五，制订检查方案。根据消防检查计划和实际情况，制订详细的检查方案。检查方案应当包括检查时间、检查范围、检查内容、检查方法等。

（四）实地检查

消防检查的核心是实地检查。在进行实地检查时，应当严格按照检查方案进行，做好以下几个方面的工作：第一，检查建筑物和设施的消防安全状况，包括消防通道、消防设施设备、电气线路、易燃易爆物品存储、火灾隐患等；第二，检查消防安全管理制度和管理人员的执行情况，包括单位消防管理人员的任职资格、岗位职责、消防演练情况、消防培训情况等；第三，对发现的问题，要求单位立即整改，并在规定时间内跟踪检查整改情况；第四，在检查过程中，应当做好安全防护工作，确保检查人员的人身安全。

（五）填写检查记录

在进行消防检查时，需要对检查情况、存在问题和整改要求进行记录。检查记录是消防检查的重要依据，应当包括以下几方面的内容：第一，检查的时间、地点、检查人员姓名和单位；第二，检查的范围、内容和方法；第三，发现的问题和隐患，包括具体的地点、原因和危害程度；第四，要求单位限期整改的内容和期限；第五，检查人员的签字或盖章；第六，检查记录应当真实、准确、完整，并应当在检查结束后及时上报有关部门。同时，检查记录应当保密，不得泄露检查对象的商业机密或个人隐私。

（六）整改落实

对发现的问题，要求单位限期整改，并在规定时间内跟踪检查整改情况。整改要求应当具体、明确、可操作，并应当符合消防法律法规和相关标准的要求。同时，整改要求应当在检查记录中详细记录，并在限期到期前进行跟踪检查。

如果单位在限期内未能完成整改，检查人员应当及时提出整改意见，并可以采取一定的处罚措施，如责令停产停业、罚款等。

（七）撰写检查报告

对检查情况和整改情况进行撰写检查报告，并及时上报有关部门。检查报告应当真实、准确、完整，并应当符合消防法律法规和相关标准的要求。检查报告应当包括以下几方面的内容：第一，检查的时间、地点、检查人员姓名和单位；第二，检查的范围、内容和方法；第三，发现的问题和隐患，包括具体的地点、原因和危害程度；第四，要求单位限期整改的内容和期限；第五，检查人员的意见和建议；第六，检查报告应当及时上报有关部门，如公安消防部门、城市管理部门等。同时，检查报告应当在单位内部和有关部门内部进行传阅，以便有关部门对检查结果进行跟踪审查。

消防检查是消防安全管理的重要组成部分。通过确定检查标准和方法、制订检查计划、进行检查前准备、实地检查、填写检查记录、整改落实和撰写检查报告等程序和要求，可以发现和消除火灾隐患，提高消防安全水平，确保公众和单位人员的生命财产安全。

二、消防监督的程序和要求

消防监督是指对消防安全工作进行的全过程、全方位的监督和管理活动，旨在确保建筑物、设施、场所等的消防安全状况符合国家法律法规和标准要求，保障公众和单位人员

（一）确定监督标准和方法

为了确保消防监督的规范性、科学性和有效性，需要根据消防法律法规和相关标准，确定消防监督的标准和方法。具体来说，需要了解以下几方面的内容：第一，消防法律法规和政策，如《中华人民共和国消防法》《火灾隐患排查治理办法》《建筑消防设施维护管理规定》等。第二，相关消防标准和规范，如《建筑设计防火规范》《建筑消防设计规范》《消防设施检测与维护规程》等。第三，消防技术要求和实际情况，如消防安全隐患排查的要求、建筑物和设施的消防安全标准、不同类型建筑物的消防安全管理要求等。

根据以上内容，可以制定出符合实际情况的消防监督标准和方法。

（二）制订监督计划

制订监督计划是消防监督的前提。为了确保监督的全面性和科学性，需要根据单位的特点和消防安全风险情况，制订消防监督计划。具体来说，需要考虑以下几个方面：第一，建筑物类型和用途。例如住宅楼、商场、酒店、学校等。第二，建筑物面积和高度。例如大型建筑物、高层建筑物等。第三，消防设施和设备的完好性和可靠性。例如自动喷水灭火系统、消防水泵、防火门、疏散楼梯、消防电梯等。第四，火灾隐患排查的要求。例如定期消防检查、日常巡查等。

根据以上内容，可以制订出符合实际情况的消防监督计划。

（三）实施监督

实施监督是消防监督的核心。在实施监督时，应当严格按照监督计划进行，做好以下几个方面的工作：第一，对建筑物、设施、场所等实施监督，包括消防通道、消防设施设备、电气线路、易燃易爆物品存储、火灾隐患等的监督；第二，对单位消防安全管理制度和管理人员的执行情况进行监督，包括单位消防管理人员的任职资格、岗位职责、消防演练情况、消防培训情况等；第三，对发现的问题及时要求整改，并在规定时间内跟踪检查整改情况。

在监督过程中，应当做好安全防护工作，确保监督人员的人身安全。

（四）跟踪检查整改情况

在对发现的问题进行整改要求后，需要跟踪检查整改情况，确保问题得到彻底解决。具体来说，需要做好以下几方面的工作：第一，明确整改要求，制订整改计划；第二，对整改计划进行跟踪检查，及时发现和解决存在的问题；第三，对整改情况进行记录，以备后续的监督和检查。

（五）处理违法违规行为

在进行消防监督的过程中，如果发现单位存在违法违规行为，应当要求其立即整改，并依法进行处罚和通报处理。具体来说，需要做好以下几方面的工作：第一，发现违法违规行为，及时进行调查核实；第二，根据法律法规和相关规定，依法进行处罚和通报处理；第三，跟踪检查整改情况，确保问题得到彻底解决。

（六）撰写监督报告

对监督情况和整改情况进行撰写监督报告，并及时上报有关部门。具体来说，监督报告应当包括以下几个方面的内容：第一，监督时间、地点、监督人员姓名和单位；第二，监督范围、监督对象和监督内容；第三，存在的问题和整改要求，以及整改计划和整改情况；第四，违法违规行为的处理情况和处罚结果；第五，监督结论和建议。

总体来说，消防监督的程序和要求围绕着消防法律法规和相关标准，以实施监督为核心，通过跟踪检查整改情况和处理违法违规行为，来提高消防安全水平，确保公众和单位人员的生命财产安全。

第三节　消防检查和监督的方法和手段

消防检查和监督是保障建筑物、设施、场所等消防安全状况符合国家法律法规和标准要求，保障公众和单位人员的生命财产安全的重要手段。

一、消防检查的方法和手段

（一）实地检查法

实地检查法是消防检查的核心方法和手段，可以通过实地检查建筑物和设施，了解消防设施设备的使用情况和维护情况，以及发现潜在的火灾隐患，从而确保消防安全状况符合国家法律法规和标准要求，保障公众和单位人员的生命财产安全。

1. 实地检查的准备工作

实地检查是消防检查的核心内容之一，为了确保检查的准确性和全面性，需要做好以下几方面的准备工作：第一，制订检查计划。在进行实地检查前，需要根据被检单位的性质、消防设施的种类和数量、火灾隐患的可能性等因素，制订检查计划。检查计划应当包括检查时间、地点、内容、检查人员等。第二，准备检查工具和器材。为了确保检查的准确性和全面性，需要准备好必要的检查工具和器材，例如手电筒、尺子、水平仪、测温仪等。第三，了解被检单位的情况。在进行实地检查前，需要了解被检单位的情况，例如单位的性质、建筑物的结构、消防设施设备的种类和数量等。同时，还需要了解被检单位的消防安全管理制度和消防演练情况。第四，明确检查要求和标准。在进行实地检查时，需要根据国家法律法规和标准要求，明确检查要求和标准，例如消防设施设备的设置、数量、性能等。

2.实地检查的程序

实地检查程序是实地检查的具体流程,包括检查前、检查中和检查后三个阶段。

(1)检查前阶段

在检查前,需要做好上述的准备工作,并告知被检单位检查时间、地点和检查要求。同时,检查人员需要着装整齐、佩戴有效证件,并携带好必要的检查工具和器材。

(2)检查中阶段

在进行实地检查时,需要做好以下几方面的工作:第一,对建筑物和设施的消防安全状况进行检查,包括消防通道、消防设施设备、电气线路、易燃易爆物品存储、火灾隐患等方面;第二,对被检单位的消防安全管理制度和管理人员的执行情况进行检查,包括单位消防管理人员的任职资格、岗位职责、消防演练情况、消防培训情况等方面;第三,记录检查情况,包括检查时间、地点、检查人员姓名和单位、被检单位名称、检查内容、存在问题和整改要求等方面。同时,需要现场拍照、拍视频等方式记录检查情况。

(3)检查后阶段

在完成实地检查后,需要做好以下几方面的工作:第一,对发现的问题,要求被检单位立即整改,并在规定时间内跟踪检查整改情况;第二,编制检查报告,包括检查情况、存在问题和整改要求等方面,并对整改情况进行跟踪检查;第三,对整个实地检查过程进行总结和评估,查找不足和改进之处,提高检查工作的效率和质量。

3.实地检查的要点

在进行实地检查时,需要重点关注以下几方面:第一,消防通道。消防通道应当畅通无阻,且不得存放杂物、垃圾等易燃物品;第二,消防设施设备。消防设施设备应当设置齐全、数量足够,并保持良好的使用状态。同时,需要检查灭火器、喷淋系统、消火栓等消防设备的有效性;第三,电气线路。电气线路应当设置合理、布局合理,并符合国家标准。需要注意检查电气设备的接地、接线等情况。第四,易燃易爆物品存储。易燃易爆物品的存储应当符合国家标准和规定,且应当远离火源、热源和电源等。第五,火灾隐患。需要注意发现可能存在的火灾隐患,如未按照要求设置疏散指示标志、消防器材存放位置不当、人员疏散通道阻塞等。第六,消防安全管理制度和管理人员的执行情况。需要了解被检单位的消防安全管理制度和管理人员的执行情况,包括消防演练、消防培训等方面。

实地检查是消防检查的核心内容之一,需要做好充分的准备工作,按照程序和要点进行检查,并及时记录检查情况、提出存在的问题和整改要求,确保消防安全状况符合国家法律法规和标准要求,保障公众和单位人员的生命财产安全。

(二)检查记录法

检查记录法是消防检查的重要手段之一,它可以记录检查情况、存在问题和整改要求,并对整改情况进行跟踪检查,从而确保消防安全状况符合国家法律法规和标准要求,保障公众和单位人员的生命财产安全。

1. 检查记录的基本要求

检查记录是消防检查工作中必不可少的环节,为了确保记录的准确性和可靠性,需要做好以下几方面的基本要求:第一,准确性。检查记录应当准确无误,避免出现模糊、含糊或错误的情况。第二,规范性。检查记录应当符合国家法律法规和标准要求,避免出现不规范或不合理的情况。第三,全面性。检查记录应当全面反映检查情况、存在问题和整改要求,避免出现遗漏或疏漏的情况。第四,规范格式。检查记录应当有规范的格式和排版,便于阅读和管理。第五,保密性。检查记录应当保密,避免涉及涉密信息的泄露。

2. 检查记录的内容

检查记录应当全面反映检查情况、存在问题和整改要求,具体内容应当包括以下几方面:第一,被检单位的基本情况,包括名称、地址、法定代表人等;第二,检查时间、地点和检查人员的基本情况,包括姓名、职务、单位等;第三,检查内容和检查要点,包括消防通道、消防设施设备、电气线路、易燃易爆物品存储、火灾隐患等方面;第四,存在的问题和整改要求,具体描述问题的性质、位置、原因、后果,并提出整改要求和时限;第五,整改情况的跟踪检查,包括整改的时间、内容、责任人等。

3. 检查记录的形式

检查记录可以采用书面或电子方式,具体形式应当根据实际情况进行选择。

(1) 书面形式

书面形式的检查记录应当采用标准化格式,包括表格和文字描述两个部分。表格部分包括被检单位的基本情况、检查时间、地点和检查人员的基本情况、检查内容和检查要点、存在的问题和整改要求等;文字描述部分应当详细描述存在的问题和整改要求。

(2) 电子形式

电子形式的检查记录可以采用各种办公软件进行记录和保存,如 Word、Excel、PDF 等。在使用电子记录时,需要注意保证记录的准确性、完整性和保密性,同时还需要采取必要的安全措施,避免因为数据泄露等问题导致信息的损失。

4. 检查记录的管理与应用

检查记录是消防检查工作的重要成果,需要进行规范的管理和应用。具体应当包括以下几方面:第一,存档管理。检查记录应当进行存档管理,以备后续查阅和使用。存档应当采取防火、防潮、防盗等措施,确保记录的安全。第二,整改跟踪管理。需要对存在的问题和整改要求进行跟踪管理,及时了解整改情况,确保整改工作的顺利进行。第三,应用管理。检查记录可以作为消防管理的重要参考资料,可以为单位消防安全工作提供决策依据和改进方向。第四,保密管理。检查记录涉及单位的消防安全状况,需要严格保密,避免因为信息泄露而引发的安全问题。

检查记录是消防检查工作中不可或缺的一环,需要做好记录的准确性、全面性、规范性和保密性,同时还需要进行规范的管理和应用,以保证消防安全状况符合国家法律法规和标准要求，保障公众和单位人员的生命财产安全。

（三）抽查法

抽查法是消防检查的补充方法和手段，通常是在实地检查和日常巡查的基础上进行的，它可以对消防设施设备的使用情况和维护情况进行有针对性的检查，以及发现潜在的火灾隐患，从而进一步确保消防安全状况符合国家法律法规和标准要求，保障公众和单位人员的生命财产安全。

1. 抽查法的定义

抽查法是消防检查的一种补充方法和手段，它是在实地检查和日常巡查的基础上，以一定的概率和随机性，对消防设施设备的使用情况和维护情况进行有针对性的检查，以及发现潜在的火灾隐患，进一步确保消防安全状况符合国家法律法规和标准要求。

2. 抽查法的适用范围

抽查法适用于以下情况：第一，对某些特定场所或单位的消防设施设备进行有针对性的检查；第二，对实地检查和日常巡查未能覆盖到的消防设施设备进行检查；第三，对某些重点消防设施设备的使用情况和维护情况进行有针对性的检查，以及发现潜在的火灾隐患。

3. 抽查法的程序

抽查法主要包括抽取样本、检查样本、记录检查情况等几个阶段。

（1）抽取样本阶段

在抽查法中，首先需要确定检查样本的范围和数量，然后采用一定的概率和随机性从样本中抽取一定数量的样本进行检查。抽样的原则是有代表性、随机性和公平性，以确保抽样结果具有可靠性和可推广性。

（2）检查样本阶段

在抽样后，需要对样本进行检查，主要是对消防设施设备的使用情况和维护情况进行有针对性的检查，以及发现潜在的火灾隐患。检查内容和要点应当根据国家法律法规和标准要求进行，同时也应当结合被检单位的实际情况进行有针对性的检查。

（3）记录检查情况阶段

在完成抽查后，需要对检查情况进行记录，包括检查时间、地点、被检单位名称、检查人员姓名和单位、抽样范围和数量、检查内容和要点、存在问题和整改要求等方面。同时，需要以现场拍照、拍视频等方式记录检查情况，以备后续使用。

4. 抽查法的注意事项

在进行抽查法时，需要注意以下几个事项：第一，抽样的范围和数量应当合理，样本具有代表性、随机性和公平性，以确保抽样结果具有可靠性和可推广性；第二，检查内容和要点应当符合国家法律法规和标准要求，同时也应当结合被检单位的实际情况进行有针对性的检查；第三，检查记录应当准确无误，避免出现模糊、含糊或错误的情况；第四，在检查过程中，需要保护被检单位的利益，避免给被检单位带来损失或影响；第五，检查人员应当具有专业的消防知识和技能，能够独立进行抽查检查工作；第六，检查过程中，需要遵守有关法律法规和标准的要求，严格执行检查程序，确保检查工作的公正、公平和透明。

抽查法是消防检查的重要手段之一，可以对消防设施设备的使用情况和维护情况进行有针对性的检查，以及发现潜在的火灾隐患，进一步确保消防安全状况符合国家法律法规和标准要求，保障公众和单位人员的生命财产安全。

二、消防监督的方法和手段

（一）现场监督法

现场监督法是消防监督的核心方法和手段，是指监督人员实地到被监督对象的建筑物、设施、场所等现场进行监督检查的方式，以直接了解消防安全状况和单位消防安全管理的执行情况，从而有效预防和控制火灾的发生。

1. 现场监督法的定义

现场监督法是指监督人员实地到被监督对象的建筑物、设施、场所等现场进行监督检查的方式，以直接了解消防安全状况和单位消防安全管理的执行情况，从而有效预防和控制火灾的发生。

2. 现场监督法的适用范围

现场监督法适用于以下情况：第一，对重点场所、特种行业、大型活动等高风险单位的消防安全进行监督；第二，对经常发生火灾的建筑物、设施进行监督；第三，对初次装修或改建的建筑物、设施进行监督；第四，对规模较大、分布范围较广的建筑物、设施进行监督。

3. 现场监督法的实施程序

现场监督法的实施程序主要包括以下几方面：第一，制订监督计划。监督机构应当制订监督计划，明确监督的对象、范围和时间，并在监督前通知被监督单位；第二，实地检查。监督人员应当实地检查被监督单位的建筑物、设施、场所等，了解其消防安全状况和单位消防安全管理的执行情况，并指出存在的问题。第三，提出整改要求。监督人员应当根据现场检查情况，提出整改要求，并规定整改的时限和具体措施。第四，跟踪检查。监督人员应当在规定的时间内，对整改情况进行跟踪检查，确保被监督单位按照要求进行整改。第五，记录检查情况。监督人员应当记录检查情况，包括检查时间、地点、检查人员、被监督单位名称、存在的问题和整改要求等内容，确保检查结果可追溯。

4. 现场监督法的要点

在进行现场监督时，需要重点关注以下几方面：第一，建筑物、设施、场所的消防安全设施是否齐全、完好、有效，是否符合国家法律法规和标准要求；第二，消防安全管制度和消防安全责任制是否落实到位，单位是否建立健全消防安全管理组织体系，消防安全人员是否具备相应的资质和能力；第三，消防安全培训和演练是否定期开展，员工对消防安全知识是否掌握，消防演练的方案是否合理，演练效果是否达到预期；第四，易燃易爆物品的存储、使用是否符合国家法律法规和标准要求，是否采取了相应的防火措施，防火隔离带是否设置得当；第五，电气线路的设计、安装和使用是否符合国家法律法规和标准要求，电气设备是否定期检测和维护，是否存在电火灾隐患；第六，其他可能影响消防安全的因素，如人员密度、出入口设置、消防通道是否畅通等。

以上是现场监督法的基本要点，监督人员应当根据具体情况进行有针对性的检查，及时发现和纠正存在的问题，确保消防安全状况符合国家法律法规和标准要求，保障公众和单位人员的生命财产安全。

（二）随机抽查法

随机抽查法是消防监督的一种补充方法和手段，它是以一定的概率和随机性，从被监督单位中抽取一定数量的样本进行检查，以发现消防安全状况存在的问题，进一步确保消防安全管理的全面性和科学性。

1. 随机抽查法的定义

随机抽查法是指在消防监督工作中，以一定的概率和随机性，从被监督单位中抽取一定数量的样本进行检查，以发现消防安全状况存在的问题，进一步确保消防安全管理的全面性和科学性。

2. 随机抽查法的适用范围

随机抽查法适用于以下情况：第一，对多数单位或场所进行抽查，以发现火灾隐患和整改不到位等问题；第二，对实地检查和日常巡查未能覆盖到的消防设施设备进行检查；第三，对消防安全管理水平较低或火灾发生率较高的单位或场所进行重点监督。

3. 随机抽查法的实施步骤

随机抽查法的实施步骤主要包括以下几方面：第一，确定抽查样本。在随机抽查前，需要确定抽查样本的范围和数量，并且要求抽样的原则是有代表性、随机性和公平性，以确保抽样结果具有可靠性和可推广性。第二，抽取样本。根据抽样的原则，采用一定的概率和随机性从样本中抽取一定数量的样本进行检查；第三，实施检查。对抽取的样本进行实地检查，了解其消防安全状况和单位消防安全管理的执行情况，并指出存在的问题。第四，提出整改要求。根据检查结果，提出整改要求，并规定整改的时限和具体措施。第五，跟踪检查。在规定的时间内，对整改情况进行跟踪检查，确保被监督单位按照要求进行整改。第六，记录检查情况。对抽查的样本进行记录，包括检查时间、地点、检查人员、被监督单位名称、存在的问题和整改要求等内容，确保检查结果可追溯。

4. 随机抽查法的要点

在进行随机抽查时，需要注意以下几方面：第一，抽样方法。抽样方法应当有代表性、随机性和公平性，以确保抽样结果具有可靠性和可推广性。常用的抽样方法包括简单随机抽样、系统抽样、分层抽样等。第二，检查内容和要点。检查内容和要点应当根据国家法律法规和标准要求进行，同时也应当结合被检单位的实际情况进行有针对性的检查，以发现存在的问题并提出整改要求。第三，整改要求。整改要求应当具体明确，包括整改时限、具体措施和责任单位等。同时，也应当对整改情况进行跟踪检查，确保被监督单位按照要求进行整改。第四，记录检查情况。对抽查的样本进行记录，包括检查时间、地点、检查人员、被监督单位名称、存在的问题和整改要求等内容，确保检查结果可追溯。第五，信息化建设。在进行随机抽查时，可以利用信息化技术进行辅助，如通过消防监管平台进行抽样和记录，以提高监管效率和监管水平。

随机抽查法是消防监督的一种有效手段和方法，通过抽样检查的方式，可以发现消防安全状况存在的问题，进一步促进消防安全管理的全面性和科学性。

（三）定期检查法

定期检查法是消防监督的重要方法和手段之一，它是指根据国家法律法规和标准要求，对被监督对象的消防设施设备和消防安全管理情况进行有计划、有组织的定期检查，以确保消防安全状况符合国家法律法规和标准要求，保障公众和单位人员的生命财产安全。

1. 定期检查法的定义

定期检查法是指根据国家法律法规和标准要求，对被监督对象的消防设施设备和消防安全管理情况进行有计划、有组织的定期检查，以确保消防安全状况符合国家法律法规和标准要求，保障公众和单位人员的生命财产安全。

2. 定期检查法的适用范围

定期检查法适用于以下情况：第一，对各类建筑物、设施和场所进行定期检查，确保其消防安全状况符合国家法律法规和标准要求；第二，对各类单位的消防安全管理情况进行定期检查，确保其消防安全管理水平达到要求；第三，对特种行业、高风险单位和大型活动等进行定期检查，确保其消防安全状况符合国家法律法规和标准要求。

3. 定期检查法的实施步骤

定期检查法的实施步骤主要包括以下几方面：第一，制订检查计划。监督机构应当根据国家法律法规和标准要求，制订消防定期检查计划，明确检查对象、范围、时间和检查内容等。第二，开展检查工作。根据检查计划，监督人员应当到被检查单位的现场，对消防设施设备和消防安全管理情况进行有计划、有组织的检查，并记录检查结果。第三，提出整改要求。根据检查结果，监督人员应当提出整改要求，并规定整改的时限和具体措施。第四，跟踪检查。监督人员应当在规定的时间内，对整改情况进行跟踪检查，确保被检查单位按照要求进行整改。第五，记录检查情况。监督人员应当记录检查情况，包括检查时间、地点、检查人员、被检查单位名称、存在的问题和整改要求等内容，确保检查结果可追溯。

4.定期检查法的要点

在进行定期检查时,需要重点关注以下几方面:第一,检查对象。定期检查的对象包括各类建筑物、设施和场所,以及各类单位的消防安全管理情况。第二,检查内容。定期检查的内容包括消防设施设备的完好性、有效性和可靠性,消防安全管理制度的完善性、执行情况和效果等方面。第三,检查方法。定期检查的方法包括实地检查、查阅资料、听取汇报等,需要综合运用各种检查手段。第四,整改要求。监督人员应当根据检查结果提出具体的整改要求,并规定整改的时限和具体措施,确保消防安全问题得到及时有效解决。第五,跟踪检查。监督人员应当对整改情况进行跟踪检查,以确保被检查单位按照要求进行整改并消除消防安全隐患。

定期检查法是消防监督的重要方法和手段之一,对于确保消防安全状况符合国家法律法规和标准要求,保障公众和单位人员的生命财产安全具有重要意义。监督机构和监督人员应当加强定期检查工作,完善监督体系,不断提高监督能力和水平,为保障消防安全做出更大的贡献。

三、消防监督和检查的配合和衔接

消防监督和检查是保障消防安全的两个重要手段,需要互相配合和衔接,形成合力,共同保障公众和单位人员的生命财产安全。

(一)消防监督和检查的协同配合

1.监督和检查计划的协调配合

监督和检查计划的协调配合是消防监督和检查工作中非常重要的一环。监督机构和检查机构在制订监督和检查计划时,应当充分考虑实际情况,根据被监督单位的类型、性质、规模、消防安全状况等因素,确定监督和检查的重点和范围。在此过程中,监督机构和检查机构需要互相沟通,协调制订监督和检查计划,以确保监督和检查的重点和范围一致,避免重复检查。

具体来说,监督和检查计划的协调配合需要注意以下几方面:第一,确定监督和检查的对象和范围。监督机构和检查机构应当根据被监督单位的类型、性质、规模、消防安全状况等因素,确定监督和检查的对象和范围。在确定监督和检查范围时,监督机构和检查机构需要充分沟通,避免重复监督和检查,确保监督和检查的重点和范围一致;第二,协调制订监督和检查计划。监督机构和检查机构应当协调制订监督和检查计划,确保监督和检查的时间和地点不冲突,避免重复检查,提高监督和检查效率。在制订监督和检查计划时,监督机构和检查机构应当充分考虑被监督单位的经营特点、季节变化、重点区域等因素,制定相应的监督和检查措施。第三,共享监督和检查资源。监督机构和检查机构应当共享监督和检查的资源,如设备、人员、资料等。在进行监督和检查时,可以采用交叉组合的方式，互相借鉴经验，提高监督和检查的效果。第四，加强信息共享和交流。监督机构和检查机构应当建立信息共享和交流机制，及时将检查结果进行汇总和交流，发现存在的问题和隐患应当及时告知被监督单位，并督促其采取措施加以整改。同时，监督机构和检查机构应当定期召开联合会议，交流工作情况，协调解决工作中遇到的问题。

监督和检查计划的协调配合是消防监督和检查工作的基础。通过充分沟通、协调制订监督和检查计划，避免重复监督和检查，加强信息共享和交流，共同推进消防安全工作，确保被监督单位的消防安全状况符合国家法律法规和标准要求，保障公众和单位人员的生命财产安全。监督机构和检查机构应当在工作中积极配合，发挥各自的优势，形成合力，共同推进消防安全工作。

2.检查结果的交流和汇总

检查结果的交流和汇总是消防监督和检查工作中非常重要的一环。监督机构和检查机构在进行监督和检查工作时，应当及时将检查结果进行汇总和交流，以便发现存在的问题和隐患，及时告知被监督单位，督促其采取措施加以整改。

具体来说，检查结果的交流和汇总需要注意以下几方面：第一，信息共享和交流机制的建立。监督机构和检查机构应当建立信息共享和交流机制，及时将检查结果进行汇总和交流。在监督和检查过程中，应当充分收集和整理相关资料和信息，汇总成报告和清单，便于交流和汇总。第二，及时告知被监督单位。监督机构和检查机构应当及时告知被监督单位检查结果，特别是存在的问题和隐患。告知时应当注明检查日期、检查内容、检查结论、整改要求和期限等相关信息，以便被监督单位进行整改。第三，督促被监督单位采取措施。监督机构和检查机构应当督促被监督单位采取措施加以整改。在告知检查结果的同时，应当对存在的问题和隐患提出整改要求，明确整改的时限和具体措施。在整改期限内，监督机构和检查机构应当进行跟踪检查，确保整改措施落实到位。第四，监督机构和检查机构间的信息交流。监督机构和检查机构之间也需要进行信息交流和汇总。在监督和检查过程中，监督机构和检查机构可以及时将检查结果汇总和交流，共同发现和解决存在的问题和隐患，提高监督和检查的效果。第五，定期召开联合会议。监督机构和检查机构可以定期召开联合会议，交流工作情况，协调解决工作中遇到的问题。在联合会议中，可以进行检查结果的汇报和交流，共同商讨和制订解决问题的措施和计划。

检查结果的交流和汇总对于消防监督和检查工作的顺利开展至关重要，需要监督机构和检查机构共同努力，加强信息共享和交流，及时发现和解决存在的问题和隐患，保障公众和单位人员的生命财产安全。

3.协同处理消防违法行为

消防违法行为是指违反国家法律法规和标准要求，未采取必要的消防安全措施，存在火灾隐患或者违反消防安全管理制度，造成严重的人员伤亡和财产损失等后果。消防违法行为的发生，不仅会严重危及公众和单位人员的生命财产安全，还会严重影响社会稳定和经济发展。

为了加强对消防违法行为的打击和治理,监督机构和检查机构需要协同处理消防违法行为,加强对消防安全责任人和相关责任人的追责问责,依法查处消防安全违法行为。具体来说,协同处理消防违法行为需要注意以下几个方面:第一,建立协作机制。监督机构和检查机构应当建立协作机制,明确各自的职责和分工,互相支持,共同开展工作。在发现消防违法行为时,监督机构和检查机构应当及时沟通、协调,共同制订解决方案,并确定责任人和整改措施。第二,依法查处消防安全违法行为。监督机构和检查机构应当依法查处消防安全违法行为,根据不同的违法行为,采取相应的惩处措施,如责令改正、罚款、吊销执照等。对于情节严重的消防违法行为,监督机构和检查机构应当移送司法机关处理。第三,加强宣传教育。监督机构和检查机构应当加强宣传教育,提高公众和单位人员的消防安全意识,增强防范意识和自我保护能力。同时,监督机构和检查机构应当加强对被监督单位的指导和帮助,帮助其提高消防安全管理水平,防止消防违法行为的发生。

协同处理消防违法行为需要监督机构和检查机构加强合作,建立良好的工作机制,加强信息共享和交流,依法查处消防安全违法行为,加强宣传教育等措施。通过协同处理消防违法行为,可以切实维护公众和单位人员的生命财产安全,保障社会稳定和经济发展。

4. 协同推进整改工作

协同推进整改工作是指监督机构和检查机构在发现被监督单位存在消防安全隐患后,要协同推进整改工作,监督和督促整改工作的落实,确保消防安全隐患得到及时解决。具体来说,协同推进整改工作需要注意以下几方面:第一,建立整改责任制。监督机构和检查机构应当建立整改责任制,明确被监督单位的整改责任人和时间节点,确保整改工作按计划、有序地开展。在整改工作中,监督机构和检查机构应当互相配合、相互协作,共同推进整改工作的落实。第二,强化监督检查。监督机构和检查机构应当加强对被监督单位整改工作的监督和检查。监督机构应当制订监督计划,及时到被监督单位现场进行检查,督促其整改工作的落实情况。检查机构应当建立随机抽查制度,对整改工作进行抽查,确保整改工作的质量和效果。第三,采取有效措施。监督机构和检查机构应当采取有效措施,对整改工作不力的被监督单位进行警告、通报批评等处理措施。对于情节严重的被监督单位,监督机构和检查机构应当依法采取强制措施,督促其整改工作的落实。

协同推进整改工作需要监督机构和检查机构互相配合、相互协作,共同推进整改工作的落实。只有整改工作得到及时、有效的落实,才能保障公众和单位人员的生命财产安全。

(二)消防监督和检查的衔接关系

消防监督和检查是相互衔接、相互依存的关系,只有加强协作、密切配合,才能形成合力,共同保障公众和单位人员的生命财产安全。

1. 监督和检查的关系

监督和检查是消防工作中不可或缺的两个环节。监督机构主要负责制定和推动消防管理制度的建立和完善，加强对消防安全责任人和单位的监督和指导，以确保消防安全管理制度的有效执行。而检查机构主要负责对被监督对象的消防设施设备和消防安全管理情况进行实地检查，发现消防隐患并提出整改要求，以确保消防安全的实际效果。

具体来说，监督和检查的关系需要注意以下几方面：第一，监督是检查的基础。监督机构应当及时发现和解决消防管理制度和机制方面的问题，确保消防安全责任人和相关责任人履行消防安全管理职责。而检查机构则根据监督机构制定的管理制度和机制要求，对被监督对象的消防设施设备和消防安全管理情况进行实地检查，发现消防隐患并提出整改要求。第二，检查是监督的落实。检查是监督的具体落实，通过检查可以发现消防安全管理制度和机制的执行情况，及时纠正和完善消防安全管理制度和机制。监督机构应当及时对检查机构提出的问题进行整改，确保消防安全管理制度和机制的有效执行。第三，相辅相成，缺一不可。监督和检查相辅相成，缺一不可。只有通过监督和检查相结合，才能形成完整的消防安全监督和管理体系。监督和检查的合理配合和衔接，才能够有效地发现和解决消防安全管理方面的问题，确保消防安全的实际效果。

监督重点在于制度建设和管理机制的建立，而检查重点在于现场实践的有效性和可操作性。监督和检查的重点和侧重点有所不同。监督重点在于制度建设和管理机制的建立，以规范消防安全管理行为。而检查则重点在于现场实践的有效性和可操作性，以保障消防设施设备的正常运行和消防安全管理的有效执行。

监督和检查是消防安全管理体系中非常重要的两个环节，只有通过两者相辅相成的配合和衔接，才能够确保消防安全工作的有效推进和落实。监督机构和检查机构应当充分发挥各自的优势和职责，建立有效的协作机制和信息交流机制，确保监督和检查工作的全面性、及时性和有效性。同时，监督机构和检查机构还应当积极加强宣传教育，提高公众和单位人员的消防安全意识，加强对被监督单位的指导和帮助，共同推动消防安全管理工作的不断提高和改进。

2. 监督和检查的衔接

监督和检查是消防安全管理体系中两个不可或缺的环节，二者相辅相成，相互衔接，缺一不可。监督和检查的衔接关系需要注意以下几方面：

（1）监督应当在检查之前

监督机构应当在检查之前，对消防安全制度和管理机制进行监督。监督机构需要加强对被监督对象的消防安全制度和管理机制建设的监督和指导，对其消防安全制度的规范性和完整性进行审核和评估。通过监督，可以发现消防安全管理制度和机制方面的问题，提出整改要求，并确定检查的重点和范围，确保检查的目标和效果。

（2）检查应当在监督之后

检查机构应当在监督之后，对现场消防安全状况进行检查。检查机构需要根据监督机构提供的消防安全制度和管理机制要求，对被监督对象的消防设施设备和消防安全管理情况进行实地检查，发现消防隐患并提出整改要求。通过检查，可以验证消防安全制度和管理机制的执行情况，发现存在的问题，及时纠正和完善消防安全管理制度和机制。

（3）确保制度执行情况和现场实践的一致性

监督和检查的衔接关系需要确保消防安全制度执行情况和现场实践的一致性。监督机构应当通过监督，确保消防安全制度和管理机制的规范性和完整性，并确定监督的重点和范围。而检查机构则根据监督机构提供的消防安全制度和管理机制要求，对被监督对象的消防设施设备和消防安全管理情况进行实地检查，确保消防安全制度的实际效果和现场实践的一致性。

（4）相互协调，形成合力

监督和检查的衔接需要相互协调，形成合力。监督机构和检查机构需要加强沟通和协作，确定监督和检查的重点和范围，并在检查和监督中及时交流和汇总信息，加强信息共享和交流。通过相互协调，形成监督和检查的合力，确保消防安全管理体系的有效实施。

监督和检查是消防安全管理体系中不可或缺的两个环节，二者相辅相成、相互衔接、缺一不可。监督应当在检查之前，对消防安全制度和管理机制进行监督，确定检查的重点和范围；检查应当在监督之后，对现场消防安全状况进行检查，验证消防安全制度的执行情况和现场实践的一致性。相互协调，形成监督和检查的合力，加强信息共享和交流，确保消防安全管理体系的有效实施。只有通过监督和检查的衔接，才能够发现和解决消防安全管理方面的问题，确保消防安全的实际效果。

3. 监督和检查的协同

监督和检查是消防安全管理中不可或缺的两个环节，二者相辅相成、缺一不可。为了更好地协同工作，需要注意以下几方面：

（1）监督应当对检查提供指导和支持

监督机构应当对检查提供指导和支持，帮助检查机构了解消防安全管理制度和管理机制的实施情况，确定检查的范围和重点，并提供必要的技术和管理支持。同时，监督机构还应当及时反馈检查情况，协助检查机构对发现的问题提出整改要求，确保检查的针对性和实效性。

（2）检查应当对监督提供反馈和信息

检查机构应当对监督提供反馈和信息，帮助监督机构了解现场实际情况，及时了解被监督单位的消防安全管理情况，发现存在的问题和隐患，并提供必要的技术和管理建议。同时，检查机构还应当及时反馈监督机构关于消防安全管理制度和管理机制方面的问题和意见，确保监督的针对性和实效性。

（3）加强沟通和协作，形成合力

监督和检查的协同需要加强沟通和协作，形成合力。监督机构和检查机构需要建立信息共享和交流机制，加强信息的沟通和协调，提高协同工作的效率和质量。同时，监督机构和检查机构应当相互支持，协同推进消防安全管理工作，形成合力，共同促进消防安全管理的落实。

（4）依法依规，科学有效

监督和检查的协同应当依法依规、科学有效。监督机构和检查机构需要严格遵守法律法规和标准要求，保持科学、严谨的态度，加强对消防安全责任人和相关责任人的追责问责，确保监督和检查的实效性和科学性。

监督和检查的协同是消防安全管理中的关键环节，需要加强沟通和协作，形成合力，共同促进消防安全管理工作的落实。同时，监督和检查的协同需要依法依规、科学有效，确保消防安全责任的落实和消防安全管理的实效性。

第七章　消防安全隐患及防范

第一节　消防安全隐患的概念

一、消防安全隐患的基本概念

消防安全隐患是指存在消防安全风险、可能导致火灾事故发生或者扩大的问题或缺陷。消防安全隐患的存在会严重危及公众和单位人员的生命财产安全，需要及时发现和消除。常见的消防安全隐患如下：电器线路老化、短路、过载等问题；易燃易爆物品存放不当、火源使用不规范等问题；消防设施维护保养不及时、消防通道被堵塞等问题。对于存在的消防安全隐患，需要及时采取措施进行整改，确保消防安全的实际效果。

二、消防安全隐患的特征

消防工作中出现的火灾隐患是指在违反消防法律、法规行为，导致火灾的可能性或在火灾时产生一定的危害。

（一）隐蔽性

消防安全隐患的隐蔽性特征是指其不易被发现和识别的特点。消防安全隐患可能是建筑物、设施、设备的结构、性能、使用等方面存在的缺陷或不足，也可能是人员在日常工作中的不规范行为，或是未经检查、维护、保养的情况下导致设施设备老化、损坏或失效等。

消防安全隐患的隐蔽性特征主要体现在以下几方面：第一，难以发现。消防安全隐患可能在建筑物内部或外部，或在设备设施的某个细节处，由于其不易被发现，可能在日常的巡查检查中被忽略。第二，难以识别。消防安全隐患有时难以识别，可能需要专业知识和技能才能发现。例如，建筑物内部结构的缺陷或不足，可能需要具有建筑设计、结构等专业背景的人员才能发现。第三，难以评估。消防安全隐患可能需要通过专业的评估才能确定其危险性和影响范围，需要掌握相关的技术和知识。第四，难以消除。消防安全隐患有时可能需要拆除或重新建设等较大的工程改造才能彻底消除，这对已经建成并投入使用的建筑或设施来说，可能需要更多的时间、经费和资源。

消防安全隐患的隐蔽性特征使其不易被发现和识别，需要通过加强巡查检查、提高专业技能和知识、加强宣传教育等方式来减少隐患带来的安全风险。

（二）危险性

消防安全隐患的危险性特征主要表现在以下几方面：第一，可能引发火灾。消防安全隐患存在的主要原因是消防设施设备的老化、缺乏维护保养和管理不到位等问题，这些问题可能导致火灾的发生。例如，电气线路老化短路、易燃物品存放不当等情况，都可能导致火灾的发生，给人身和财产带来极大的危害。第二，对人员生命安全的威胁。消防安全隐患可能对人员生命安全造成严重威胁，尤其是在火灾发生时，如果存在消防安全隐患，则会使火灾扩大、蔓延的速度更快，使得人员逃生的难度更大，增加人员受伤和死亡的可能性。第三，对财产造成损失。消防安全隐患可能对财产造成严重损失，如火灾导致房屋、物品等财产的毁损，不仅会给个人和单位带来经济上的损失，也会影响社会的稳定和发展。第四，难以处理。消防安全隐患的处理往往需要耗费大量的时间、精力和财力，很多时候需要对建筑物进行改建和维修，需要购买新的消防设施设备，这些都需要消耗大量的资金和资源。如果单位和个人没有足够的资金和资源，就难以有效地处理消防安全隐患，进一步增加了火灾发生的风险。

消防安全隐患的危险性特征是非常明显的，对单位和个人来说，必须高度重视，加强消防安全管理，防范火灾事故的发生。

（三）突发性

消防安全隐患的突发性特征指的是这些隐患在突发事件或事故中可能导致突发的火灾或爆炸等情况。由于消防安全隐患通常具有突发性和不可预见性，因此在日常的消防安全管理中必须加强隐患排查和整改，防范事故的发生。

消防安全隐患的突发性特征主要有以下几方面：第一，突发性。消防安全隐患具有不可预见性和突发性。一些看似微小的隐患，可能在某些特殊条件下迅速发展成为突发事件，导致严重的火灾、爆炸等事故。第二，后果严重。由于消防安全隐患的突发性，可能导致事故后果非常严重。例如，一旦发生火灾或爆炸事故，往往会导致人员伤亡、财产损失、社会影响等严重后果。第三，影响范围广。消防安全隐患的突发事件影响范围非常广泛，可能影响周围的人员和单位，进一步扩大事故的影响范围和后果。

因此，加强消防安全隐患的排查和整改，及时消除潜在的安全隐患，是防范消防安全事故的关键。同时，要注重消防安全知识的宣传和培训，增强员工和公众的安全意识和防范能力，以提高消防安全防范的整体水平。

（四）随意性

消防安全隐患的随意性特征指的是消防安全隐患的出现并不受人为因素控制，随时可能发生，而且往往是由于多种原因引起的。例如，建筑物老化、设备损坏、电气线路老化、用火不慎、存储物品不当等因素，都可能导致消防安全隐患的产生。这些因素是不受人为控制的，难以预测和避免，一旦发生，将会对人员和财产造成巨大的危害和损失。

消防安全隐患的随意性特征使得其具有很强的不可预测性和突发性，因此，在消防安全工作中，需要加强对消防安全隐患的排查和管理，及时发现和消除消防安全隐患，防范火灾事故的发生。同时，还需要提高公众和从业人员的消防安全意识，加强消防安全宣传和培训，提高应急处理能力，减少消防安全隐患的发生。

（五）重复性

消防安全隐患的重复性特征指的是一些隐患在解决后可能会再次出现，或者类似的隐患在不同地点或不同时间可能会反复出现。这种特征可能是由于消防安全隐患的根本原因没有得到彻底解决，或者是因为消防安全管理措施没有得到有效的贯彻和执行。

消防安全隐患的重复性特征可能会给消防安全工作带来一定的困扰和压力，因为这意味着需要持续加强消防安全管理和监督工作，及时发现和解决新的消防安全隐患，以避免出现类似的事故和问题。为了有效应对消防安全隐患的重复性特征，消防安全管理部门可以采取以下措施：第一，加强消防安全制度和管理机制的建设和完善，确保制度的实施和执行，从源头上杜绝隐患的产生；第二，持续加强对消防安全隐患的监督和检查工作，及时发现和解决新的隐患，避免隐患的重复出现；第三，加强对消防安全责任人和单位的教育和培训工作，增强其消防安全意识和管理水平，从而有效减少消防安全隐患的产生；第四，加强对消防设施设备的维护和管理工作，确保其处于良好状态，避免设施设备的故障和失效；第五，加强对消防安全事故的分析和研究工作，总结经验教训，完善消防安全管理措施和应急预案，有效提高应对突发事件的能力和水平。

通过持续加强消防安全管理工作，掌握消防安全隐患的特征和规律，有效预防和控制消防安全隐患的重复出现，确保人民群众和财产安全。

（六）季节性

消防安全隐患的季节性特征是指某些消防安全隐患可能与特定的季节或气候因素相关联，发生的概率或严重程度会随着季节或气候的变化而有所不同。

例如，在夏季高温季节，由于气温升高，电器负荷增加，电气设备易于过载或短路，从而引发火灾的概率增加；而在冬季，由于使用电暖器等采暖设备增多，也容易造成火灾。

此外，不同季节还会有不同的消防安全隐患，如春季林火易发，夏季高温季节易发生火灾，秋季天气转凉，电气设备容易出现隐患，冬季供暖设备使用增多，易引发火灾等。因此，针对不同季节的特定消防安全隐患，应采取相应的预防措施和加强监督检查。

（七）因果性

消防安全隐患的因果性特征指的是，消防安全隐患往往是由一系列不良因素引起。这些因素可能涉及人为因素、技术因素、自然因素等多个方面。因此，如果要有效预防和控制消防安全隐患，需要深入了解并分析这些因素，并采取相应的措施进行干预和处理。

具体来说，消防安全隐患的因果性特征主要包括以下几方面：第一，人为因素。人为因素是导致消防安全隐患的主要因素之一。例如，人们的消防安全意识较低、安全管理不规范、防火设施设备维护不及时等，都会导致消防安全隐患的发生。第二，技术因素。消防安全隐患还可能涉及技术方面的问题，如设备故障、维修保养不到位、建筑结构设计不合理等，都可能引起消防安全隐患。第三，自然因素。自然因素也可能成为导致消防安全隐患的原因。例如，气象条件不良、自然灾害等都可能引发火灾等事故。第四，相互作用因素。消防安全隐患的因果性特征还表现为各种因素之间的相互作用。例如，人为因素和技术因素相互作用，可能导致设备故障等消防安全隐患的出现。

消防安全隐患的因果性特征十分复杂，需要通过对各种因素的全面分析和掌握，及时采取有效措施进行干预和处理。

（八）时效性

消防安全隐患还具有时效性特征，即消防安全隐患的存在会随着时间的推移而变化和加剧，可能会随着时间的累积产生更严重的后果。

例如，一些消防设施设备的维护保养不及时，可能会导致设备的老化和损坏，进而增加发生火灾的风险。又如，在高温季节，由于气温高、空气干燥等原因，火灾发生的概率会明显增加，对已经存在的消防安全隐患来说，也更容易引发火灾。

因此，及时发现和消除消防安全隐患具有重要意义，有利于避免时间的累积造成的更大危害和损失。同时，消防安全工作也需要根据不同季节和气候条件的变化，对相应的消防安全隐患进行有针对性的检查和整改，以提高消防安全管理的效果。

第二节 消防安全隐患的划分

消防安全隐患通常可以划分为建筑结构隐患、电气设备隐患、用火用电隐患、消防设施隐患、消防通道隐患、人员疏散隐患、危险物品存储隐患等几个方面。

一、建筑结构隐患

建筑结构隐患是指建筑物结构中存在的消防安全隐患，主要包括建筑物结构的安全性、建筑物材料的可燃性、建筑物外墙保温材料的防火性能、建筑物内部隔墙、楼板等构件的防火性能等问题。建筑结构隐患对消防安全具有非常大的危害性，一旦发生火灾，不仅会导致人员伤亡和财产损失，还可能引发连锁反应，造成更大的灾害。

建筑物结构的安全性是指建筑物的整体结构稳定性、承载力和抗震性能。建筑物的结构安全性是保障消防安全的基础，如若建筑物结构不牢固，火灾爆发后易发生倒塌或部分坍塌的情况，威胁人员的生命安全。因此，建筑物的结构安全性必须符合建筑设计规范，建设过程中必须有专业监理进行监督，确保建筑物结构的安全性达到标准要求。

建筑物材料的可燃性是指建筑材料在火灾中的燃烧性能。如若建筑材料可燃性太高，火灾发生时易燃烧，引发火灾蔓延和扩大。因此，消防安全要求建筑材料的可燃性应低于规定的限值，并按照规定的消防标准进行施工和验收。

建筑物外墙保温材料的防火性能是指建筑物外墙保温材料在火灾中的防火性能。建筑物外墙保温材料的防火性能直接影响着火灾发生后火势的蔓延和扩大。因此，消防安全要求建筑物外墙保温材料必须符合防火标准，并进行专业验收。

建筑物内部隔墙、楼板等构件的防火性能是指建筑物内部隔墙、楼板等构件在火灾中的防火性能。这些构件的防火性能直接影响火灾发生后火势的蔓延和扩大。因此，消防安全要求建筑物内部隔墙、楼板等构件必须符合防火标准，并进行专业验收。

除了上述几个方面，建筑结构隐患还包括建筑物通道、防烟楼梯间等疏散通道的防火性能问题。这些通道的防火性能对火灾时人员疏散至关重要，因此消防安全要求这些通道必须符合防火标准，并保持畅通无阻。

在实际工作中，消防部门需要对建筑结构进行定期检查和评估，发现存在的隐患并及时整改。同时，消防部门还需要在建筑物竣工验收、装修、改造等重要时期，加强对建筑结构安全性和防火性能的监管和检查，确保消防安全的有效实施。

总之，建筑结构隐患是消防安全隐患中的重要一环，涉及建筑物的整体结构安全性、材料可燃性、外墙保温材料的防火性能、内部隔墙和楼板等构件的防火性能等问题。消防部门需要定期进行检查和评估，加强对建筑结构安全性和防火性能的监管和检查，确保消防安全的有效实施。

二、电气设备隐患

电气设备隐患是指建筑物内部存在的消防安全隐患，主要包括用电线路老化、电气设备过载、短路等问题，以及电器线路过载、电气线路温升、电气设备短路引发的火灾隐患。电气设备隐患不仅会危及人员生命安全，还可能引发火灾蔓延和扩大，造成财产损失和社会影响。因此，建筑物内部的电气设备隐患必须得到及时发现和消除。

用电线路老化是指建筑物内部电气线路长时间使用后导致绝缘老化、漏电等问题。当线路老化时，电流会在电路内部产生电弧，容易引发火灾。此外，还可能会出现漏电、触电等危险。因此，为了保障消防安全，建筑物内部电气线路应该定期进行检查和维护，发现老化和故障及时更换或修复。

电气设备过载是指电气设备使用过程中，所消耗的电能超出了电器本身的设计功率，以及电器负载使用时间过长，会导致电气设备温度过高、电线绝缘损坏，进而导致火灾。为了消除这种隐患，建筑物内部电气设备应该按照设计功率合理使用，不得随意更改电线路的容量。

电器线路过载是指电气线路容量不足，电气负荷过大而引发的火灾隐患。过载会使电器线路产生过度发热，绝缘材料烧毁，从而导致火灾。为了避免这种隐患，建筑物内部电器线路应该按照规定容量配置，不得随意增加电器负荷。

电气线路温升是指电气线路在工作过程中产生的发热现象。当电气线路过热时，会导致绝缘材料损坏、电线短路等情况，引发火灾。为了避免这种隐患，建筑物内部电气线路应该按照规定容量配备，不得随意增加电器负荷。

电气设备短路是指电气设备的正负极直接接触导致电路突然短路，产生大量电流和高温，进而引发火灾。电气设备短路隐患可能由于设备设计不合理、电气设备老化、电线故障等原因而产生。为了消除这种隐患，建筑物内部电气设备应该按照规定配备、定期检查和维护，及时发现和更换电气设备中的老化和故障，确保电气设备的正常工作。

电气设备隐患是建筑物内部存在的重要消防安全隐患之一，它直接影响建筑物内部消防安全的稳定性和可靠性。为了防止电气设备隐患引发火灾，建筑物内部电气设备应该按照规定进行配置和安装，定期进行检查和维护，确保电气设备的正常工作和使用。同时，消防管理部门应该加强对建筑物内部电气设备隐患的检查和监督，及时发现和消除隐患，确保消防安全的稳定性和可靠性。

三、用火用电隐患

用火用电隐患是指建筑物内部存在的消防安全隐患，主要包括用电设备使用不当、用火不当等问题，以及电器、燃气等引发的火灾隐患。这些隐患可能对人员生命安全和财产造成严重威胁，因此需要及时发现和消除。

用电设备使用不当是指建筑物内部电气设备使用不当导致的消防安全隐患，如电气设备线路老化、电气设备过载、短路等问题。这些隐患都可能导致电气设备损坏和火灾发生。为了避免这些问题，建筑物内部电气设备应该按照设计功率合理使用，不得随意更改电线路的容量。此外，电气设备应该定期检查和维护，发现老化和故障及时更换或修复。

用火不当是指建筑物内部火源地使用不当导致的消防安全隐患，如违规使用明火、用火不当等问题。这些隐患容易引发火灾并造成严重后果。为了避免这些问题，建筑物内部火源应该按照规定使用，不得违反消防安全规定。例如，使用明火时应该注意安全距离和灭火设备的配备，保持通风良好。

电器引发的火灾隐患是指电气设备和电气线路等问题引发的火灾隐患。例如，电气线路过载、电气线路温升、电气设备短路等问题都容易引发火灾。为了避免这些隐患，建筑物内部电气设备和电气线路应该按照规定容量配置和维护，不得随意增加电器负荷或更改电线路容量。此外，定期进行检查和维护也是避免这些隐患的关键。

燃气引发的火灾隐患是指建筑物内部燃气设备使用不当、燃气管道老化等问题引发的火灾隐患。例如，燃气管道老化容易导致气体泄漏，引发火灾；燃气设备使用不当也会增加火灾风险。为了避免这些隐患，建筑物内部燃气设备应该按照规定使用，不得私拉乱接燃气管道，燃气管道也应该定期检查和维护，及时更换老化和损坏的部件。在使用燃气设备时，应该注意通风和使用安全距离，以及保持燃气设备的良好状态。

用火用电隐患是建筑物内部常见的消防安全隐患之一，对人员生命安全和财产造成严重威胁。因此，建筑物内部的用电设备和火源都必须得到科学合理的使用和维护，遵守消防安全规定和标准，定期进行检查和维护，及时消除隐患。同时，还应该加强安全宣传和培训，增强员工和居民的消防安全意识，确保建筑物内部的消防安全工作得到落实和执行。

四、消防设施隐患

消防设施隐患是指建筑物内部存在的消防安全隐患，主要包括灭火器、消防水源、消防栓、自动喷水灭火系统等消防设施的完整性、运行状态、配置位置等问题。这些隐患如果得不到及时发现和消除，会对人员生命安全和财产造成严重威胁。因此，建筑物内部消防设施必须进行定期检查和维护，确保消防设施的完好性和运行状态。

灭火器是一种常见的消防设施，如果在火灾发生时能够及时使用，能够有效地控制火势。灭火器的隐患主要包括灭火器种类和数量不足、灭火器的压力不足、灭火器使用不当等问题。为了避免这些隐患，建筑物内部应该按照规定配置足够数量和种类的灭火器，并定期检查和维护灭火器的压力和使用状态。

消防水源是指建筑物内部消防水池、消防水泵、消防水箱等消防设施，是灭火的重要手段。消防水源的隐患主要包括消防水源不足、消防水源质量不达标、消防水源配置位置不当等问题。为了避免这些隐患，建筑物内部应该按照规定配置足够数量和质量达标的消防水源，并且消防水源应该配置在易于操作和调度的位置，方便消防救援人员使用。

消防栓是指建筑物内部设置的水枪和水带等消防设施，也是灭火的重要手段。消防栓的隐患主要包括消防栓阀门关闭不严、消防栓管道老化等问题。为了避免这些隐患，建筑物内部应该定期检查和维护消防栓的阀门和管道状态，确保消防栓的正常使用。

自动喷水灭火系统是一种自动灭火设施，当火灾发生时能够自动启动，进行灭火。自动喷水灭火系统的隐患主要包括自动启动系统失灵、水压不足等问题。为了避免这些隐患，建筑物内部应该定期检查和维护自动喷水灭火系统的自动启动装置、水泵、水管等设施，确保其运行状态良好。此外，建筑物内部自动喷水灭火系统的配置位置也需要合理安排，以便能够有效控制火势。

除了以上几种消防设施，还有一些其他的消防设施也需要进行定期检查和维护，以确保其完好性和运行状态。例如，建筑物内部应该定期检查和维护排烟系统、防烟门、防火卷帘等消防设施，确保它们能够在火灾发生时发挥作用。此外，消防设施的配置位置也需要合理安排，以便能够及时控制火势和进行灭火。

消防设施的隐患不容忽视，如果得不到及时发现和消除，可能会造成严重的后果。因此，建筑物内部的消防设施必须进行定期检查和维护，确保消防设施的完好性和运行状态，以保障人员生命安全和财产安全。

五、消防通道隐患

消防通道隐患是指建筑物内部存在的消防安全隐患，主要包括通道堵塞、疏散通道不畅、疏散指示标志不清晰、疏散门锁具不符合规定等问题。这些隐患如果得不到及时发现和消除，会影响消防救援的效率，进而对人员生命安全和财产造成严重威胁。因此，建筑物内部消防通道必须进行定期检查和维护，保障通道的畅通和疏散的迅速性。

通道堵塞是指建筑物内部通道被杂物堵塞、消防通道被占用等问题。这些隐患容易引发火灾和阻碍疏散。为了避免这些隐患，建筑物内部应该按照规定设置消防通道，并对通道进行定期检查和维护，确保通道畅通。此外，对于消防通道的使用也应该进行规范和管理，禁止私自占用消防通道。

疏散通道不畅是指建筑物内部疏散通道存在狭窄、拥挤、楼梯斜度不符合规定等问题，这些问题会影响人员疏散的速度和安全。为了避免这些隐患，建筑物内部应该按照规定设置疏散通道，保证通道宽度、斜度等符合规范。同时，对于疏散通道的使用也应该进行规范和管理，避免堆积杂物、随意放置物品等行为。

疏散指示标志不清晰是指建筑物内部疏散指示标志设置不规范、标志内容不明确等问题。这些问题会影响人员疏散的效率和安全。为了避免这些隐患，建筑物内部应该按照规定设置疏散指示标志，确保标志内容清晰、易于理解。同时，疏散指示标志的摆放位置也应该符合规范，避免遮挡和模糊不清。

疏散门锁具不符合规定是指建筑物内部疏散门锁具设置不合理、锁具失灵等问题。这些问题会影响人员疏散的速度和安全。为了避免这些隐患，建筑物内部应该按照规定设置疏散门，并对疏散门的锁具进行定期检查和维护，确保锁具的正常使用和开启。同时，疏散门的开启方式和开启力度也应该符合规范，保证人员能够顺利地打开疏散门。此外，对于消防通道和疏散门的管理也应该得到重视，加强监管和维护，保证通道畅通、疏散快速，确保人员的生命安全。

六、人员疏散隐患

人员疏散隐患是指建筑物内部存在的消防安全隐患，主要包括人员疏散路线不畅、疏散通道上存在障碍物、安全出口不明显等问题。这些隐患如果得不到及时发现和消除，会影响人员疏散的效率和安全，进而对人员生命安全和财产造成严重威胁。因此，建筑物内部人员疏散路线必须得到定期检查和维护，保障人员疏散的畅通和安全性。

人员疏散路线不畅是指建筑物内部人员疏散路线狭窄、拥挤，或者路线设计不合理，难以顺畅疏散。这些隐患容易造成人员拥挤、推搡、摔倒等情况，进而影响疏散的效率和安全。为了避免这些隐患，建筑物内部应该按照规定设置人员疏散路线，并对路线进行定期检查和维护，保障疏散路线的畅通。同时，建筑物内部的疏散路线设计也应该符合人员疏散规范和标准，确保疏散路线宽敞、平整、无障碍。

疏散通道上存在障碍物是指建筑物内部疏散通道上存在杂物、障碍物等问题，阻碍人员疏散。这些隐患容易导致人员受阻、拥挤，进而影响疏散的效率和安全。为了避免这些隐患，建筑物内部应该对疏散通道进行定期检查和维护，清理通道上的障碍物和杂物。同时，疏散通道的使用也应该进行规范和管理，避免私自放置物品、阻碍通道等行为。

安全出口不明显是指建筑物内部安全出口设置不规范、标识不明显等问题，阻碍人员疏散。这些隐患容易导致人员迷路、走错路线，进而影响疏散的效率和安全。为了避免这些隐患，建筑物内部应该按照规定设置安全出口，并对出口进行定期检查和维护，保障出口的畅通和安全。同时，安全出口的标识也应该符合规范，确保标识内容清晰、易于理解，避免标识受损或者被遮挡，保证人员能够迅速找到安全出口。

除此之外，建筑物内部还存在其他可能影响人员疏散的隐患，如疏散指示标志设置不规范、疏散通道照明不足等问题。疏散指示标志设置不规范会影响人员理解和遵守疏散路线，疏散通道照明不足会影响人员在黑暗环境下疏散。为了避免这些隐患，建筑物内部应该按照规定设置疏散指示标志，并保证标志内容清晰、易于理解；同时，疏散通道的照明也应该符合规范，确保疏散通道有足够的光源照明，避免黑暗环境下的危险。

另外，建筑物内部人员疏散隐患的发现和消除需要依赖建筑物管理员、业主等相关责任人的有效管理和监督。这些责任人需要定期对建筑物内部的消防设施、通道等进行检查和维护，及时发现和解决隐患问题，确保建筑物内部的消防安全。同时，对于人员疏散隐患的管理和解决，也需要建立完善的管理机制和制度，明确责任和义务，确保人员疏散的畅通和安全。

七、危险物品存储隐患

危险物品存储隐患是指建筑物内部存在的消防安全隐患，主要包括危险物品的存放位置、容器、数量，以及危险物品与火源、热源的距离是否符合规定等问题。这些隐患如果得不到及时发现和消除，会对人员生命安全和财产造成严重威胁。因此，建筑物内部危险物品存储必须得到定期检查和维护，保障危险物品的安全性。

危险物品存放位置隐患是指危险物品存放位置不当、与其他物品存放混杂等问题，容易引发火灾或爆炸事故。为了避免这些隐患，建筑物内部应按照规定的要求进行危险物品的存放位置分区，并对分区进行标识和标注，避免存放混杂。同时，还应根据危险物品的特性，选择合适的储存设施，以确保危险物品的储存安全。

危险物品容器隐患是指危险物品容器质量不达标、容器密封不严等问题，容易引发泄露和扩散。为了避免这些隐患，建筑物内部应该选择合格的危险物品容器，并对容器进行定期检查和维护，确保容器密封严密、耐腐蚀、防爆等安全性能符合要求。

危险物品数量隐患是指危险物品存储数量超过规定的限制，容易引发火灾或爆炸事故。为了避免这些隐患，建筑物内部应按照规定的限制，控制危险物品存储数量，并对存储数量进行定期检查和管理，避免超量存储。

危险物品与火源、热源距离隐患是指危险物品与火源、热源距离不符合规定，容易引发火灾或爆炸事故。为了避免这些隐患，建筑物内部应按照规定的要求，对危险物品的存储区域和火源、热源之间的距离进行规划和设置，确保距离符合安全要求。同时，还应加强对危险物品存储区域的监测和巡查，及时发现和消除隐患，确保危险物品的安全性。

危险物品混存隐患是指危险物品与其他物品混存、存储不当，容易引发化学反应或产生危险物质。为了避免这些隐患，建筑物内部应该将不同种类的危险物品按照特性分类存储，并采取相应的防护措施，避免危险物品混存和交叉污染。同时，还应加强对危险物品存储区域的监测和巡查，及时发现和消除隐患，确保危险物品的安全性。

危险物品泄漏隐患是指危险物品容器损坏、泄漏等问题，容易对人员和环境造成伤害和污染。为了避免这些隐患，建筑物内部应该对危险物品容器进行定期检查和维护，确保容器的完整性和密封性。同时，还应制订应急预案，加强对危险物品存储区域的监测和巡查，及时发现和处理泄漏事件，减少危害。

危险物品标识隐患是指危险物品的标识不清晰、过期等问题，容易造成人员误判和操作失误。为了避免这些隐患，建筑物内部应对危险物品进行标识和标注，确保标识的清晰、易于辨认。同时，还应对标识进行定期检查和维护，避免标识因受损或过期而失效。

建筑物内部危险物品存储隐患是一项非常重要的消防安全工作。只有加强对危险物品存储的规范和管理，加强对存储区域的监测和巡查，才能确保危险物品的安全性，保障人员生命安全和财产安全。

第三节　消防安全隐患的防范

消防安全是保障人员生命安全和财产安全的重要措施之一，消防安全隐患的防范是消防工作中至关重要的一环。

一、电气设备隐患的防范措施

电气设备隐患是指建筑物内部存在的消防安全隐患，主要包括电气设备老化、短路、漏电等问题。这些隐患如果得不到及时发现和消除，会引发火灾和电击事故，对人员生命安全和财产造成严重威胁。因此，建筑物内部电气设备必须进行定期维护和检修，加强保护和绝缘措施，加强监测和管理，以确保电气设备的安全运行。

定期维护和检修电气设备，确保设备正常运行。电气设备的定期维护和检修是防范电气设备隐患的重要措施。建筑物内部电气设备经常使用，时间久了会产生老化和磨损，因此需要定期进行检查、维护和更换，确保设备正常运行。在维护和检修电气设备室，应根据设备的特点和使用情况，制订相应的维护计划和检查标准，对设备的外观、接线、接头等方面进行检查和维护，及时处理设备的故障和隐患。

加强电气设备的保护和绝缘措施，防止电气设备故障和漏电。电气设备的保护和绝缘是防范电气设备隐患的重要措施。保护措施包括加装保护装置和限流器，防止设备过载和短路。绝缘措施包括对电气设备的绝缘材料、绝缘距离和绝缘强度进行检测和管理，防止漏电和触电事故的发生。在使用电气设备时，还应注意设备的接地和接线，保证电气设备的接地良好，减少漏电的可能性。

加强对电气设备的监测和管理，确保电气设备的安全运行。电气设备的监测和管理是防范电气设备隐患的重要措施。监测措施包括定期进行电气设备的检查和测试，发现设备隐患及时处理。管理措施包括建立电气设备档案和维护记录，对设备的使用和维护进行记录和管理，以便定期检查和维护。另外，应根据电气设备的特性和使用情况，制定相应的管理制度和操作规程，保证设备的安全使用和维护。

针对特定的电气设备隐患，还可以采取以下措施：第一，加强电气设备的防雷和防静电措施，避免雷击和静电引起的火灾事故；第二，对电气设备的温度、湿度、氧气含量等参数进行监测和管理，防止过热、潮湿等因素引起的电气设备故障和火灾事故；第三，对电气设备的周边环境进行管理和清理，避免灰尘、杂物等物质积累引起的故障和火灾事故；第四，加强对电气设备使用人员的培训和管理，提高电气设备使用人员的安全意识和操作技能，减少操作失误引起的事故；第五，对电气设备的使用和管理进行定期评估和检查，发现问题及时整改，以确保电气设备的安全使用和管理。

建筑物内部电气设备隐患防范的关键在于定期维护和检修、加强保护和绝缘措施、加强监测和管理。同时，根据特定的电气设备隐患，采取相应的措施进行防范，保障建筑物内部电气设备的安全运行，从而确保人员生命安全和财产安全。

二、火源和热源隐患的防范措施

火源和热源隐患是指建筑物内部存在的消防安全隐患，主要包括火灾和爆炸等事故的潜在风险，如电气设备、明火、热源等。这些隐患如果得不到及时发现和消除，会对人员生命安全和财产造成严重威胁。因此，建筑物内部必须加强对火源和热源的监测和管理，建立火源和热源使用制度，加强对周围环境的管理，以确保建筑物内部的消防安全。

第一，加强对火源和热源的监测和管理，严格控制火源和热源的使用。

建筑物内部的火源和热源使用必须得到严格的控制和监管，以确保其符合消防安全标准和规定。在使用火源和热源之前，应进行全面的检查和测试，确保其没有漏电、短路、渗漏等故障和隐患。在使用过程中，应定期对火源和热源进行检查和维护，及时处理故障和隐患，避免事故发生。同时，还应加强对火源和热源使用的监测和管理，确保其符合消防安全标准和规定，如定期检查和测试、防止违规使用等行为。

第二，建立火源和热源使用制度，对火源和热源的使用进行规范和管理。

为了避免火源和热源隐患的发生，建筑物内部应制定火源和热源使用制度，对其进行规范和管理。火源和热源使用制度包括火源和热源使用的范围、时段、安全措施等规定，如规定禁止在电气设备周围放置易燃物品、限制明火的使用、禁止乱扔烟蒂等。同时，还应对火源和热源的使用进行管理，确保火源和热源的使用符合制度规定，如安全标志、安全距离等。

第三，加强对火源和热源周围的环境管理，避免可燃物质的聚集和堆积。

为了避免火源和热源隐患的发生，建筑物内部应加强对火源和热源周围环境的管理，避免可燃物质的聚集和堆积。在火源和热源周围的区域内，应定期清理和清除可燃物品，防止其聚集和堆积，减少火源和热源周围的火灾风险。同时，还应对建筑物内部的储存区域进行规划和设置，保证储存区域与火源和热源之间的安全距离，防止可燃物质接触到火源和热源而发生火灾。另外，在使用火源和热源的区域内，还应设置防火墙、防火门等防火设施，防止火灾的扩散。

加强对火源和热源的监测和管理，建立火源和热源使用制度，加强对周围环境的管理，是防范火源和热源隐患的重要措施。建筑物内部必须高度重视火源和热源隐患的防范工作，从源头上预防火灾和爆炸事故的发生，保障人员生命财产安全。

三、消防设施隐患的防范措施

消防设施隐患是指建筑物内部存在的消防安全隐患，主要包括消防设施老化、损坏、失效等问题。这些隐患如果得不到及时发现和消除，会对人员生命安全和财产造成严重威胁。因此，建筑物内部消防设施必须进行定期检查和维护，加强监测和管理，维修和更新消防设施，以确保消防设施的安全运行和有效性。

第一，定期对消防设施进行检查和维护，确保设施的完好和有效性。

消防设施的定期检查和维护是防范消防设施隐患的重要措施。建筑物内部的消防设施经常使用，时间久了会产生老化和磨损，因此需要定期进行检查、维护和更换，确保设施的完好和有效性。在进行检查和维护时，应根据消防设施的类型和使用情况，制订相应的检查和维护计划和标准，对设施的外观、功能、使用情况等方面进行检查和维护，及时处理设施的故障和隐患。

第二，加强对消防设施的监测和管理，确保消防设施的安全运行。

消防设施的监测和管理是防范消防设施隐患的重要措施。监测措施包括定期进行消防设施的检查和测试，发现设施隐患及时处理。管理措施包括建立消防设施档案和维护记录，对设施的使用和维护进行记录和管理，以便定期检查和维护。同时，还应加强对消防设施使用的监测和管理，确保其符合消防安全标准和规定，如加强对消防设施的监控和控制，及时处理设施故障和隐患，防止违规使用等行为。

第三，加强对消防设施的维修和更新，确保消防设施的适应性和实用性。

消防设施的维修和更新是防范消防设施隐患的重要措施。在使用消防设施时，应根据设施的年限、使用情况等因素，制订相应的维修和更新计划，定期进行维修和更新，以确保消防设施的适应性和实用性。同时，还应关注消防设施的技术水平和设备质量，定期进行技术升级和设备更换，以提升消防设施的效能和安全性。在进行维修和更新时，应根据消防设施的类型和使用情况，选用合适的材料和技术，确保维修和更新工作的质量和效果。

第四，建立消防设施应急预案，提高应急处理能力。

除了加强消防设施的检查和维护外，建立消防设施应急预案也是防范消防设施隐患的重要措施。消防设施应急预案是指在火灾或其他突发事件发生时，针对建筑物内部的消防设施，制订相应的应急处理措施和应急救援方案。应急预案应包括应急通信、应急疏散、消防设备使用等方面的内容，以提高应对突发事件的能力和效率。在制订应急预案时，还应定期进行演练和培训，以提高应急处理的能力和效果。

第五，加强对消防设施的宣传和教育，增强安全意识和消防素质。

为了进一步增强建筑物内部的消防安全意识和消防素质，应加强对消防设施的宣传和教育。这包括开展消防安全知识的培训和宣传活动，普及消防设施的使用方法和注意事项，增强人们的消防安全意识和应急处理能力。同时，还应建立消防志愿者队伍，加强对消防设施的巡查和监督，发现消防设施隐患及时处理，提高建筑物内部的消防安全水平。

四、人员疏散隐患的防范措施

人员疏散隐患是指建筑物内部存在的消防安全隐患，主要包括人员疏散路线不畅通、安全出口不明显、人员不熟悉疏散流程等问题。这些隐患如果得不到及时发现和消除，会对人员生命安全和财产造成严重威胁。因此，建筑物内部必须按照规定设置人员疏散路线和疏散指示标志，定期检查和维护疏散通道和安全出口，加强人员疏散的培训和演练，以确保人员疏散的效率和安全性。

按照规定设置人员疏散路线和疏散指示标志，保证通道畅通和指示清晰。

建筑物内部必须按照规定设置人员疏散路线和疏散指示标志，保证通道畅通和指示清晰。在建筑物内部设置人员疏散路线时，应根据建筑物的结构和用途，确定主要的疏散路线和备选疏散路线，并在通道的起点、转角和终点设置疏散指示标志，明确疏散方向和距离，确保疏散通道的畅通和指示的清晰。同时，还应定期检查和维护疏散通道和安全出口，确保通道畅通和出口明显。

定期检查和维护疏散通道和安全出口，确保通道畅通和出口明显。

定期检查和维护疏散通道和安全出口是防范人员疏散隐患的重要措施。建筑物内部的疏散通道和安全出口经常使用，时间久了会产生老化和磨损，因此需要定期进行检查、维护和更换，确保通道畅通和出口明显。在检查和维护时，应根据通道的特点和使用情况，制订相应的检查和维护计划和标准，对通道的外观、地面、照明等方面进行检查和维护，及时处理通道的故障和隐患。

加强人员疏散的培训和演练，提高人员疏散的效率和安全性。

加强人员疏散的培训和演练是防范人员疏散隐患的重要措施。在建筑物内部，应定期进行人员疏散培训和演练，提高人员疏散的效率和安全性。疏散培训包括对建筑物内部疏散通道和安全出口的介绍和演示，教授疏散途中遇到火灾、烟雾等情况的应对方法和自救技巧，增强员工的安全意识和应急能力。疏散演练应定期进行，模拟火灾等突发事件，检验疏散路线、疏散设施和疏散组织的有效性，及时发现和纠正问题，确保人员疏散的效率和安全性。

此外，还可以采取以下措施加强人员疏散的安全性：第一，制订应急预案，规定疏散组织机构、职责和流程，明确疏散时的指挥体系和应急响应措施，提高疏散的组织和协调能力；第二，加强消防设施的配备和管理，提高消防安全水平，确保在疏散途中能够及时发现火灾和烟雾等危险情况；第三，针对一些特殊的场所和人群，如高层建筑、儿童、老人等，制订相应的疏散预案和应急措施，保障其安全疏散。

五、消防通道隐患的防范措施

消防通道隐患是指建筑物内部存在的消防安全隐患，主要包括消防通道不畅通、消防指示标志不清晰、私自占用消防通道等问题。这些隐患如果得不到及时发现和消除，会对人员生命安全和财产造成严重威胁。因此，建筑物内部必须按照规定设置消防通道和消防指示标志，加强消防通道的管理和监控，定期检查和维护消防通道和疏散门锁具，以确保消防通道的畅通和指示的清晰。

按照规定设置消防通道和消防指示标志，保证通道畅通和指示清晰。

建筑物内部必须按照规定设置消防通道和消防指示标志，保证通道畅通和指示清晰。在建筑物内部设置消防通道时，应根据建筑物的结构和用途，确定主要的消防通道和备选消防通道，并在通道的起点、转角和终点设置消防指示标志，明确通道方向和距离，确保通道的畅通和指示的清晰。同时，还应定期检查和维护消防通道和疏散门锁具，确保通道畅通和门锁功能正常。

加强消防通道的管理和监控，禁止私自占用消防通道。

加强消防通道的管理和监控，禁止私自占用消防通道是防范消防通道隐患的重要措施。应制定严格的管理制度和标准，加强对消防通道的监控和巡查，及时发现和处理消防通道的违规占用、堆积物品等行为。同时，还应加强对消防通道的管理，加强对通道使用人员的培训和管理，禁止私自占用消防通道，保证通道的畅通。

定期检查和维护消防通道和疏散门锁具，确保通道畅通和门锁功能正常。

定期检查、维护消防通道和疏散门锁具是防范消防通道隐患的重要措施。建筑物内部的消防通道和疏散门锁具经常使用，时间久了会产生老化和磨损，因此需要定期进行检查、维护和更换，确保通道畅通和门锁功能正常。在检查和维护时，应根据通道和门锁具的特点和使用情况，制订相应的检查、维护计划和标准，对通道的外观、地面、照明等方面进行检查和维护，及时处理通道的故障和隐患；对疏散门锁具进行检查和测试，确保门锁的开启、关闭功能正常，以保证消防通道的畅通和门锁功能的可靠。

除此之外，还应注意消防通道周围的环境和物品的摆放。消防通道周围不能堆放垃圾、杂物和易燃物品，以免造成通道堵塞或火灾蔓延；同时，应保持通道口的通畅，不要在通道口放置过多的障碍物和物品。定期的清理和整理，能够保障消防通道的畅通和安全。

在日常生活中，也应增强人们的消防安全意识，加强对消防通道的重视，积极参与防范消防通道隐患的工作。若发现消防通道存在问题，应及时上报并处理，保证消防通道的畅通和安全。

第八章 消防技术标准和规范

第一节 消防技术标准和规范的基本概念和作用

消防技术标准和规范是指制定消防技术和管理方面的标准和规范,以保障人员生命财产安全,预防和减少火灾事故的发生。消防技术标准是以法律、法规、规章等为基础,采用科学的方法,通过实验和经验总结,确定的具有普遍适用性的技术要求。消防规范是指根据法律、法规、规章等制定的行业标准和规范,主要是对消防技术标准的具体解释和补充,指导和规范消防工作的实施。消防技术标准和规范的制定与实施,有助于提高消防管理和技术水平,保障消防安全,减少火灾事故的发生,保障人民群众的生命财产安全。

一、消防技术标准和规范的基本概念

消防技术标准和规范是为了保障人民生命财产安全和维护社会稳定而制定的一系列技术规定和操作规程。其主要目的是规范消防设施和消防安全管理的标准化、规范化,确保消防设施的有效性和消防管理的科学化,提高消防救援的效率和水平。

消防技术标准是由国家标准化管理委员会发布的,是根据国家法律法规、行业标准和技术要求制定的一系列规范性文件,用于规范消防设施的设计、安装、维护和使用等方面,以确保其安全有效地运行。

消防规范是由国家消防局发布的,是根据国家法律法规和行业标准制定的一系列规范性文件,用于规范消防管理的行为和操作,以确保消防安全管理的规范和有效。

消防技术标准和规范都是为了规范消防管理和设施的标准化和规范化,保障人民生命财产安全和维护社会稳定。消防技术标准和规范的制定和实施,对加强消防安全工作、提高社会安全水平具有重要意义。

二、消防技术标准和规范的作用

消防技术标准和规范的主要作用是为保障建筑物和人员在火灾发生时的生命安全和财产安全提供技术支撑和保障。其作用主要包括以下几方面:

（一）提供技术依据

消防技术标准和规范为消防设计、建设、管理等提供了统一的技术依据，以保证消防设施的合理性、可靠性和安全性。具体而言，消防技术标准和规范的作用主要包括以下几方面：

1. 提供技术依据和基础

消防技术标准和规范为消防设计、建设、管理等提供了统一的技术依据和基础，为消防工作提供了重要的技术保障。在消防设施的设计、建设和使用过程中，各种技术标准和规范可以为消防工作者提供明确的技术指导和参考，以确保消防设施的质量和安全性。

2. 确保消防设施的合理性

消防技术标准和规范可以为消防工作者提供必要的技术规定和要求，以确保消防设施的合理性。例如，消防技术标准和规范对建筑物内部的消防设施和通道、消防水源、灭火器材等方面都有着明确的规定和要求，可以有效地指导消防设施的设计和建设，确保其满足消防安全的要求。

3. 提高消防设施的可靠性

消防技术标准和规范可以为消防工作者提供科学的技术要求和设计方案，从而提高消防设施的可靠性。例如，在消防水源的规划和建设方面，消防技术标准和规范可以为消防工作者提供明确的规范和要求，指导其在选址、选型、设计、施工等方面进行科学合理的决策，从而提高消防水源的可靠性。

4. 确保消防设施的安全性

消防技术标准和规范可以为消防工作者提供必要的技术标准和规范，确保消防设施的安全性。例如，在消防设施的使用和管理方面，消防技术标准和规范可以为消防工作者提供必要的技术指导和规范，指导其进行科学合理的管理和使用，以确保消防设施的安全性。

消防技术标准和规范的作用不仅可以为消防工作者提供科学合理的技术规定和指导，还可以为消防设施的设计、建设、管理等提供重要的技术保障，从而保障消防设施的合理性、可靠性和安全性，保障人民生命财产安全。

（二）规范行为准则

消防技术标准和规范不仅提供了技术指导，也为相关管理部门、企业和个人提供了行为准则。这些标准和规范明确了消防安全工作的标准和要求，规范了消防管理行为，避免了消防安全管理的混乱和不规范。具体来说，消防技术标准和规范的作用主要包括以下几方面：

1. 明确消防安全工作标准和要求

消防技术标准和规范可以明确消防安全工作的标准和要求，为相关管理部门、企业和个人提供了指导和准则。例如，消防技术标准和规范对建筑物内部消防设施、灭火器材、通道畅通等方面都有着明确的规定和要求，可以帮助相关管理部门、企业和个人了解消防安全工作的具体标准和要求，从而规范其行为。

2.规范消防管理行为

消防技术标准和规范可以规范消防管理行为，避免消防安全管理的混乱和不规范。例如，消防技术标准和规范规定了消防设施和设备的使用、管理、维护和检查等方面的具体要求，为相关管理部门、企业和个人提供了行为准则，帮助其规范消防管理行为。

3.促进消防文化建设

消防技术标准和规范可以促进消防文化建设，增强社会公众的消防意识和安全意识。例如，消防技术标准和规范可以为学校、社区、企业和公共场所等提供消防安全知识和技能培训，促进消防文化建设，增强社会公众的消防安全意识。

消防技术标准和规范的作用不仅为消防工作者提供了科学合理的技术规定和指导，也为相关管理部门、企业和个人提供了行为准则，明确了消防安全工作的标准和要求，规范了消防管理行为，促进了消防文化建设，维护了消防安全利益，保障了公众生命财产安全，促进了社会进步和经济发展。因此，加强消防技术标准和规范的制定和实施，是推动消防工作科学发展的重要保障和措施。

（三）提高安全水平

消防技术标准和规范的作用之一是提高安全水平。消防技术标准和规范的制定和实施，可以从以下几方面提高建筑物和人员在火灾发生时的安全水平，降低火灾发生的概率和火灾造成的损失：

1.消防设施和设备的规范化和科学化

消防技术标准和规范对消防设施和设备的使用、管理、维护和检查等方面进行了规范化和科学化的要求，使得消防设施和设备的安全性、可靠性和有效性得到了提升。例如，消防技术标准和规范规定了建筑物内部消防设施和设备的种类、数量、布置、功能、性能等具体要求，明确了使用、管理、维护和检查等方面的规定，从而保证了消防设施和设备的科学合理性和安全性。

2.灭火技术和应急疏散措施的规范化和标准化

消防技术标准和规范对灭火技术和应急疏散措施的规范化和标准化进行了要求，使得灭火技术和应急疏散措施的操作流程、器材选用、作业方法等方面得到了规范化和科学化，提高了应对火灾的能力和效果。例如，消防技术标准和规范规定了灭火器材和器具的种类、选用、使用方法和效果评估等方面的具体要求，为消防人员提供了科学合理的灭火技术指导和参考。

3.消防安全意识和文化建设的加强

消防技术标准和规范通过消防安全知识和技能培训、宣传教育、普及消防安全法律法规等形式，加强了消防安全意识和文化建设。在消防安全知识和技能培训方面，消防技术标准和规范规定了学习培训的内容、时间、对象等方面的要求，帮助消防从业人员和公众了解消防安全知识和技能，增强消防安全意识和应对能力。在宣传教育方面，消防技术标准和规范规定了消防安全宣传教育的具体要求和内容，帮助人们了解消防安全知识和技能，培养消防安全文化和意识。通过普及消防安全法律法规，消防技术标准和规范也规范了相关法律法规的执行，加强了消防安全管理和监管，提高了消防安全水平。

4. 消防信息化建设的推进

消防技术标准和规范对消防信息化建设进行了要求和规范，推进了消防信息化建设的发展和应用，提高了消防安全管理效率和水平。例如，消防技术标准和规范规定了消防信息系统的建设、应用和管理等方面的具体要求和标准，帮助相关管理部门、企业和个人了解消防信息化建设的要求和规范，从而推进消防信息化建设的发展和应用，提高消防安全管理效率和水平。

消防技术标准和规范的制定和实施可以提高建筑物和人员在火灾发生时的安全水平，降低火灾发生的概率和火灾造成的损失。消防技术标准和规范的规范化和科学化、灭火技术和应急疏散措施的规范化和标准化、消防安全意识和文化建设的加强，以及消防信息化建设的推进等方面的作用，都为消防安全工作提供了重要的支持和保障。

（四）提高管理效率

消防技术标准和规范的作用之一是提高管理效率。消防技术标准和规范的制定和实施，可以从以下几方面提高消防安全管理的效率，保障人民生命财产安全：

1. 提高管理科学化水平

规定消防技术标准和规范规定了消防设施和设备的使用、管理、维护和检查等方面的具体要求，明确了消防工作的工作流程、管理制度和标准，提高了管理科学化水平。例如，消防技术标准和规范规定了消防设施和设备的种类、数量、布置、功能、性能等具体要求，明确了使用、管理、维护和检查等方面的规定，从而保证了消防设施和设备的科学合理性和安全性。

2. 提高管理规范化水平

消防技术标准和规范对消防管理的行为进行了规范化和标准化的要求，明确了消防工作的行为准则和规范，提高了管理规范化水平。例如，消防技术标准和规范规定了消防设施和设备的使用、管理、维护和检查等方面的具体要求，为相关管理部门、企业和个人提供了行为准则，帮助他们规范消防管理行为。

3. 提高管理效率

消防技术标准和规范了消防工作的工作流程、管理制度和标准，使得消防安全管理工作更加规范、科学、高效，提高了管理效率。例如，在消防设施和设备的管理方面，消防技术标准和规范规定了管理制度和标准，明确了管理流程、管理责任、管理程序等方面的规定，帮助管理部门、企业和个人制订消防安全管理计划和方案，提高管理效率。

4.提高消防工作的整体水平

消防技术标准和规范的制定和实施，对消防工作的整体水平提高也有积极作用。消防技术标准和规范规定了消防安全工作的标准和要求，明确了消防工作的目标和任务，使得消防工作的各项任务和工作流程更加明确、系统化和可操作性。同时，消防技术标准和完善也提出了对消防从业人员的培训和教育要求，促进了消防从业人员的知识和技能提升，提高了整体的消防工作水平。

消防技术标准和规范还可以提高消防安全管理的科学性和实效性。消防安全管理需要遵循科学合理的原则和方法，消防技术标准和规范了消防安全工作的标准和要求，明确了消防安全管理的原则和方法，有助于消防从业人员理性思考和科学决策，从而提高消防安全管理的科学性和实效性。

此外，消防技术标准和规范还可以促进行业的规范化和良性竞争，加强了消防行业的管理和监管。消防技术标准和规范对消防行业的企业和从业人员的资质、技能、设备等方面提出了具体要求，有助于消防行业规范化发展和良性竞争，提高了整个行业的消防安全水平和服务质量。

消防技术标准和规范的制定和实施，对提高消防安全管理的效率和水平具有重要的作用，有助于保障人民生命财产安全，促进社会的和谐稳定和可持续发展。

三、消防技术标准的法律性质

2017年《中华人们共和国标准化法》（以下简称《标准化法》）重新修改，新法律的实施对一直以来技术标准性质的矛盾进行了一定的梳理，也为消防技术标准法律性质的困境找到了新的出路。新修订的《标准化法》仅保留强制性国家标准的强制力，要求各类技术标准要重新整合，将强制性标准和推荐性标准有所区分。同时，为了提高强制性国家标准的权威性，新法律提高了强制性国家标准的批准主体的层级，由国务院批准发布或者授权批准发布。为此，要探讨消防技术标准的法律性质，首先应当区分强制效力，分别看待其法律性质。

强制性消防技术标准的法律性质——不包含"法律后果"的技术法规。

强制性消防技术标准应当属于不包含"法律后果"的技术法规。首先，消防技术标准通过对文本中的数字、指标、参数、方法及样品等规定行为主体应当保障消防安全达到的安全指标、距离、耐火极限及操作方法等，以达到表达各类标准具体内涵的效果。概括来说，消防技术标准是以技术规定的形式向人们指明"在什么具体情况下应当做什么、禁止做什么，以及必须做什么"的规定，消防技术标准实质上具有"法"的效力。其次，从文本结构来看，法律规范需要具备三个基本要素，即假定条件、行为模式、法律后果，强制性消防技术标准的逻辑结构很相似，但是缺少"法律后果"的要素，违反消防技术标准的法律后果分散于其他法律规范之中。最后，技术法规作为一个"舶来品"，严格来说并非一个独立的法律概念，而是一系列法律概念的统称。从各个国家制定与实施技术规范的法律实践来看，没有一个国家将技术法规作为一个独立的部门法或者专门的单项法，技术法规基本都以法律、法规、规章、条例、命令等形式颁布实施，或者其内容分散在其他部门法中。新《标准化法》通过提高强制性技术规范的批准层级，界定其制定范围，明确强制性标准与推荐性标准之间应当有所区别，使得强制性消防技术标准的"法"的性质更加凸显。在这一背景下，强制性技术标准的法律性质更加清晰起来。

推荐性消防技术标准的法律性质——规范性技术文件。

强制性技术规范作为技术法规，体现的是国家法律和政府的意志，推荐性标准则多表现为利益相关方的协调一致，社会主体自愿适用。虽然《标准化法》没有规定推荐性标准具有强制实施的效力，但并不意味着我国推荐性消防技术标准仅属于私法契约，没有公法的特征。在我国，消防安全作为保障经济发展、事关人民生命财产安全的重大事项，是政府规制的重要内容。推荐性消防技术标准中的行业标准及地方规范的制定要经过省级标准化行政主管部门的批准和向国务院行政主管部门的备案，为此，推荐性消防技术标准也具有了公法上的特征。因此，用规范性技术文件来描述推荐性消防技术标准的法律性质更为妥当。

规范性技术文件不同于规范性文件，规范性文件通常是指行政机关制定的行政法律之外的具有普遍约束力的行为规则，调整的是人和人之间的关系，属于社会规范的范畴。目前理论界对于哪些文件属于或者不属于规范性文件范畴的观点并不统一，在立法实践中，有些明确将技术规范排除在规范性文件范畴之外，如《国家旅游局规章和规范性文件制定程序规定》规定"旅游标准及其实施性文件不属于规范性文件"、《农业部规范性文件管理规定》规定"标准、规程等技术文件不是规范性文件"、《国家中医药管理局规范性文件管理办法》规定"标准、规范等技术文件不属于本办法规定的规范性文件"等。

规范性技术文件的落脚点是技术文件，尽管对人的行为会产生一定的约束力，但这种约束是通过调整人与自然的关系来实现的。规范性技术文件也不同于一般技术文件，其具有明显的规范性。规范性技术文件不同于特定产品的说明书或者使用手册等一般技术文件，其具备标准的特点，是经过公认机构认可的、被普遍接受的、在特定领域重复使用的技术规则。

第二节　消防技术标准和规范的分类和体系

消防技术标准和规范的体系是由多个层次的标准和规范组成的，包括国家标准、行业标准、地方标准、企业标准和国际标准等。这些标准和规范根据内容和对象的不同分为多个方面，主要包括消防安全管理标准和规范、消防设施和设备标准和规范、灭火技术和应急疏散标准和规范、消防安全设计标准和规范、消防安全技术评估标准和规范等。这些标准和规范的内容相互关联、相互衔接，共同构成了完整的消防技术标准和规范体系。

具体来说，消防技术标准和规范的体系包括以下几方面：

一、国家标准和规范

消防技术标准和规范是指对消防安全进行规范化、标准化和科学化的技术要求和指导，是保障人民生命财产安全的重要基础。国家标准和规范是消防技术标准和规范体系中的核心部分，由国家消防部门或标准化管理部门制定和发布，具有强制性和权威性，适用于全国范围内的消防安全管理和技术要求。

国家标准和规范主要包括以下方面：

（一）消防安全管理标准和规范

消防安全管理标准和规范是指对消防安全管理进行规范化、标准化和科学化的技术要求和指导，包括消防安全管理制度、消防安全责任制、消防安全组织、消防安全检查、消防安全培训、应急救援等方面的标准和规范。这些标准和规范的目的是规范消防安全管理行为，增强消防安全意识和管理水平，确保消防安全的顺利实施。

（二）消防设施和设备标准和规范

消防设施和设备标准和规范是指对消防设施和设备进行规范化、标准化和科学化的技术要求和指导，包括灭火器材、消防水源、消防管道、自动喷水灭火系统、火灾报警系统、疏散通道等方面的标准和规范。制定这些标准和规范的目的是规范消防设施和设备的选型、设计、安装、维护和检测等行为，确保消防设施和设备的有效性和安全性。

（三）灭火技术和应急疏散标准和规范

灭火技术和应急疏散标准和规范是指对灭火技术和应急疏散进行规范化、标准化和科学化的技术要求和指导，包括灭火剂的选择和使用、灭火器材的操作和维护、应急疏散方案的制订和实施等方面的标准和规范。这些标准和规范的目的是提高消防人员的灭火技能和应急处理能力，确保火灾发生时能够及时、有效地进行灭火和疏散。

（四）消防安全设计标准和规范

消防安全设计标准和规范是指对建筑物消防安全设计进行规范化、标准化和科学化的技术要求和指导，包括建筑物消防分隔、消防电梯、疏散楼梯、防烟排烟系统、消防通道、消防水源等方面的标准和规范。制定这些标准和规范的目的是在建筑物的设计、建设和使用过程中，保障建筑物的消防安全，防范和减少火灾事故的发生。

（五）消防安全技术评估标准和规范

消防安全技术评估标准和规范是指对消防安全技术评估进行规范化、标准化和科学化的技术要求和指导,包括火灾风险评估、消防安全评估等方面的标准和规范。制定这些标准和规范的目的是提供科学、全面、可靠的消防安全技术评估方法,为消防安全管理决策提供技术支撑和依据。

国家标准和规范的制定,通常包括调研、研究、起草、论证、审定、发布等步骤。制定过程需要充分考虑国家和地区实际情况、技术水平和发展趋势,广泛征求各方意见和建议,并经过多方论证和审定。国家标准和规范的实施,需要得到有关部门的支持和推广,以确保消防安全管理和技术实践的规范化和标准化。

二、行业标准和规范

行业标准和规范是消防技术标准和规范体系中的重要组成部分,针对特定行业或特定建筑类型制定和发布,是针对行业需求和特点而制定的,可以提高消防安全管理和技术水平,保障人民生命财产安全。

行业标准和规范的制定和发布可以由行业协会、行业组织、相关政府部门和研究机构等单位负责,制定过程中需考虑行业特点、发展趋势和技术要求等多方面因素。行业标准和规范主要包括以下方面:

(一)建筑行业标准和规范

建筑行业标准和规范是消防技术标准和规范体系中的重要组成部分,针对建筑物的消防安全要求和技术规范进行制定和发布,是保障人民生命财产安全的重要手段之一。

建筑行业标准和规范的制定和发布可以由建筑设计、施工、监理等相关单位负责,制定过程中需考虑建筑类型、规模、功能及使用人群等多方面因素,以确保建筑消防安全的顺利实施。建筑行业标准和规范主要包括以下方面:

1.建筑设计防火技术规范

建筑设计防火技术规范是针对建筑物设计和施工阶段的消防安全要求和技术规范,涉及建筑物的结构、材料、构造、布局、消防设施等方面的要求。例如,建筑物防火隔离带设计规范、高层建筑消防设施设计规范等。

2.建筑施工防火技术规范

建筑施工防火技术规范是针对建筑物施工过程中的消防安全要求和技术规范,涉及建筑物的施工材料、作业环境、施工过程中的火源和烟雾等方面的要求。例如,建筑物施工消防安全规范、建筑工地消防安全规范等。

3.住宅设计防火技术规范

住宅设计防火技术规范是针对住宅建筑的消防安全要求和技术规范,涉及住宅建筑的房间布局、窗户、门、电气设备等方面的要求。例如,住宅设计防火技术规范、多层住宅防火设计技术规范等。

4.公共建筑设计防火技术规范

公共建筑设计防火技术规范是针对公共建筑的消防安全要求和技术规范，涉及公共建筑的房间布局、疏散通道、电气设备、消防设施等方面的要求。例如，公共建筑消防设计规范、办公楼防火设计规范等。

5.商业建筑设计防火技术规范

商业建筑设计防火技术规范是针对商业建筑的消防安全要求和技术规范，涉及商业建筑的房间布局、疏散通道、电气设备、消防设施等方面的要求。例如，商业建筑消防安全技术规范、商场防火设计规范等。

6.建筑消防设施和设备规范

建筑消防设施和设备规范是针对建筑物消防设施和设备的技术要求和指导，涉及消防水源、消防通道、灭火器材、自动喷水灭火系统、火灾报警系统等方面的要求。例如，建筑消防设施和设备规范、高层建筑自动喷水灭火系统设计规范等。

7.建筑物消防检查规范

建筑物消防检查规范是针对建筑物消防安全检查的技术要求和指导，涉及消防设施和设备的检查、疏散通道的检查、灭火器材的检查等方面的要求。例如，建筑物消防安全检查规范、建筑物消防安全维护管理规范等。

8.建筑物消防安全应急预案编制规范

建筑物消防安全应急预案编制规范是针对建筑物消防安全应急预案的编制要求和指导，涉及火灾预防措施、应急疏散方案、应急救援措施等方面的要求。例如，建筑物火灾应急预案编制规范、建筑物消防安全演练规范等。

建筑行业标准和规范的制定和实施对保障建筑消防安全具有重要作用，可以规范建筑消防安全管理行为，增强建筑消防安全意识和技术水平，确保建筑消防安全的顺利实施。

（二）工业行业标准和规范

工业行业标准和规范是消防技术标准和规范体系中的重要组成部分，针对工业生产场所的消防安全管理和技术要求进行制定和发布，旨在保障工业生产过程中的安全和稳定，避免因火灾等意外事故导致的人员伤亡和财产损失。工业行业标准和规范主要包括以下方面：

1.化工行业标准和规范

化工行业标准和规范主要是针对化工生产场所的消防安全管理和技术要求，如化工厂、危险品仓库等。化工生产场所涉及危险化学品等高危物品，一旦发生火灾往往会引发爆炸等严重后果，因此化工行业标准和规范对消防安全要求较高。例如，危险化学品仓库设计与管理规范、石油化工企业消防安全规范等。

2.机械制造行业标准和规范

机械制造行业标准和规范主要是针对机械制造企业的消防安全管理和技术要求，如机床制造厂、电机制造厂等。机械制造行业涉及多种设备和机械,因此消防安全的要求较为复杂。例如,机床制造厂消防安全规范、电机制造厂消防安全规范等。

3.纺织行业标准和规范

纺织行业标准和规范主要是针对纺织企业的消防安全管理和技术要求,如纺织厂、制衣厂等。由于纺织行业涉及多种纤维和化学品,如棉花、涤纶等,消防安全的要求较为严格。例如,纺织厂消防安全规范、制衣厂消防安全规范等。

4.能源行业标准和规范

能源行业标准和规范主要是针对能源生产和储存场所的消防安全管理和技术要求,如电力厂、油库等。能源生产和储存场所涉及大量的电气设备和石油、天然气等易燃易爆物质,消防安全的要求较为高。例如,电力厂消防安全规范、油库消防安全规范等。

5.食品行业标准和规范

食品行业标准和规范主要是针对食品生产企业的消防安全管理和技术要求,如食品加工厂、餐饮企业等。由于食品生产涉及火源、油烟等较高的消防安全风险,因此食品行业标准和规范对消防安全的要求较为严格。例如,食品加工厂消防安全规范、餐饮企业消防安全规范等。

6.医药行业标准和规范

医药行业标准和规范主要是针对医药生产场所的消防安全管理和技术要求,如制药厂、医疗器械企业等。由于医药生产涉及粉尘、化学品等易燃易爆物质,消防安全的要求较为严格。例如,医药生产厂消防安全规范、医疗器械企业消防安全规范等。

7.其他工业行业标准和规范

除了上述提到的几个工业行业,还有一些其他工业行业,如冶金行业、建材行业、电子行业等,也都有相应的消防安全标准和规范。这些行业的消防安全要求与其特定的生产工艺和工作环境相关。例如,冶金企业消防安全规范、建材厂消防安全规范、电子厂消防安全规范等。

工业行业标准和规范的制定和发布可以由相关行业协会、政府部门、研究机构等单位负责,制定过程中需要考虑行业特点、发展趋势和技术要求等多方面因素。这些标准和规范的发布,有助于增强工业企业的消防安全意识,规范企业的消防安全管理和技术水平,确保工业生产的安全和稳定。

(三)交通运输行业标准和规范

交通运输行业标准和规范是消防技术标准和规范体系中的重要组成部分,针对交通场所和交通工具的消防安全要求和技术规范进行制定和发布,旨在保障乘客和工作人员的生命安全,确保交通运输行业的安全和稳定。交通运输行业标准和规范主要包括以下方面:

1.地铁消防安全标准和规范

地铁消防安全标准和规范主要是针对地铁车站、隧道、车辆等方面的消防安全要求和技术规范，包括疏散通道、防烟控制系统、火灾自动报警系统、灭火系统等方面的规定。例如，城市轨道交通消防安全技术规范、地铁车站消防安全标准等。

2. 公路服务区消防安全标准和规范

公路服务区消防安全标准和规范主要是针对高速公路服务区建筑和设施的消防安全要求和技术规范，包括加油站、餐厅、宾馆等建筑物的消防安全设施和管理要求。例如，高速公路服务区消防安全标准、加油站消防安全标准等。

3. 机场消防安全标准和规范

机场消防安全标准和规范主要是针对机场终端楼、航站楼、候机厅、行李分拣区、机库等场所的消防安全要求和技术规范，包括消防设施、疏散通道、防火分隔、灭火系统等方面的规定。例如，民用机场消防安全管理规定、机场终端楼消防安全技术规范等。

4. 航海安全标准和规范

航海安全标准和规范主要是针对海上船舶的消防安全要求和技术规范，包括船舶的船壳、机舱、舱室、船舶材料等方面的消防安全要求和技术规范。例如，商船消防安全规范、海上石油平台消防安全规范等。

5. 铁路交通运输行业标准和规范

铁路交通运输行业标准和规范主要是针对铁路车站、铁路隧道、列车等方面的消防安全要求和技术规范，包括疏散通道、防烟控制系统、火灾自动报警系统、灭火系统等方面的规定。例如，铁路客运站消防安全标准、高速铁路消防安全技术规范等。

6. 城市公交交通运输行业标准和规范

城市公交交通运输行业标准和规范主要是针对城市公交车辆和车站的消防安全要求和技术规范，包括消防设施、安全管理、防烟控制、疏散通道等方面的规定。例如，城市公交车站消防安全标准、城市公交车辆消防安全标准等。

7. 水上交通运输行业标准和规范

水上交通运输行业标准和规范主要是针对水上船舶的消防安全要求和技术规范，包括船舶的船壳、机舱、舱室、船舶材料等方面的消防安全要求和技术规范。例如，客船消防安全规范、内河货船消防安全规范等。

8. 民航运输行业标准和规范

民航运输行业标准和规范主要是针对民航终端楼、机库、航站楼等场所的消防安全要求和技术规范，包括消防设施、疏散通道、防火分隔、灭火系统等方面的规定。例如，民用机场航站楼消防安全技术规范、航空公司办公楼消防安全规范等。

交通运输行业标准和规范的制定和实施，有助于提升交通场所和交通工具的消防安全水平，保障乘客和工作人员的生命财产安全，确保交通运输行业的安全稳定。

（四）医疗行业标准和规范

医疗行业标准和规范是消防技术标准和规范体系中的重要组成部分，针对医疗机构的消防安全要求和技术规范进行制定和发布，旨在保障医疗工作人员和病患的生命安全，确保医疗机构的安全和稳定。医疗行业标准和规范主要包括以下方面：

1. 医院消防安全规范和技术要求

医院消防安全规范和技术要求主要针对医院的建筑结构、消防设施和管理要求进行规范和要求。例如，医院建筑物消防安全规范、医院消防设施管理规范等。

2. 诊所消防安全规范和技术要求

诊所消防安全规范和技术要求主要针对小型医疗机构，包括诊所、门诊部等的消防安全要求和技术规范。例如，诊所消防安全管理规范、门诊部消防安全技术要求等。

3. 医用气体管道系统规范和技术要求

医用气体管道系统规范和技术要求主要针对医疗机构内医用气体的供应管道和使用要求进行规范和要求，确保医用气体的安全使用。例如，医疗机构医用气体使用和管理规范、医用气体管道系统安全技术要求等。

4. 药品仓库消防安全规范和技术要求

药品仓库消防安全规范和技术要求主要针对医疗机构内药品仓库的消防安全管理和技术要求进行规范和要求，确保药品的安全储存。例如，医疗机构药品储存消防安全规范、药品库房防火技术要求等。

5. 医疗机构电气安全规范和技术要求

医疗机构电气安全规范和技术要求主要针对医疗机构内电气设备的使用和管理要求进行规范和要求，确保电气设备的安全使用。例如，医疗机构电气安全管理规范、医疗机构电气设备防火技术要求等。

6. 医疗废物处理规范和技术要求

医疗废物处理规范和技术要求主要针对医疗机构内产生的医疗废物的处理和管理要求进行规范和要求，确保医疗废物的安全处理。例如，医疗机构医疗废物处理管理规范、医疗废物处理技术要求等。

7. 医用设备消防安全规范和技术要求

医用设备消防安全规范和技术要求主要针对医疗机构内医用设备的使用和管理要求进行规范和要求，确保医用设备的安全使用。例如，医用设备消防安全管理规范、医用设备防火技术要求等。

8. 医疗机构消防培训规范和技术要求

医疗机构消防培训规范和技术要求主要针对医疗机构内人员的消防培训要求和技术规范进行规范和要求，确保医疗机构内人员具备消防安全意识和应急处置技能。例如，医疗机构消防培训管理规范、医疗机构消防培训技术要求等。

（五）旅游行业标准和规范

旅游行业标准和规范是消防技术标准和规范体系中的重要组成部分，针对旅游景区、酒店等场所的消防安全要求和技术规范进行制定和发布，旨在保障游客和员工的生命安全，确保旅游行业的安全和稳定。旅游行业标准和规范主要包括以下方面：

1. 旅游景区消防安全规范和技术要求

旅游景区消防安全规范和技术要求主要针对景区内的消防安全管理和技术要求进行规范和要求，包括景区内的消防设施、消防疏散通道、消防培训等方面的要求。例如，旅游景区消防安全管理规范、旅游景区火灾自动报警系统技术规范等。

2. 酒店消防安全规范和技术要求

酒店消防安全规范和技术要求主要针对酒店的消防安全管理和技术要求进行规范和要求，包括酒店内的消防设施、消防疏散通道、酒店员工的消防培训等方面的要求。例如，酒店消防安全管理规范、酒店灭火器材配置规范等。

3. 旅游交通工具消防安全规范和技术要求

旅游交通工具消防安全规范和技术要求主要针对旅游交通工具的消防安全要求和技术规范进行规范和要求。包括旅游巴士、游艇、游船等交通工具内的消防设施、消防疏散通道、旅游工作人员的消防培训等方面的要求。例如，旅游交通工具消防安全管理规范、旅游游艇消防安全技术规范等。

4. 旅游景点特种设备消防安全规范和技术要求

旅游景点特种设备消防安全规范和技术要求主要针对旅游景点内的特种设备的消防安全要求和技术规范进行规范和要求，包括旅游景点内的电梯、游乐设施、人行道扶梯等特种设备的消防安全管理和技术要求。例如，旅游景点特种设备消防安全规范、游乐设施消防安全管理规范等。

5. 旅游场所消防培训规范和技术要求

旅游场所消防培训规范和技术要求主要针对旅游景区、酒店等场所的员工和管理人员的消防培训要求和技术规范进行规范和要求，包括消防知识培训、消防演练、应急预案制订等方面的要求。例如，旅游景区消防安全培训技术规范、酒店消防演练管理规范等。

（六）文化娱乐行业标准和规范

文化娱乐行业标准和规范是消防技术标准和规范体系中的重要组成部分，针对文化娱乐场所的消防安全要求和技术规范进行制定和发布，旨在保障观众和工作人员的生命安全，确保文化娱乐行业的安全和稳定。文化娱乐行业标准和规范主要包括以下方面：

1. 电影院消防安全规范和技术要求

电影院消防安全规范和技术要求主要针对电影院的消防安全要求和技术规范进行规范和要求，包括电影院内的消防设施、消防疏散通道、灭火器材的配置等方面的要求。例如，电影院消防安全管理规范、电影院防火技术规范等。

2. 剧场消防安全规范和技术要求

剧场消防安全规范和技术要求主要针对剧场的消防安全要求和技术规范进行规范和要

求,包括剧场内的消防设施、消防疏散通道、舞台灯光设备的防火要求等方面的要求。例如,剧场消防安全管理规范、剧场消防安全技术要求等。

3. KTV 消防安全规范和技术要求

KTV 消防安全规范和技术要求主要针对 KTV 的消防安全要求和技术规范进行规范和要求,包括 KTV 内的消防设施、消防疏散通道、音响设备的防火要求等方面的要求。例如,KTV 消防安全管理规范、KTV 消防安全技术要求等。

4. 游戏厅消防安全规范和技术要求

游戏厅消防安全规范和技术要求主要针对游戏厅的消防安全要求和技术规范进行规范和要求,包括游戏厅内的消防设施、消防疏散通道、游戏机器的防火要求等方面的要求。例如,游戏厅消防安全管理规范、游戏厅防火技术要求等。

5. 文艺演出场所消防安全规范和技术要求

文艺演出场所消防安全规范和技术要求主要针对文艺演出场所的消防安全要求和技术规范进行规范和要求,包括演出场所内的消防设施、消防疏散通道、灯光音响设备的防火要求等方面的要求。例如,文艺演出场所消防安全管理规范、文艺演出场所防火技术要求等。

6. 展览馆消防安全规范和技术要求

展览馆消防安全规范和技术要求主要针对展览馆的消防安全要求和技术规范进行规范和要求,包括展览馆内的消防设施、消防疏散通道、展品的防火要求等方面的要求。例如,展览馆消防安全管理规范、展览馆防火技术要求等。

7. 文化娱乐场所电气安全规范和技术要求

文化娱乐场所电气安全规范和技术要求主要针对文化娱乐场所内电气设备的使用和管理要求进行规范和要求,确保电气设备的安全使用。例如,文化娱乐场所电气安全管理规范、文化娱乐场所电气设备防火技术要求等。

行业标准和规范的制定和发布,可以促进行业内消防安全管理和技术水平的提高,加强消防安全监管和服务,推动行业的可持续发展。同时,这些标准和规范也可以为行业内的从业者提供一定的指导和依据,使其能够更加科学地开展消防安全工作,保障人民生命财产安全。

三、地方标准和规范

地方标准和规范是指由地方政府或地方消防部门根据地方实际情况制定的技术规范和标准,其适用范围仅限于本地区。地方标准和规范与国家标准和规范相互补充,能够更好地满足本地区的消防安全管理和技术要求。地方标准和规范包括但不限于以下方面:

(一)地方建筑消防安全标准和规范

地方建筑消防安全标准和规范是地方政府或地方消防部门制定和发布的技术规范和标

准，主要针对本地区建筑物的消防安全进行规范和要求。这些标准和规范是地方政府和消防部门保障公众生命财产安全的重要手段。具体来说，地方建筑消防安全标准和规范主要包括以下方面：

1. 建筑物设计、施工及验收要求

地方建筑消防安全标准和规范对建筑物的设计、施工及验收进行规范和要求，确保建筑物的消防安全性能符合标准要求。例如，对建筑物的消防防护结构、消防设施及其设置、消防疏散通道等进行规范和要求，确保建筑物消防设施和疏散通道的设计、施工和验收符合安全要求。

2. 建筑物日常管理及维护要求

地方建筑消防安全标准和规范对建筑物的日常管理及维护要求进行规范和要求，确保建筑物的消防设施、疏散通道等的日常管理及维护符合标准要求。例如，对建筑物内的消防设施定期检查、维护和保养进行规范和要求，确保建筑物内的消防设施保持完好有效。

3. 建筑物消防演练及应急处理要求

地方建筑消防安全标准和规范对建筑物的消防演练及应急处理要求进行规范和要求，确保建筑物内的人员能够在火灾发生时及时有效地进行疏散和应急处理。例如，对建筑物内的消防演练计划和方案进行规范和要求，确保消防演练的质量和效果。

4. 建筑物特定区域消防安全要求

地方建筑消防安全标准和规范对建筑物的特定区域（如高层建筑、地下建筑、危险化学品仓库等）的消防安全要求进行规范和要求，确保这些特定区域的消防安全符合标准要求。例如，对高层建筑消防安全管理、地下建筑消防防护、危险化学品仓库消防安全等进行规范和要求，确保这些特定区域的消防设施和疏散通道符合标准要求，以及对这些特定区域的消防安全进行定期检查和维护等。

5. 建筑物火灾隐患排查和整改要求

地方建筑消防安全标准和规范要求建筑物所有者或管理者对建筑物火灾隐患进行排查和整改，并定期开展消防安全检查。例如，对建筑物内存在的火灾隐患（如电线老化、易燃易爆物品储存不当等）进行排查和整改，确保建筑物内的火灾隐患得到及时消除。同时，对建筑物内的消防安全进行定期检查和评估，发现问题及时整改，确保建筑物的消防安全符合标准要求。

地方建筑消防安全标准和规范是地方政府和消防部门保障公众生命财产安全的重要手段，对建筑物的消防安全管理和技术要求进行规范和要求，确保建筑物的消防安全性能符合标准要求，同时对建筑物内的消防设施、疏散通道等的日常管理及维护进行规范和要求，以及对建筑物的消防演练和应急处理要求进行规范和要求，确保在火灾发生时及时有效地进行疏散和应急处理。

（二）地方消防安全管理标准和规范

地方消防安全管理标准和规范是由地方政府或地方消防部门制定和发布的技术规范和标准，主要针对本地区的消防安全管理要求进行规范和要求。这些标准和规范是地方政府和消防部门保障公众生命财产安全的重要手段。具体来说，地方消防安全管理标准和规范主要包括以下方面：

1. 消防安全管理机构设置和职责

地方消防安全管理标准和规范对本地区消防安全管理机构的设置和职责进行规范和要求，确保消防安全管理机构能够有效地组织、协调和管理本地区的消防安全工作。例如，规定本地区消防安全管理机构的职责和权限，确保其能够有效地指导和监督消防安全工作的开展。

2. 消防安全检查和评估要求

地方消防安全管理标准和规范对本地区的消防安全检查和评估要求进行规范和要求，确保消防安全检查和评估工作的开展符合标准和规范要求。例如，规定消防安全检查和评估的时间和周期、内容和方法，确保消防安全检查和评估工作的全面、系统和科学。

3. 消防安全培训和演练要求

地方消防安全管理标准和规范对本地区的消防安全培训和演练要求进行规范和要求，确保本地区的消防安全培训和演练工作能够有效地增强公众消防安全意识和技能水平。例如，规定消防安全培训和演练的内容、时间和周期，确保消防安全培训和演练工作的质量和效果。

4. 消防安全应急处置要求

地方消防安全管理标准和规范对本地区的消防安全应急处置要求进行规范和要求，确保本地区在火灾等突发事件发生时能够迅速、有效地进行应急处置，保障公众生命财产安全。例如，规定消防安全应急处置的组织、流程和措施，确保应急处置工作的迅速和有效。

5. 消防安全信息公开要求

地方消防安全管理标准和规范对本地区的消防安全信息公开要求进行规范和要求，确保公众能够及时、全面地了解本地区的消防安全状况和管理工作。例如，规定消防安全信息公开的内容、形式和渠道，确保消防安全信息公开工作的全面和及时。同时，还要规定消防安全信息保密和保护措施，防止泄露和滥用。

地方消防安全管理标准和规范是地方政府和消防部门在保障公众生命财产安全方面的重要工具，能够有效地规范和要求本地区的消防安全管理工作，增强公众消防安全意识和技能水平，保障公众生命财产安全。

（三）地方特种设备消防安全标准和规范

地方特种设备消防安全标准和规范是由地方政府或地方消防部门制定和发布的技术规

范和标准，主要针对本地区特种设备的消防安全要求和技术规范进行规范和要求。这些标准和规范是为了保障特种设备的消防安全，保护公众生命财产安全而制定的。具体来说，地方特种设备消防安全标准和规范主要包括以下方面：

1. 特种设备消防安全技术规范

地方特种设备消防安全标准和规范对特种设备的消防安全技术规范进行规范和要求，包括特种设备的消防安全设计、施工和验收要求，以及特种设备的消防设施和疏散通道等方面的要求。例如，针对压力容器、气瓶、电梯、升降机、起重机等特种设备的消防安全技术规范，要求设备的消防安全设计和安装符合相关标准和规范要求。

2. 特种设备消防安全管理要求

地方特种设备消防安全标准和规范对本地区特种设备的消防安全管理要求进行规范和要求，包括特种设备的日常管理、维护和保养要求，以及特种设备的消防演练和应急处理要求等方面的要求。例如，要求特种设备的使用单位要定期组织特种设备的消防演练和应急处置演练，提高应急处置能力。

3. 特种设备消防安全检查和评估要求

地方特种设备消防安全标准和规范对本地区特种设备的消防安全检查和评估要求进行规范和要求，确保特种设备的消防安全检查和评估工作符合标准和规范要求。例如，要求特种设备的使用单位定期进行消防安全检查和评估，确保特种设备的消防安全状况得到有效的监测和管理。

4. 特种设备消防安全培训要求

地方特种设备消防安全标准和规范对本地区特种设备的消防安全培训要求进行规范和要求，确保特种设备使用人员具备消防安全意识和技能。例如，要求特种设备的使用单位定期组织特种设备使用人员进行消防安全培训，包括消防安全知识的普及和特种设备的消防安全操作技能的培训。

5. 特种设备消防安全应急处置要求

地方特种设备消防安全标准和规范对本地区特种设备的消防安全应急处置要求进行规范和要求，确保特种设备的使用单位在特种设备发生火灾等突发事件时能够迅速、有效地进行应急处置，保障公众生命财产安全。例如，规定特种设备的使用单位要制订应急处置预案，定期组织应急演练，确保应急处置工作的迅速和有效。

6. 特种设备消防安全监督管理要求

地方特种设备消防安全标准和规范对本地区特种设备的消防安全监督管理要求进行规范和要求，确保特种设备的消防安全监督管理工作得到有效的开展。例如，要求特种设备的使用单位要按照相关规定配备专职消防安全管理人员，建立健全特种设备的消防安全档案，定期开展消防安全检查和评估等工作，保障特种设备的消防安全状况得到有效的监测和管理。

（四）地方工业企业消防安全标准和规范

地方工业企业消防安全标准和规范是由地方政府或地方消防部门制定和发布的技术规范和标准，主要针对本地区工业企业的消防安全要求和技术规范进行规范和要求。这些标准和规范是为了保障工业企业的消防安全，防止火灾等事故的发生，保护公众生命财产安全而制定的。具体来说，地方工业企业消防安全标准和规范主要包括以下方面：

1. 工业企业消防安全管理制度要求

地方工业企业消防安全标准和规范对本地区工业企业的消防安全管理制度进行规范和要求，包括消防安全责任制、消防安全管理机构设置、消防安全管理制度等方面的要求。例如，要求工业企业应设立消防安全管理机构，并制定相关消防安全管理制度，确保消防安全工作得到有效的组织、协调和管理。

2. 工业企业消防设施要求

地方工业企业消防安全标准和规范对工业企业的消防设施进行规范和要求，包括消防水源、消防设备、消防器材等方面的要求。例如，对工业企业的消防水源、消防泵房、消防水带等进行规范和要求，确保消防设施的安全性能符合标准要求。

3. 工业企业消防安全培训要求

地方工业企业消防安全标准和规范对工业企业的消防安全培训要求进行规范和要求，确保工业企业的员工具备消防安全意识和技能。例如，要求工业企业定期组织消防安全培训和消防演练，增强员工的消防安全意识和技能水平。

4. 工业企业消防安全检查和评估要求

地方工业企业消防安全标准和规范对本地区工业企业的消防安全检查和评估要求进行规范和要求，确保工业企业的消防安全检查和评估工作符合标准和规范要求。例如，要求工业企业定期进行消防安全检查和评估，确保工业企业的消防安全状况得到有效的监测和管理。

5. 工业企业火灾事故应急处置要求

地方工业企业消防安全标准和规范对工业企业的火灾事故应急处置进行规范和要求，包括工业企业应急预案的编制、消防设备和器材的检修和保养、应急演练等方面的要求。例如，要求工业企业制订完善的火灾事故应急预案，并进行定期演练和更新，提高应对火灾事故的能力。同时，要求工业企业对消防设备和器材进行定期检修和保养，确保其正常运行和可靠性，以便在火灾事故发生时能够及时响应并有效扑灭火灾。

（五）地方商场、宾馆、公共场所消防安全标准和规范

地方商场、宾馆、公共场所消防安全标准和规范是由地方政府或地方消防部门制定和发布的技术规范和标准，主要针对本地区的商场、宾馆、公共场所等的消防安全管理和技术要求进行规范和要求。这些标准和规范是为了保障公众在商场、宾馆、公共场所等场所内的消防安全，防止火灾等事故的发生，保护公众生命财产安全而制定的。

具体来说，地方商场、宾馆、公共场所消防安全标准和规范主要包括以下方面：

1. 商场、宾馆、公共场所消防安全管理制度要求

地方商场、宾馆、公共场所消防安全标准和规范对本地区商场、宾馆、公共场所等的消防安全管理制度进行规范和要求，包括消防安全责任制、消防安全管理机构设置、消防安全管理制度等方面的要求。例如，要求商场、宾馆、公共场所等的经营单位应设立消防安全管理机构，并制定相关消防安全管理制度，确保消防安全工作得到有效的组织、协调和管理。

2. 商场、宾馆、公共场所消防设施要求

地方商场、宾馆、公共场所消防安全标准和规范对商场、宾馆、公共场所等的消防设施进行规范和要求，包括消防水源、消防设备、消防器材等方面的要求。例如，要求商场、宾馆、公共场所等的消防设施满足消防安全设计要求，确保消防设施的安全性能符合标准要求。

3. 商场、宾馆、公共场所消防安全培训要求

地方商场、宾馆、公共场所消防安全标准和规范对商场、宾馆、公共场所等的消防安全培训要求进行规范和要求，确保商场、宾馆、公共场所等的员工具备消防安全意识和技能。例如，要求商场、宾馆、公共场所等的经营单位定期组织消防安全培训和消防演练，增强员工的消防安全意识和技能水平。

4. 商场、宾馆、公共场所消防安全检查和评估要求

地方商场、宾馆、公共场所消防安全标准和规范对商场、宾馆、公共场所等的消防安全检查和评估要求进行规范和要求，确保商场、宾馆、公共场所等的消防安全检查和评估工作符合标准和规范要求。例如，要求商场、宾馆、公共场所等的经营单位定期进行消防安全检查和评估，确保消防安全状况得到有效的监测和管理。

5. 商场、宾馆、公共场所消防应急预案要求

地方商场、宾馆、公共场所消防安全标准和规范对商场、宾馆、公共场所等的消防应急预案进行规范和要求，确保商场、宾馆、公共场所等的消防应急预案健全有效。例如，要求商场、宾馆、公共场所等的经营单位制订完善的消防应急预案，配备必要的消防器材和人员，确保在火灾等突发事件发生时能够迅速有效地进行应急处置，最大限度地减少人员伤亡和财产损失。

四、企业标准和规范

企业标准和规范是由企业自主制定的技术规范和标准，适用于企业内部的消防安全管理和技术要求。企业标准和规范包括消防安全管理标准和规范、消防设施和设备标准和规范、灭火技术和应急疏散标准和规范等多个方面。

企业标准和规范是企业根据自身实际情况和行业特点，自主制定并实施的技术规范和

标准。这些标准和规范的制定旨在提高企业的消防安全管理水平，确保企业内部的消防安全工作符合国家法律法规和标准要求，有效预防和控制火灾等事故的发生，保护企业员工的生命财产安全。具体来说，企业标准和规范包括以下方面：

（一）企业消防安全管理制度要求

企业标准和规范对企业的消防安全管理制度进行规范和要求，包括消防安全责任制、消防安全管理机构设置、消防安全管理制度等方面的要求。例如，要求企业设立消防安全管理机构，并制定相关消防安全管理制度，明确消防安全管理工作的职责和任务。

（二）企业消防设施要求

企业标准和规范对企业的消防设施进行规范和要求，包括消防水源、消防设备、消防器材等方面的要求。例如，要求企业设置消防水源和灭火器等消防设施，并确保其正常使用和维护。

（三）企业消防安全培训要求

企业标准和规范对企业的消防安全培训要求进行规范和要求，确保企业的员工具备消防安全意识和技能。例如，要求企业定期组织消防安全培训和消防演练，增强员工的消防安全意识和技能水平。

（四）企业消防安全检查和评估要求

企业标准和规范对企业的消防安全检查和评估要求进行规范和要求，确保企业的消防安全检查和评估工作符合标准和规范要求。例如，要求企业定期进行消防安全检查和评估，及时发现和解决存在的消防安全隐患，提高企业的消防安全管理水平。

（五）企业火灾事故应急处置要求

企业标准和规范对企业的火灾事故应急处置要求进行规范和要求，确保企业能够迅速、有效地应对突发火灾等事故，减少人员伤亡和财产损失。例如，要求企业制订完善的火灾事故应急预案和组织演练，提高员工应急处置能力和应对火灾事故的能力。

五、国际标准和规范

国际标准和规范是由国际标准化组织（ISO）制定和发布的技术规范和标准，旨在在全球范围内促进技术交流、标准化和协作。在消防安全领域，ISO 制定的标准和规范旨在提供全球统一的消防安全要求和管理方法，从而提高消防安全的水平，保护公众的生命和财产安全。具体来说，国际标准和规范包括以下方面：

（一）国际消防安全管理制度标准

国际标准和规范对全球范围内的消防安全管理制度进行规范和要求，包括消防安全责任制、消防安全管理机构设置、消防安全管理制度等方面的要求。例如，ISO 45001 标准规定了企业应如何组织和管理消防安全工作，确保消防安全工作符合法律法规和标准要求。

（二）国际消防设施标准

国际标准和规范对全球范围内的消防设施进行规范和要求，包括消防水源、消防设备、消防器材等方面的要求。例如，ISO 6182-1 标准规定了火灾报警系统的设计、安装、测试和维护等方面的要求，确保全球范围内的火灾报警系统符合标准要求。

（三）国际消防安全培训标准

国际标准和规范对全球范围内的消防安全培训要求进行规范和要求，确保全球范围内的员工具备消防安全意识和技能。例如，ISO 14001 标准要求企业应该向员工提供相应的培训和教育，以提高员工的环境保护和消防安全意识。

（四）国际消防安全检查和评估标准

国际标准和规范对全球范围内的消防安全检查和评估要求进行规范和要求，确保全球范围内的消防安全检查和评估工作符合标准和规范要求。例如，ISO 9001 标准要求企业应建立并实施内部审核制度，以确保企业的消防安全检查和评估工作得到有效的监督和管理。

（五）国际火灾事故应急处置标准

国际标准和规范对全球范围内的火灾事故应急处置进行规范和要求，确保全球范围内的企业和机构能够迅速、有效地应对突发火灾等事故，减少人员伤亡和财产损失。例如，ISO 22320 标准规定了应急管理组织应如何应对火灾等突发事件，包括应急计划的制订、应急响应的组织和实施、资源的调度和管理等方面的要求，确保全球范围内的应急响应能力得到提高。

（六）其他国际标准和规范

此外，ISO 还制定了其他与消防安全相关的标准和规范，如 ISO 14520-1 标准规定了灭火系统的设计、安装、测试和维护等方面的要求；ISO 7240-1 标准规定了火灾报警控制设备的规范和要求。这些国际标准和规范旨在提供全球统一的消防安全要求和管理方法，促进全球范围内的技术交流、标准化和协作，从而提高全球范围内的消防安全水平。

第三节 消防技术标准和规范的制定和应用

消防技术标准和规范是指对消防安全领域内的技术要求和管理要求进行制定和规范化的文件。它们的制定和应用有助于提高消防安全水平，预防火灾事故的发生，保护公众的生命和财产安全。

一、消防技术标准和规范的制定

消防技术标准和规范的制定和应用通常包括以下步骤:

(一)制定标准和规范的需求分析

在制定消防技术标准和规范之前,需要对行业现状和实际需求进行分析,了解目标用户的需求和期望,以及行业发展趋势和技术瓶颈等方面的情况。

(二)制定标准和规范的工作组建立

制定消防技术标准和规范需要建立相应的工作组,该工作组通常由行业内的专家学者、技术工作者、企业代表、政府部门等人员组成,确保标准和规范的制定过程具有权威性和专业性。

(三)制定标准和规范的编写和审批

制定消防技术标准和规范需要制定相应的编写和审批程序,以确保标准和规范的准确性和可靠性。编写过程中需要收集、整理和分析相关技术资料和实践经验,进行技术论证和评估。审批过程中需要组织专家评审和公众听证等程序,以确保标准和规范符合行业和公众的需求和利益。

(四)标准和规范的发布和宣传

制定好的消防技术标准和规范需要及时发布和宣传,以便行业和公众了解和应用。发布可以采用多种方式,如发布在官方网站、印刷发行、会议宣传等,以确保标准和规范得到广泛传播和应用。

二、消防技术标准和规范的应用

消防技术标准和规范的应用通常包括以下方面:

(一)应用于消防安全管理

消防技术标准和规范可以作为企业、机构和政府等单位消防安全管理的依据和指南,从而提高消防安全的管理水平,保护公众的生命和财产安全。

(二)应用于消防安全设施建设和维护

消防技术标准和规范可以作为消防安全设施建设和维护的技术要求和标准,指导消防设施的设计、安装、检测、维护和更新等工作,确保消防设施的可靠性和有效性。

(三)应用于消防安全培训和演练

消防技术标准和规范可以作为企业和机构开展消防安全培训和演练的依据和指南,帮助员工增强消防安全意识和技能,提高应对火灾等突发事件的能力和水平。

(四)应用于消防安全检查和评估

消防技术标准和规范可以作为消防安全检查和评估的依据和指南,帮助消防部门、政府监管部门等组织对企业、机构等单位进行消防安全检查和评估，及时发现和解决安全隐患。

（五）应用于消防科技创新和发展

消防技术标准和规范可以促进消防科技创新和发展，引导和规范消防科技研究和应用，推动消防技术的升级和发展，提高消防安全水平。

第九章 消防信息化建设

第一节 消防信息化建设的基本概念和发展趋势

一、消防信息化建设的基本概念

消防信息化建设是利用信息化技术和手段,对消防安全领域进行信息化管理和应用的过程。它包括消防信息化系统的建设、信息化技术应用、数据管理和信息共享等方面。消防信息化建设的目的是提高消防安全管理的效率和水平,加强对火灾等突发事件的预防和应对能力,保障公众的生命和财产安全。具体来说,消防信息化建设的基本概念包括以下方面:

(一)消防信息化的概念

消防信息化是将现代信息技术应用于消防安全管理的过程。它包括消防信息化系统的建设、消防信息化技术的应用、消防数据管理、消防信息共享及消防信息化管理等方面。

消防信息化建设的目标是提高消防安全管理的效率和水平,实现消防安全管理的信息化、智能化和可视化。消防信息化技术可以实现消防安全监测的实时数据采集和处理、消防指挥调度的智能化和快速响应、消防宣传教育的个性化和精准化等,为消防安全管理提供了强有力的支持。

消防信息化建设需要保障技术、数据、人才、管理、资金等方面的保障措施。技术保障是消防信息化建设的基础,数据保障是消防信息化建设的核心,人才保障是消防信息化建设的关键,管理保障是消防信息化建设的重要保障措施,资金保障是消防信息化建设的重要保障。

(二)加强消防信息化的意义

提升效率。加强信息化的建设,能够将许多线下流程转移到线上进行,能够有效地提升消防工作日常的办公效率。

实现信息共享。信息化技术应用,实现了对消防信息传播速度的加快,拓宽了其消防信息获取的渠道,提升了消防日常工作的准确性、有效性和利用度,进而实现了资源与信息上的深度共享。

助力规范化管理。加强信息化的建设，能够规范其相关审批程序、时限和权限，有效地实现各执法环节的监督和制约功能，减轻和避免执法过程中随意性问题出现。

便于监督。加强消防信息化的建设，能够充分突破其时间、空间上的限制，便于上级机关对下级部门实现全面监督，及时发现并解决消防工作中的问题，尽可能地确保其内部控制和监督工作的有效性。

提升消防服务。通过消防信息化的建设，消防部门可以借助互联网，为社会大众提供相关的消防法律法规知识，实现消防工作的透明化；有关执法部门还可以将消防业务的受理、相关行政信息的公布等流程转移到线上，做到严明、公正和公开，提升消防部门的服务水平。

二、消防信息化建设的发展趋势

消防信息化建设的发展趋势可以从以下几方面进行描述：

（一）消防信息化技术的不断更新

随着信息化技术的不断发展，消防信息化技术也在不断更新和演进。例如，人工智能技术、物联网技术、大数据技术等新兴技术在消防信息化建设中得到了广泛应用。未来，消防信息化技术将更加智能化、自动化、可视化和无人化，以满足消防安全管理的需求。

（二）消防信息化系统的集成化和协同化

消防信息化建设的趋势是将各种不同的消防信息化系统进行集成和协同，实现消防安全管理的一体化。例如，将消防安全监测系统、消防预警系统、消防指挥调度系统等不同的系统进行集成，形成消防信息化平台，以提高消防安全管理的效率和水平。

（三）消防信息化数据的开放共享

消防信息化建设的趋势是将消防信息开放共享，以实现不同部门和单位之间的信息交流和协同。例如，将消防安全监测数据、消防预警数据等不同类型的数据进行整合和共享，以便不同单位之间可以及时获得最新的消防安全信息。

（四）消防信息化管理的规范化和专业化

随着消防信息化建设的不断深入和扩展，消防信息化管理也将越来越规范化和专业化。例如，建立消防信息化管理机构，制定消防信息化管理规范和标准，提供专业化的技术支持和服务等。通过规范化和专业化的管理，可以确保消防信息化建设的质量和效益。

（五）消防信息化建设的国际化

消防信息化建设的趋势是逐步实现国际化，即将国际标准和规范应用于消防信息化建设中，促进消防安全管理的国际合作和交流。例如，将国际标准化组织制定的消防安全管理标准和规范应用于消防信息化建设中，以实现消防安全管理的国际化和标准化。

第二节 消防信息化建设的主要内容和应用

消防信息化建设主要包括消防信息化系统的建设、消防信息化技术的应用、消防数据管理、消防信息共享及消防信息化管理等方面。

一、消防信息化系统的建设

消防信息化系统的建设是为了实现消防安全管理的信息化、智能化和高效化，其主要包括以下几方面：

（一）消防安全监测系统的建设

消防安全监测系统是指对消防安全相关的物理量和参数进行实时感知、采集和处理的系统。消防安全监测系统可以通过各种传感器、探测器等感知设备，采集消防安全相关的物理量和参数，并将其转换成数字信号进行处理和分析，形成消防安全监测数据。例如，可以通过火灾探测器、气体探测器等感知设备实时监测火灾的发生和扩散情况。

（二）消防预警系统的建设

消防预警系统是指对火灾、烟雾等消防安全风险进行预警的系统。消防预警系统可以通过消防安全监测系统采集的数据进行分析和判断，识别出火灾、烟雾等消防安全风险，通过声光、短信、APP等多种方式进行预警，提高消防安全管理的预测和预警能力。

（三）消防指挥调度系统的建设

消防指挥调度系统是指对火灾事故进行指挥调度的系统。消防指挥调度系统可以通过消防安全监测系统和消防预警系统采集的数据，实时了解火灾事故的情况和救援需求，进行指挥和调度。消防指挥调度系统可以通过GIS地理信息系统、视频监控系统等技术手段，实现消防队伍的精准调度和指挥，提高火灾救援的效率和水平。

（四）消防宣传教育系统的建设

消防宣传教育系统是指通过各种信息化手段，向公众进行消防安全知识宣传和教育的系统。消防宣传教育系统可以通过微信公众号、短信、APP等多种形式进行宣传和教育，让公众了解消防安全知识，增强消防安全意识和自我保护能力。

（五）消防数据管理系统的建设

消防数据管理系统是指对消防安全管理中产生的数据进行收集、存储、处理和分析的系统。消防数据管理系统可以通过对消防数据的管理和分析，实现消防安全管理的科学化和精细化。例如，可以通过消防数据的分析，预测火灾发生的可能性和规律，提高消防安全管理的预测和预警能力，同时也可以对消防安全管理进行评估和改进，提高消防安全管理的效率和水平。

消防信息化系统的建设是为了实现对消防安全领域进行数据采集、分析、传输和共享的信息化系统。通过消防信息化系统的建设，可以实现消防安全管理的信息化、智能化和高效化，提高消防安全管理的效率和水平，保障公众生命财产安全。

二、消防信息化技术的应用

消防信息化技术的应用是通过计算机、通信、传感器、云计算、人工智能等技术手段，实现消防安全管理的信息化、智能化和可视化，提高消防安全管理的效率和水平。以下是详细的应用：

（一）消防安全数据的采集、存储、处理和共享

消防安全数据的采集、存储、处理和共享是消防信息化技术的核心应用。通过传感器、探测器等感知设备对消防安全相关的物理量和参数进行实时感知和采集，将采集到的数据存储到云端数据库中，进行分析和处理，实现对消防安全数据的共享和应用。例如，可以通过采集到的火灾监测数据，分析火灾发生的可能性和规律，提高消防安全管理的预测和预警能力。

消防安全数据的采集、存储、处理和共享的过程：第一，消防安全数据的采集。消防安全数据的采集是指通过传感器、探测器等感知设备实时监测消防安全相关的物理量和参数，将其转换成数字信号进行处理和分析，形成消防安全监测数据。这些物理量和参数包括温度、烟雾、火焰、气体浓度等，可以通过火灾探测器、气体探测器、烟雾探测器等感知设备进行实时监测；第二，消防安全数据的存储。消防安全数据的存储是指将采集到的消防安全数据存储到云端数据库中。云端数据库具有高可靠性、高可扩展性、高安全性等优点，能够满足大规模消防安全数据存储的需求。通过云端数据库的存储，可以方便地对消防安全数据进行管理和应用；第三，消防安全数据的处理。消防安全数据的处理是指对采集到的消防安全数据进行分析和处理，形成消防安全监测数据。消防安全数据的处理需要借助数据分析、数据挖掘等技术手段，通过对数据的分析和处理，可以发现消防安全事件的规律和趋势，提高消防安全管理的预测和预警能力。第四，消防安全数据的共享。消防安全数据的共享是指在消防信息化系统内将不同来源、不同类型的消防安全数据整合和共享的过程，实现消防安全管理的协同和互通。通过消防信息化系统内的共享平台，不同部门和人员可以共享消防安全数据，实现消防安全管理的精细化和智能化。

消防安全数据的采集、存储、处理和共享是消防信息化技术的核心应用，它可以为消防安全管理提供精细化、智能化的支持，提高消防安全管理的效率和水平。

（二）消防安全信息的实时传输和共享

消防安全信息的实时传输和共享是指通过信息化手段将消防安全信息及时传输和共享

给相关部门和人员。其主要包括以下方面：

1. 消防安全信息的实时传输

消防安全信息的实时传输是指通过信息化手段将消防安全信息及时传输给相关部门和人员。例如，通过火灾探测器、烟雾探测器等感知设备采集到的数据，可以通过网络实时传输给消防指挥中心和消防队伍，实现消防安全信息的实时监测和传输。

2. 消防安全信息的共享

消防安全信息的共享是指在消防信息化系统内将不同来源、不同类型的消防安全信息进行整合和共享的过程。例如，通过消防信息化系统将消防安全监测、预警、指挥、调度等相关信息共享给消防队伍、公安、城管等部门和人员，实现消防安全信息的共享和互通。

3. 消防指挥调度系统的实时调度

消防指挥调度系统是指对火灾事故进行指挥调度的系统。通过消防指挥调度系统，消防队伍可以实时获取火灾事故的信息和救援需求，快速响应和处理。消防指挥调度系统可以通过 GIS 地理信息系统、视频监控系统等技术手段，实现消防队伍的精准调度和指挥，提高火灾救援的效率和水平。

4. 移动端应用的使用

消防信息化系统中的移动端应用可以让消防队伍在实际救援过程中，通过智能手机、平板电脑等设备进行消防安全信息的实时查看、采集、上报和处理，提高消防队伍的反应速度和准确度。

5. 云计算和大数据分析

消防信息化系统中的云计算和大数据分析技术可以对消防安全信息进行大规模的存储、处理和分析，提取出消防安全管理的相关特征和规律。例如，可以通过消防安全数据的分析，预测火灾发生的可能性和规律，提高消防安全管理的预测和预警能力。

6. 智能语音交互

消防信息化系统中的智能语音交互技术可以让用户通过语音指令快速获取消防安全信息。例如，消防指挥中心可以通过智能语音交互系统，实现语音指令调度消防队伍，提高火灾事故的响应速度和准确度。

7. 人工智能应用

消防信息化系统中的人工智能应用可以实现对消防安全信息的自主感知、自主判断和自主控制。例如，可以通过人工智能算法对消防安全数据进行分析，识别出潜在的火灾隐患和风险，实现智能预警和预测。

8. 数据安全保障

消防信息化系统中的数据安全保障是确保消防安全数据的安全、可靠、保密和完整的重要保障措施。通过采用数据加密、访问控制、备份恢复等技术手段，保障消防安全数据的安全性和可靠性,防止数据泄露和被篡改。

9. 可视化管理

消防信息化系统中的可视化管理是指通过数据可视化的手段将消防安全信息转化为图表、报表等可视化形式,提高消防安全管理的可视化程度和决策支持能力。例如,可以通过可视化报表对消防安全数据进行分析和展示,实现对消防安全管理的全面监控和分析。

10. 智能预案管理

消防信息化系统中的智能预案管理可以帮助消防队伍制订针对性更强的消防救援预案。通过对消防安全数据的分析,自动生成预案,提高消防队伍的响应速度和效率,降低火灾事故的损失。

(三)消防安全相关的物理量和参数的实时感知和预警

消防安全相关的物理量和参数的实时感知和预警是指通过传感器、探测器等感知设备实时监测火灾、烟雾等消防安全相关的物理量和参数,实现对消防安全风险的实时预警。例如,可以通过烟雾传感器实时监测室内烟雾浓度,一旦达到预警值就进行报警,提醒人们采取相应的措施。其主要包括以下方面:

1. 火灾监测

通过火灾监测设备,实时监测火灾相关的物理量和参数,如温度、烟雾、火焰、气体浓度等,实现对火灾的实时监测和预警。例如,烟雾探测器可以在房间内检测到烟雾浓度超过预设阈值时,立即发出警报,提醒人员注意火灾的发生。

2. 火灾报警

通过火灾报警设备,实现对火灾的实时报警和预警。例如,火灾报警器可以通过声音、光线等方式向人们发出报警信号,提醒人们及时采取逃生措施。

3. 消防水系统监测

通过消防水系统监测设备,实时监测消防水系统的水压、水流量等物理量,保障消防水系统的正常运行,为消防救援提供可靠的水源保障。

4. 气体监测

通过气体监测设备,实时监测消防安全相关的气体浓度,如燃气、二氧化碳、一氧化碳等,保障消防安全和生命安全。

5. 视频监控

通过视频监控设备,实时监控消防安全场所的情况,如人员、车辆、火源等,发现异常情况及时预警并采取相应的措施。

6. 综合联动控制

通过综合联动控制系统,实现对感知设备和控制设备的联动控制,提高消防安全管理的智能化和自动化水平。例如,当烟雾探测器发现火灾时,系统可以自动打开防烟门和排烟系统,提高火灾现场的通风效果和人员疏散效率。

消防安全相关的物理量和参数的实时感知和预警是消防信息化系统中的重要应用之一，可以提高消防安全管理的反应速度和准确度，减少火灾事故的损失。

（四）智能消防设备的应用

智能消防设备是指通过人工智能、物联网等技术手段对消防设备进行智能化改造，实现消防设备的自主感知、自主判断、自主控制等功能。例如，可以通过智能烟感设备实现自主识别烟雾类型，提高火灾预警的准确度和灵敏度。以下是智能消防设备的应用：

1. 智能烟感设备

智能烟感设备通过人工智能技术，可以实现对烟雾类型的自主识别，提高火灾预警的准确度和灵敏度。例如，智能烟感设备可以通过深度学习等技术，区分不同烟雾的特征，识别出真实的火灾烟雾，从而减少误报率，提高火灾预警的准确性。

2. 智能消火栓设备

智能消火栓设备通过物联网技术，可以实现对消火栓水压、水温、水流等参数的自主感知和控制。例如，智能消火栓设备可以通过传感器实时监测水压和水流量，并实时向消防指挥中心发送水源信息，从而提高消防队伍的灭火效率。

3. 智能消防车辆

智能消防车辆通过云计算、物联网等技术，可以实现对消防车辆的实时监控和管理。例如，智能消防车辆可以通过 GPS 定位系统和视频监控系统实时获取车辆位置和状态信息，通过云端平台实现对车辆的调度和指挥。

4. 智能灭火系统

智能灭火系统是一种通过人工智能、物联网等技术实现自动化灭火的系统。例如，智能灭火系统可以通过火灾探测器、消防喷头等感知设备实现对火灾的自主感知和控制，从而提高灭火的速度和效率。

5. 智能逃生系统

智能逃生系统是一种通过人工智能、物联网等技术实现自动化逃生的系统。例如，智能逃生系统可以通过感知设备实时获取火灾事故的信息和状况，提供最短的逃生路线，并通过语音提示、灯光等方式引导人员迅速逃生，保障人员生命安全。

6. 智能防烟系统

智能防烟系统是一种通过人工智能、物联网等技术实现自动化防烟的系统。例如，智能防烟系统可以通过传感器实时监测烟雾浓度和室内氧气浓度，控制室内空气流通，及时排除有害烟雾，提高室内逃生通道的通畅度和人员的生命安全。

（五）虚拟现实技术在消防教育中的应用

虚拟现实技术是指通过计算机模拟现实环境的技术手段，实现虚拟现实的体验和交互。在消防教育中，可以通过虚拟现实技术构建各种消防安全场景，让学员进行虚拟现实体验和应对演练，增强消防安全意识和自我保护能力。虚拟现实技术在消防教育中的应用，具体可以从以下几方面展开：

1. 火灾现场模拟

通过虚拟现实技术，可以模拟出火灾现场的场景和火势变化的情况。学员可以在虚拟现实场景中进行应对演练，提高对火灾的认识和应对能力。例如，可以模拟出火灾爆炸、烟雾扩散等场景，让学员进行火灾逃生、灭火等应对演练。

2. 消防器材使用培训

通过虚拟现实技术，可以模拟出消防器材的使用场景，让学员进行操作体验和培训。例如，可以模拟出灭火器的使用场景，让学员进行灭火器的使用操作，提高灭火器的使用效果和效率。

3. 消防安全演练

通过虚拟现实技术，可以模拟出各种消防安全场景，让学员进行应对演练。例如，可以模拟出高层建筑火灾、地下车库火灾等场景，让学员进行应对演练，提高应急处置的能力。

4. 虚拟现实体验馆

通过虚拟现实技术，可以建立虚拟现实体验馆，让学员进行消防安全体验和教育。例如，可以建立虚拟现实逃生楼道、消防演练场等场景，让学员进行虚拟现实体验和教育，增强消防安全意识和自我保护能力。

5. 移动端应用

通过虚拟现实技术，可以将虚拟现实应用到移动端应用中，方便学员随时随地进行消防安全教育和应对演练。例如，可以开发虚拟现实消防安全教育 APP，让学员随时进行消防安全教育和应对演练，增强消防安全意识和自我保护能力。

虚拟现实技术可以通过真实的体验和互动，提高消防安全教育的效果和质量，让学员更加深入地理解消防安全知识和技能。

（六）消防安全管理平台的建设和应用

消防安全管理平台是指基于信息化技术，将消防安全管理的各个环节进行统一管理和协同，实现消防安全管理的全流程化和智能化的平台。消防安全管理平台可以通过数据集成和分析，实现对消防安全的全方位监控和预警，对消防队伍进行精准调度和指挥，提高消防安全管理的效率和水平。消防安全管理平台的建设和应用主要包括以下方面：

1. 系统设计和开发

消防安全管理平台的建设需要进行系统设计和开发。根据消防安全管理的实际需求和信息化技术的发展趋势，设计合理的平台架构和数据流程，开发出高效、稳定的系统软件。

2. 数据集成和分析

消防安全管理平台需要将各种消防安全信息集成到一起,并进行分析和处理。通过云计算和大数据分析技术,对消防安全相关的数据进行处理和分析,提取出消防安全管理的相关特征和规律,预测火灾发生的可能性和规律,实现对消防安全的全方位监控和预警。

3. 消防指挥调度

消防安全管理平台可以通过 GIS 地理信息系统、视频监控系统等技术手段,实现消防队伍的精准调度和指挥。通过消防指挥调度系统,消防队伍可以实时获取火灾事故的信息和救援需求,快速响应和处理。

4. 移动端应用的使用

消防安全管理平台中的移动端应用可以让消防队伍在实际救援过程中,通过智能手机、平板电脑等设备进行消防安全信息的实时查看、采集、上报和处理,提高消防队伍的反应速度和准确度。

5. 消防安全管理数据的共享

消防安全管理平台可以将不同来源、不同类型的消防安全管理数据整合和共享,实现消防安全管理的信息化协同。例如,将消防安全监测、预警、指挥、调度等相关信息共享给消防队伍、公安、城管等部门和人员,实现消防安全管理的全流程化和智能化。

6. 系统优化和升级

消防安全管理平台的建设和应用需要进行系统优化和升级,不断适应消防安全管理的新需求和技术发展。通过对系统性能和安全性的不断优化和升级,提高消防安全管理的效率和水平。

7. 系统监控和运维

消防安全管理平台的建设和应用需要进行系统监控和运维。通过系统监控,及时发现和解决系统的异常和故障,保障消防安全管理平台的正常运行。通过系统运维,及时进行系统维护和更新,提高消防安全管理平台的性能和稳定性。

（七）消防安全大数据的应用

消防安全大数据是指通过信息化手段对大量消防安全数据进行采集、存储、处理和分析形成的大数据资源。消防安全大数据可以通过数据挖掘和分析技术,深入挖掘数据背后的规律和价值,为消防安全管理提供科学依据和决策支持。

消防安全大数据的应用可以包括以下方面:第一,消防安全预测和预警。通过对消防安全大数据的分析和挖掘,可以预测火灾发生的可能性和规律,提前对潜在的火灾隐患进行预警,从而提高消防安全的预测和预警能力。第二,消防队伍调度和指挥。通过对消防安全大数据进行分析和处理,可以实现消防队伍的精准调度和指挥,优化消防队伍的调配,提高消防救援的效率和水平。第三,消防安全决策支持。消防安全大数据可以为决策者提供科学依据和决策支持。通过对消防安全数据进行分析和挖掘,可以揭示出消防安全的相关特征和规律,为消防安全管理提供数据支持。第四,消防安全管理的优化。通过对消防安全大数据进行分析和挖掘,可以发现消防安全管理中存在的问题和隐患,为消防安全管理的优化和改进提供参考和依据。第五,消防安全知识普及和教育。消防安全大数据可以作为教育和宣传的重要资源,通过数据分析和挖掘,提取出消防安全知识和经验,向公众进行普及和宣传,增强公众的消防安全意识和自我保护能力。

消防安全大数据的应用可以为消防安全管理提供全方位的数据支持和决策支持,提高消防安全管理的效率和水平,从而保障人民群众的生命财产安全。

三、消防数据管理及应用

消防数据管理及应用是消防信息化建设的重要组成部分,主要包括数据采集、存储、处理、分析和应用等环节。

(一)数据采集

消防数据采集是指通过各种感知设备对消防安全相关的物理量和参数进行实时感知和采集。消防数据的采集可以通过传感器、探测器等感知设备实现,如火灾探测器、烟雾传感器、气体探测器等。采集到的数据可以通过网络等方式传输到消防数据中心或云端服务器,存储在数据库中。

(二)数据存储

消防数据存储是指将采集到的消防数据存储到数据库中,以便后续的数据处理和分析。数据存储可以采用关系型数据库或非关系型数据库,如MySQL、Oracle、MongoDB等。消防数据的存储需要满足数据的可靠性、安全性、实时性和可扩展性等要求。

(三)数据处理和分析

消防数据处理和分析是指对采集到的消防数据进行处理和分析,提取出有用的信息。消防数据处理和分析可以通过数据挖掘、机器学习、人工智能等技术手段实现。例如,可以通过数据分析判断火灾事故的发生概率,预测火灾事故的蔓延速度和范围,为消防救援提供科学依据。

(四)数据应用

消防数据应用是指将处理和分析后的消防数据应用于消防安全管理和决策支持。消防数据应用可以通过消防信息化系统实现,包括消防预警、消防指挥调度、消防宣传教育等方面。例如,可以通过消防预警系统对火灾事故进行预警,通过消防指挥调度系统实现消防队伍的精准调度和指挥,通过消防宣传教育系统向公众宣传消防安全知识,增强公众的消防安全意识。

消防数据管理及应用是消防信息化建设的重要组成部分,通过对消防安全相关的物理量和参数进行实时感知、采集、存储、处理和分析,实现对消防安全事件的快速响应和决策支持，提高消防安全管理的效率和水平。

四、消防信息共享

消防信息共享是消防信息化建设的重要目标之一，它在消防信息化系统内将不同来源、不同类型的消防信息整合和共享，从而实现消防安全管理的协同和互通。消防信息共享是消防信息化建设的重要目标，其主要涉及以下几方面：

（一）信息整合

信息整合是指将来自不同来源、不同类型的消防信息进行整合和融合，形成有价值的消防信息资产。消防信息化系统可以整合来自传感器、探测器等感知设备采集的消防安全监测数据、消防预警数据、视频监控数据等多种数据源的信息。通过整合和融合消防信息，可以实现对消防安全事件的全方位、多角度、全过程监测和分析，为消防安全决策提供支持。

（二）信息共享

信息共享是指将整合后的消防信息向需要使用的人员和部门进行共享。例如，消防指挥中心可以通过消防信息化系统实时获取火灾事故的情况和救援需求，进行指挥和调度。消防信息化系统可以将消防信息共享给消防部门、城市管理部门、公众等多个使用者，实现消防安全管理的协同和互通。

（三）信息安全

信息安全是指保护消防信息不被非法获取、篡改、破坏等安全问题。在消防信息共享中，信息安全是至关重要的。消防信息化系统需要采用先进的安全技术手段，保护消防信息的机密性、完整性和可用性。例如，可以采用加密技术、防火墙技术、身份验证技术等保障消防信息的安全。

（四）信息标准化

信息标准化是指对消防信息进行标准化处理，以便消防信息的共享和应用。消防信息化系统需要建立消防信息标准化的规范和流程，包括数据格式、数据字典、数据交换等方面。通过信息标准化，可以实现消防信息的互通和互操作，提高消防安全管理的效率和水平。

（五）信息管理

信息管理是指对消防信息进行全生命周期的管理，包括信息采集、存储、处理、分析、共享、应用等方面。消防信息化系统需要建立完整的信息管理体系，包括数据管理、知识管理、安全管理、质量管理等方面，以便对消防信息进行全方位的管理和应用。通过信息管理，可以实现对消防安全事件的快速响应和决策支持。

五、消防信息化管理

消防信息化管理是对消防信息化建设和应用的全过程进行规划、组织、实施、监督和评估的过程。消防信息化管理的目标是确保消防信息化建设和应用的规范化和高效化,进一步提高消防安全管理的效率和水平。具体来说,消防信息化管理包括以下方面:

(一)消防信息化规划

消防信息化规划是指对消防信息化建设的目标、任务、路线和步骤进行系统规划和设计的过程。在消防信息化规划中,需要根据行业和单位的实际情况,确定信息化建设的优先领域和关键环节,明确各项工作的时间表和预算等。

(二)消防信息化项目管理

消防信息化项目管理是指对消防信息化建设项目的全过程进行计划、组织、实施和监督的过程。在消防信息化项目管理中,需要对项目的进度、质量、成本、风险等方面进行管理和控制,确保项目能够按照计划完成,并达到预期的效果。

(三)消防信息化技术标准的制定

消防信息化技术标准的制定是指针对消防信息化技术的标准化管理工作。制定消防信息化技术标准可以规范消防信息化建设和应用的技术要求和规范,提高消防信息化系统的互操作性和可扩展性。制定消防信息化技术标准需要结合实际情况和技术发展趋势,参考国内外相关标准和规范,确保制定的标准和规范具有权威性和实用性。

(四)消防信息安全管理

消防信息安全管理是指对消防信息化系统和数据进行安全管理和保护的过程。在消防信息安全管理中,需要制定相关的安全策略和措施,保护消防信息系统和数据的机密性、完整性和可用性,防止恶意攻击和非法访问等安全风险的发生。

(五)消防信息化效果评估

消防信息化效果评估是对消防信息化建设和应用效果进行评估和分析的过程。通过消防信息化效果评估,可以了解消防信息化建设和应用的实际效果和存在的问题,为下一步的消防信息化工作提供指导和决策依据。消防信息化效果评估需要结合实际情况和指标体系,进行客观、全面、科学的评估和分析,包括消防安全管理效率的提升程度、安全事件应对能力的增强程度、信息共享和协同工作的推进程度等方面。

六、消防信息化人才

消防信息化人才是指在消防信息化建设和应用中,具备相应技术和管理能力的专业人才。消防信息化人才需要具备以下方面的能力:

(一)技术能力

消防信息化人才需要具备相关的计算机、通信、传感器、云计算、人工智能等技术知识和技能，能够熟练运用各种软件和硬件设备，具备独立设计和实施消防信息化系统的能力。

（二）管理能力

消防信息化人才需要具备一定的管理能力，包括项目管理、质量管理、风险管理等方面的能力，能够有效地组织和协调消防信息化建设和应用的各项工作。

（三）创新能力

消防信息化人才需要具备创新意识和创新能力，能够不断探索和创新消防信息化的新技术、新应用和新模式，为消防安全管理提供更加高效、智能、可靠的信息化解决方案。

（四）团队合作能力

消防信息化人才需要具备良好的团队合作能力，能够与其他专业人员和团队紧密合作，共同完成消防信息化建设和应用的各项任务。

（五）专业素养

消防信息化人才需要具备一定的消防安全知识和素养，了解消防安全管理的相关政策、法律法规和标准，能够根据消防安全的实际需求，提供专业化的信息化解决方案。

（六）学习能力

消防信息化人才需要具备良好的学习能力和自我提升能力，能够不断学习和更新消防信息化的相关知识和技术，保持与时俱进的态势。

（七）沟通能力

消防信息化人才需要具备良好的沟通能力，能够与消防安全管理部门、消防队伍和其他相关单位进行有效的沟通和协调，确保消防信息化建设和应用的顺利进行。

（八）安全意识

消防信息化人才需要具备良好的安全意识，能够全面考虑消防信息化建设和应用过程中的各种安全风险，制定相应的安全保障措施，确保消防信息化系统的安全稳定运行。

（九）服务意识

消防信息化人才需要具备良好的服务意识，能够为用户提供及时、高效、优质的信息化服务，满足消防安全管理的实际需求。

（十）责任心

消防信息化人才需要具备较强的责任心和使命感，能够始终将消防安全放在第一位，全力保障消防信息化建设和应用的顺利进行，为社会和公众提供更加安全、可靠的消防服务。

第三节　消防信息化建设的管理和保障

一、消防信息化建设的管理

（一）推进消防信息技术开发利用

借鉴国外发展经验，结合消防部门的实际情况，利用 GPS、GIS、CDS、RS、VRT 和 DSS 等现代高新技术，构建"天—地—人—机"一体化的物联网测控体系。消防部门应该加强对已经安装远程监控系统的火灾高危单位、消防安全重点单位和高层建筑消控室开展专项检查，确保系统能够保持正常运行；对火灾高危单位的消防控制室没有工作人员值班、未持证上岗等违法行为进行查处。

1. 智慧消防物联网平台

智慧消防预警平台通过物联网技术，实时收集各类消防设备相关数据，进行数据计算与处理。例如，火灾报警系统数据、电气火灾监控系统数据、气体灭火监控系统数据、防火门监控系统数据、消防水系统数据、消防设备状态数据，甚至包括安防视频数据等。

2. 消防维保管理平台

消防维保管理平台是专门承担建筑消防设施维护和保养工作的维保公司使用的管理平台。消防器材维护保养公司是市场经济体制消防工作社会化的重要角色和推动力量，扮演着消防设备"全职保姆"的角色，为企业和用户的安全保驾护航。消防维保管理平台不是一个单独运行的平台，它可以协同企业单位管理平台协同作用。当企业单位管理平台发起业务请求时，相应的消防维保管理平台会启动对应的业务提醒，经平台综合分析后，会自动生成相应的业务维护保养计划，分派给相应的维护保养人员，进行设备检查与维护，企业与维保单位的业务流程全部在平台间完成交互。

3. 消防监督管理平台

消防监督管理平台包括"救援一张图"、城市物联网远程监控、灭火救援管理、社会单位数字化管理等模块，从根本上解决了各级领导关于消防管理上的难题，充分利用物联网技术来提高社会化消防安全治理水平，完善灭火救援决策指挥模式，提升各类灾害事故处置综合效能。

（二）培育消防员信息需求意识

可以进一步培养消防员的信息需求意识，让消防员利用当前的主流媒体来进行消防信息的宣传。例如抖音、今日头条等，都可以成为消防进行信息宣传的主要渠道。具体地说，信息素养应包括：第一，信息意识素质，即人们对各种信息的自觉心理反应。它表现在对信息的科学、正确的认识及自身信息需求的自我意识；第二，信息能力素质，它包括信息技术应用能力，信息查询、获取能力以及信息组织、加工、分析的能力；第三，信息道德素质，即人们在整个信息活动中应严格遵守的各种行为规范。

（三）抓好人才队伍建设

促进消防信息化的发展，最重要的因素就是人才因素。当前在消防信息化的发展过程中，人才较为匮乏。近几年来，国家一直重视消防信息化人才的培养，消防信息化人才匮乏，是该行业发展过程中的一种常态。因此，要想促进农业信息化的发展，首先需要解决的问题就是人才问题。针对目前专职消防员队伍存在"招人留人难、培养管理难、队员素质不专业"等问题，支队在深入调研、充分论证的基础上，积极探索校队合作培养模式，从源头上拓宽招录渠道、提升队员素质、优化补充机制，有效解决消防救援队伍改革转制后人员编制少、专业后备力量不足、补充渠道不畅等难题。借助国家鼓励发展职业教育的契机，推动将专职消防员培养纳入职业教育体系，实施"2+1"（2年学院教育、1年消防救援队伍实习）消防人才培养模式，根据消防工作需要制定课程，楚雄支队提供对学生培养的专业指导和技术支持，培养兼具防、灭火及应急救援能力素质，能适应多种类型岗位的复合型消防人才。

（四）要树立正确的信息化建设发展理念

一要牢固树立联通共享的理念。联通共享是大数据的基础，大数据是AI人工智能的基础，人工智能是智慧城市和智慧消防的基础。只有通过大数据建设，才能实现人工智能，才有可能实现智慧消防、智能指挥、精准指挥、精准管理、预知预警。二要牢固树立信息化服务业务工作的理念。信息化工作必须和业务工作紧密融合，必须体现鲜明的实战导向，要在抓防火工作的同时抓信息化、抓灭火工作的同时抓信息化、抓队伍管理的同时抓信息化，信息化工作才会有生命力。三要牢固树立信息化建设是"主官工程"的理念。没有独立于业务工作之外的信息化工作。抓信息化工作，就是抓业务工作。信息化工作涉及业务工作的全部内容和各个环节。强调信息化工作是"主官"工程，就是强调信息化工作必须与业务工作紧密结合，为两者的深度融合提供强有力的组织保证。

要坚持战斗力标准，紧紧围绕一线需求，脚踏实地谋发展。一要抓好信息化"启蒙"工作。在全省消防救援队伍开展轰轰烈烈的信息技术启蒙运动，形成人人学习信息化，人人应用信息化，人人为信息化建设发展出主意、献智慧的浓厚氛围。二要集思广益找准信息化工作需求。总队将通过企业微信征求全体指战员对信息化建设的意见和需求。大家要认真思考，积极参与。总队信息化办公室要及时收集汇总各地各部门的意见，找准当前工作中亟待解决的突出问题，优先解决当前工作的难点、堵点、痛点，真正发挥信息技术对业务工作的助推器、倍增器作用。三要搭建大数据基础架构。在大数据时代抓信息化建设，除了技术体系的开放性以外，就是要根据业务工作需要，搭建基础库、主题库、专题库、索引库等消防业务数据库，制定数据标准，开展数据治理，为数据计算、数据建模、数据分析奠定基础。在数据治理的基础上，推进预知预警，逐步实现精准指挥、精准防控、精准管理。四要站在巨人的肩膀上谋发展。抓行业信息化发展，想要投入少、见效快、可持续，就是要积极主动地把行业信息化发展纳入IT巨头企业的信息化发展生态体系，全力推进这些企业的产品与消防行业深度融合。

（五）利用智慧消防破除"数据孤岛"

智慧消防建设，不仅是消防设备的数据联网，更是消防生态的重建。为避免单一产品售卖或集成模式下因设备兼容性导致的"数据孤岛"等问题，SENSORO基于自主核心研发能力，掌握了从芯片、传感器终端、通信基站到云端平台的端到端物联网"全链条"技术，并融合人工智能技术，实现了在智能感知层、服务网络层、安全应用层等三个层面的"云—网—端"一站式服务。以"服务"为核心，为客户提供从事前安全检测与评估、事中实时监测与远程预警到事后安全保险保障等全流程一体化服务，更保障了项目的可持续建设，形成良性的安全服务循环。

SENSORO通过部署24小时实时运行的烟雾、可燃气体、电气火灾等各类物联网传感终端及AI智能摄像机、智能门禁等人工智能产品，让建筑中的消防隐患风险不仅能被全面感知，还能实现AIoT数据联动监测。所有数据通过升哲科技的城市级应急感知网络形成大数据链接，以"可视化"的方式呈现在系统平台上，各类消防基础设施与应急救援资源也将通过平台形成信息联动，实现"一张图"的统一平台化管理；工作人员通过系统平台或APP即可清晰查看管辖区域的消防安全状态，平台大数据通过智能分析形成图谱，便于管理者统筹全局进行科学决策，省时省力、智能高效。

（六）全力抓好信息化建设各项工作

一要加强领导，把信息化建设作为"主官工程"来抓。各单位要由主官亲自挂帅，亲自抓部署、抓协调、抓推进，定期听取信息化工作汇报，对重大事项、重大决策和发展规划把关定向，落实好资金、人才、政策等各项保障。要充分发挥信息化领导小组统筹协调作用，信息化建设部门要着重健全标准、技术研发、支撑保障，业务部门要推动系统应用与业务工作融合。要结合实际，严格按照目标、进度和质量要求，加强督导检查，分项目、分年度组织考核验收，确保建设任务和责任落到实处。

二要强化应用，把信息化建设作为"全员工程"来抓。各单位要尽快选强配备专业人才，采取集中培训、帮扶指导、奖惩考核、通报排名等措施，不断提高信息化建设应用水平。要充分发挥业务主导作用，全面深化系统应用和基础信息采集、研判，真正发挥信息化服务于社会公众、队伍管理、灭火救援的重要作用。各级领导干部要以身作则，带头学习现代信息技术，在队伍上下掀起学习应用信息化的热潮，努力提高领导信息化工作的能力和水平。

三要坚守底线，把信息化建设作为"廉政工程"来抓。各级党委、各级主官用人要用懂得信息化的人，更要用自身要求严格的人。要加强经常性廉政教育，领导要杜绝随意插手、干预信息化建设及招标采购项目，具体工作人员要把握尺寸、坚守"底线"，严格落实各项制度和程序，坚决按章办事。纪检、审计部门要定期对信息化经费和项目管理情况进行检查、督导，要将信息化建设纳入巡察工作内容，发现问题要及时督办整改，确保信息化建设廉洁、高效、规范。

二、消防信息化建设的保障

消防信息化建设的保障包括以下几方面：

（一）技术保障

技术保障是指在消防信息化建设过程中，为了确保信息化系统的安全、稳定、高效运行所采取的技术手段和措施。具体包括以下几方面：

1. 硬件设备的保障

硬件设备是消防信息化系统的基础设施，包括计算机、服务器、网络设备、传感器等。在硬件设备的选购和使用中，需要考虑设备的品质、性能、稳定性和兼容性等因素，确保系统能够稳定运行和高效管理。

2. 软件系统的保障

软件系统是消防信息化系统的核心，包括操作系统、数据库、应用软件等。在软件系统的选择和使用中，需要考虑软件的稳定性、安全性、兼容性等因素，确保系统能够正常运行和高效管理。

3. 网络设施的保障

网络设施是消防信息化系统的传输和共享基础，包括有线和无线网络设备。在网络设施的选择和使用中，需要考虑网络的速度、带宽、安全性、稳定性等因素，确保系统能够实现数据的实时传输和共享。

技术保障是消防信息化建设的基础和关键，需要采取一系列的技术手段和措施，确保系统能够安全、稳定、高效地运行和管理。

（二）数据保障

数据保障是指对消防信息化建设中产生的数据进行保护和管理的措施，确保数据的安全、完整和可靠。具体包括以下方面：

1. 数据采集保障

消防信息化系统中的各种数据采集设备需要具有高精度、高可靠性、高稳定性，确保数据的准确性和可靠性。例如，消防监测设备需要采用精准的传感器，保证数据采集的准确性。

2. 数据传输保障

消防信息化系统中的数据传输需要确保安全可靠。通过使用加密传输、备份传输等技术手段，保障数据传输的可靠性和安全性。例如，消防信息系统中的数据传输可以采用 VPN 等加密传输方式，保障数据传输的安全性。

3. 数据存储保障

消防信息化系统中的数据需要进行存储和管理，确保数据的完整性和可靠性。通过备份、灾备等手段，保障数据的安全和可靠性。例如，可以采用多重备份的方式，将数据存储在不同的位置，以确保数据的安全性和可靠性。

4. 数据分析保障

消防信息化系统中的数据需要进行分析和应用。通过采用先进的数据分析技术，可以快速发现数据中的关联性和规律性，提高消防安全管理的科学性和精准性。例如，可以采用人工智能等技术手段，进行数据挖掘和分析，以发现数据中的潜在规律和趋势。

5. 数据管理保障

消防信息化系统中的数据需要进行管理和维护。通过制定相关的数据管理规定和操作规程，确保数据的安全和完整性。例如，可以采用访问控制等技术手段，控制数据的访问和使用权限，保障数据的安全性和完整性。

（三）人才保障

人才保障是消防信息化建设的关键要素之一，它包括招聘、培训、激励、留用等方面的工作。

首先，需要通过合理的招聘渠道，吸引具有相关专业背景和技能的人才，包括计算机科学、信息管理、通信工程等专业的毕业生、有经验的从业人员和相关领域的专家学者等。

其次，需要通过定期的培训和技能提升，提高人才的技术水平和管理能力。培训内容包括消防安全知识、信息化技术应用、管理流程和操作规范，以及相关技能的实际操作和模拟练习等方面。

同时，通过激励机制和薪酬福利体系，激发人才的积极性和创造性。包括提供具有竞争力的薪资待遇、奖励优秀人才、提供职业晋升机会等，以吸引和留住高素质的人才。

最后，通过建立健全的人才管理体系，合理分配人才资源，提高人才的工作效率和管理质量，包括制订职业发展规划、建立绩效考核和评价体系、提供良好的工作环境和发展空间等，以创造良好的工作氛围和激励人才的成长。

（四）管理保障

消防信息化建设的管理保障包括以下方面：

1. 规范的管理流程

消防信息化建设需要遵循一定的管理流程，包括项目立项、需求分析、方案设计、实施、验收等环节。在每个环节中,都需要有相应的管理措施和标准,以确保消防信息化建设按照规范流程进行,达到预期效果。

2. 科学的管理制度

科学的管理制度是消防信息化建设的重要保障措施。消防信息化建设需要制定相应的管理制度,包括项目管理制度、信息安全管理制度、数据管理制度等。这些制度需要符合国家相关规定和标准,以确保消防信息化建设的规范化和高效化。

3. 健全的管理体系

健全的管理体系是消防信息化建设的关键,需要建立科学、规范、高效的管理体系。管理体系应该包括组织架构、人员配备、管理流程、制度建设等方面,以确保消防信息化建设的顺利实施和管理。

4. 专业的管理团队

消防信息化建设需要有一支专业的管理团队,包括技术管理、项目管理、信息安全管理等方面的人才。管理团队需要具备相关的专业知识和管理经验,能够对消防信息化建设进行科学、规范、高效的管理和指导。

通过以上的管理保障措施,可以实现消防信息化建设和应用的规范化和高效化,提高消防安全管理的效率和水平。

(五)资金保障

资金保障是指为消防信息化建设提供必要的经费保障,包括资金的筹措、使用、管理和监督等方面。消防信息化建设需要大量的资金投入,包括硬件设备、软件系统、网络设施、人才培训等方面的支出。因此,合理规划和使用资金是消防信息化建设的重要保障。资金保障主要包括以下方面:

1. 资金筹措

消防信息化建设需要充足的资金投入,资金来源可以包括政府拨款、社会资金支持、企业自筹等多种形式。在筹措资金时,需要根据实际情况和需求,制订合理的预算方案,确保资金的充足性和合理性。

2. 资金使用

消防信息化建设的资金使用需要遵循科学、规范、透明的原则,确保资金的有效使用和合理配置。在资金使用方面,需要制定详细的资金管理制度和流程,建立科学的预算、审批、执行、监督和评估机制,严格控制资金的使用和管理。

3. 资金管理

消防信息化建设的资金管理需要建立健全的内部控制和审计机制,确保资金的合法性和规范性。在资金管理方面,需要加强资金监管和审计工作,及时发现和解决资金使用中存在的问题和风险,保障资金使用的安全性和有效性。

4. 资金监督

消防信息化建设的资金监督需要加强社会监督和公众参与，保障资金使用的公开、透明和合法。在资金监督方面，需要建立与社会各界的沟通渠道，接受社会监督和反馈意见，加强公开透明度，确保资金使用的合法性和公正性。

第十章　消防装备的新技术

第一节　消防防护服的新技术

消防防护服是消防员在火灾现场进行灭火、救援等工作时穿着的一种特殊的防护服。它的主要功能是保护消防员的身体免受火灾、高温、高压等因素的伤害，同时具有一定的防护能力、隔热性能和透气性能。

一、消防防护服的材料与性能

（一）消防防护服的材料

消防防护服是消防员在火场救援时穿着的一种防护服，主要是用于保护消防员的安全。消防防护服的材料通常包括以下几种：

1. 防火材料

防火材料是消防防护服的主要材料之一。消防防护服需要具备很好的防火性能，因为消防员在火场中会面临高温、高压、高速的火灾环境，因此需要选择耐高温的材料，如阻燃涤纶、阻燃亚克力纤维等。

2. 保温材料

保温材料是消防防护服的重要组成部分。由于火场中温度极高，消防员需要穿着防护服进行保温，避免被烫伤。保温材料可以采用吸热材料，如亚克力纤维、玻璃纤维、硅胶纤维等。

3. 透湿材料

透湿材料是消防防护服的重要组成部分。消防员在进行灭火救援工作时，会因为高强度的工作而大量出汗，如果没有透湿材料作为衬垫，防护服内部会形成湿气，影响消防员的工作效率。透湿材料通常采用聚酯纤维、膜材料等。

4. 防水材料

防水材料是消防防护服的重要组成部分之一。防护服需要具备防水性能，以避免消防员在灭火过程中被水淋湿。防水材料通常采用聚氨酯、氟碳、三元乙丙等材料。

5. 反光材料

反光材料是消防防护服的一个重要设计要素，可以提高消防员在火场中的可见性。反光材料可以增加防护服的可见度，提高消防员在黑暗环境中的安全性。反光材料通常采用微玻璃珠、聚酯纤维等。

6. 保护层材料

保护层材料是消防防护服的一个重要组成部分，可以提高消防员的安全性。保护层材料可以采用耐切割、耐磨损、耐撕裂、防护性能好的材料，如防切割纤维、碳纤维等。这些材料可以有效地保护消防员免受刀、剪、钩等锐器的伤害。

（二）消防防护服的性能

消防防护服的性能是保障消防员生命安全的关键因素之一。

1. 防火性能

防火性能是消防防护服的核心性能之一，它是保障消防员在火灾环境下安全的关键因素。在火灾环境中，消防员需要面对高温、高压、高速的复杂情况，因此消防防护服必须具备耐高温、防火的性能。

常见的消防防护服防火材料包括阻燃涤纶、阻燃亚克力纤维等。阻燃涤纶是一种高性能的防火材料，它具有良好的阻燃性、不易燃性和耐高温性能，可以在高温环境下保持稳定的物理和化学性能，阻止火焰蔓延。阻燃亚克力纤维具有较高的抗拉强度和弹性模量，能够承受高温和高压的环境。

除了阻燃涤纶和阻燃亚克力纤维，消防防护服的防火材料还包括阻燃亚麻、阻燃棉等。这些防火材料的共同特点是在高温环境下能够抑制火焰的蔓延，起到保护消防员的作用。

防火性能的好坏不仅影响消防员的安全，也影响着防护服的使用寿命和性能稳定性。为了确保消防防护服的防火性能符合国家和行业标准，必须进行严格的质量检测和认证。消防防护服的防火性能测试包括火焰燃烧测试、热辐射测试、热传导测试等多项测试项目，确保防护服在火灾环境中能够保持稳定的性能和防护效果。

2. 保温性能

消防防护服的保温性能是指在火场高温环境下，消防员穿着防护服能够有效地保护身体不受到热辐射、热传导等热能的侵袭，避免烫伤和其他热伤害。防护服的保温性能主要由保温材料、保温层厚度和密度等因素决定。

保温材料是消防防护服保温性能的重要组成部分。保温材料需要具备吸热、耐高温、低导热等性能，以保证消防员在高温环境下能够有效地保温。常见的保温材料包括亚克力纤维、玻璃纤维、硅胶纤维等。这些材料具有较好的耐高温性能，能够在高温环境下长时间保持材料的结构稳定性和保温性能。

保温层厚度和密度也是影响防护服保温性能的关键因素之一。保温层的厚度决定了防护服的保温性能，通常厚度越大保温性能越好。但过于厚重的保温层会影响消防员的活动灵活性和舒适度，所以需要在保证保温性能的前提下尽量减少厚度。保温层的密度也会影响保温性能，通常密度越大保温性能越好。

除了保温材料和保温层厚度和密度，防护服的保温性能还会受到其他因素的影响，如防护服的封口性能、材料的抗拉强度和抗撕裂性能等。因此，在设计和选择消防防护服时，需要综合考虑各个方面的因素，以保证防护服的保温性能达到国家标准和相关行业标准的要求。

3. 透湿性能

透湿性能是指防护服内部的湿气能否通过面料透过去。消防员在火场中进行高强度的工作时会大量出汗，如果防护服内部湿气不能及时排出，会影响消防员的工作效率和舒适度，甚至会造成健康问题。因此，防护服需要具备一定的透湿性能，以保证消防员在高温环境下的工作效率和舒适度。

透湿材料通常采用聚酯纤维、膜材料等，这些材料具有优异的透气性和湿气传递性能，可以有效地排出防护服内部的湿气，保持防护服内部的干爽。同时，透湿材料还需要具备一定的耐久性和抗拉强度，以保证防护服的使用寿命和稳定性。

除了透湿材料的选择之外，防护服的设计也需要考虑透湿性能。例如，在防护服的设计中需要留有适当的通风口，以便湿气能够快速排出。此外，防护服还需要采用合适的剪裁和缝合技术，以保证衣物的气密性和透气性之间的平衡，避免湿气进入防护服内部。

透湿性能是消防防护服的一个重要性能，它关系到消防员在火场中的工作效率、舒适度和健康状况。因此，防护服制造商需要根据消防员的需求和实际情况，选择适合的透湿材料和设计方案，以保证防护服的透湿性能和使用效果。

4. 防水性能

消防防护服的防水性能是指防护服在遭受水或其他液体淋湿时，能够有效阻止液体渗透防护服内部，从而保护消防员的身体不受水或液体的侵害。在灭火救援现场，消防员需要面对各种复杂的情况，包括水源的喷洒、雨水的淋湿等，因此防护服需要具备防水的性能，以保证消防员能够在水中工作并避免因水的渗透导致的损伤或失效。

防水材料是消防防护服中的重要组成部分之一。常见的防水材料包括聚氨酯、氟碳、三元乙丙等。聚氨酯是一种具有优良耐水性和耐磨损性能的材料，常用于制作消防防护服的外层。氟碳是一种防水性能更强的材料，其耐水性能甚至可以达到可靠的防水效果。三元乙丙是一种特种聚合物材料，具有优异的耐水性、耐油性和耐磨损性能，可以有效地抵御水的渗透和其他污染物的侵害。

除了防水材料本身，防水性能还受到防护服的设计和制作工艺等因素的影响。为了提高防水性能，一般采用双层设计，内层采用透湿材料，外层采用防水材料，这样既能够防止水的渗透，又能够保证防护服内部的透气性，从而提高穿着的舒适性和工作效率。此外，为了进一步提高防水性能，防护服还可以采用防水接缝或加工处理，以确保水不会从接缝处渗透到内部。这些设计和制作工艺的改进，可以有效提高消防防护服的防水性能，从而保障消防员在灭火救援现场的安全。

5. 反光性能

消防防护服的反光性能是指在光线较暗或者黑暗环境下，能够增加消防员在火场中的可见性和安全性的防护服性能。在灭火救援过程中，由于火场通常光线暗、烟雾较大，消防员在进行工作时会面临很高的风险。因此，反光性能成了消防防护服的一个重要性能指标。

为了增加防护服的反光性能，通常在防护服的表面增加一些反光材料。这些反光材料能够在夜间或者光线昏暗的环境下反射外部光线，从而使消防员在火场中更加显眼，降低其被忽视或误伤的风险。常用的反光材料包括微玻璃珠、聚酯纤维等。

在设计防护服时，反光性能需要根据实际使用环境和工作需求来进行合理的设计。具体而言，防护服的反光性能需要考虑以下几方面：第一，反光材料的质量和选择。反光材料的反光效果和耐久性是决定反光性能的关键因素。因此，在选择反光材料时需要考虑材料的质量和使用寿命，同时还需要考虑材料与防护服的相容性。第二，反光材料的布局和设计。反光材料的布局和设计需要根据实际使用环境和工作需求进行合理的安排。一般来说，反光材料需要布置在防护服的最易被看到的位置，如胸前、背后、袖口等。第三，反光性能的评估和测试。为了确保防护服的反光性能符合要求，需要对反光材料和防护服进行评估和测试。这些测试包括反光度、反光角度、反光性能的稳定性等方面的测试。

消防防护服的反光性能对于提高消防员在火场中的可见性和安全性具有重要意义。因此，在设计和制造防护服时需要注重反光性能的合理设计和实现。

6. 抗割性能

消防防护服的抗割性能是指其在面对尖锐物体、锋利边缘等可能造成割伤的物品时的防护能力。消防员在火场中需要处理各种物品，如玻璃、金属、木头等，这些物品往往有锋利的边缘或尖锐的角度，容易对消防员造成划伤或割伤。

为了保证消防防护服的抗割性能，通常需要选择高强度、耐磨损的纤维材料作为面料，如芳纶纤维、聚酰胺纤维等。这些纤维材料的特点是具有很高的强度和耐磨损性，同时也有良好的抗割性能，能够有效地防止锋利物体对消防员的伤害。

此外，在消防防护服的设计中，也需要考虑到抗割性能的因素。比如，在消防防护服的关键部位，如肘部、膝盖等容易受到割伤的部位，可以增加抗割材料的厚度，提高防护性能。在制造过程中，还可以通过特殊的加工工艺或处理方法，使得纤维材料更加坚韧耐用，提高其抗割性能。

消防防护服的抗割性能对保障消防员的生命安全至关重要，需要选用高强度、耐磨损的纤维材料。在设计和制造过程中，需要考虑到抗割性能的因素，以提高其防护能力。

7. 抗磨损性能

消防防护服的抗磨损性能是指其能够抵抗摩擦和磨损的能力。在火场中，消防员需要进行各种工作，包括攀爬、拖拉、拉扯等，因此防护服需要具备足够的耐磨损性能，以确保其在使用过程中不会磨损或破裂，保护消防员。

防护服的抗磨损材料通常采用高强度聚酯纤维、聚酰胺纤维等，这些材料具有良好的耐磨损性能和强度，能够有效地保护消防员的皮肤免受外部物体的磨损和割伤。此外，防护服的磨损性能也与材料的密度和纤维排列方式有关，一般来说，密度越高、纤维排列越紧密的防护服越能够抵抗磨损。

为了提高消防防护服的抗磨损性能，还可以采用多层设计，即在防护服的外层和内层之间添加一层防护材料，以提高整个防护服的强度和耐磨损性能。此外，防护服的抗磨损性能也需要经过严格的质量检测和认证，确保其符合相关的国家和行业标准，为消防员的安全提供有效的保障。

8. 防辐射性能

消防防护服的防辐射性能是指在核辐射或其他辐射环境中，防护服可以起到阻挡、吸收或分散辐射的作用，从而保护消防员的身体不受辐射的伤害。在特殊的核辐射事故或辐射源附近进行救援时，消防员需要穿戴具有防辐射性能的防护服，以保护自身的安全。

防辐射防护服通常采用金属铅、铅胶、硼化物等材料制作。其中铅是最常用的材料之一，因为铅具有较好的吸收辐射能力和屏蔽性能，且易于制造成各种形状和厚度。铅胶是铅和橡胶混合而成的材料，具有一定的柔韧性，可以适应各种形状的防护服的制作。硼化物是一种新型的防辐射材料，具有很高的辐射吸收能力和辐射屏蔽效果，且具有轻质、高强度等特点，可以制成轻量化、高性能的防护服。

防辐射防护服的防护能力与材料的厚度和密度有关，一般来说，材料的密度越大，厚度越大，防护能力越强。此外，防辐射防护服的制作需要结合消防员的工作环境和实际需求，进行综合设计和加工制造，以确保防护服的防护能力和舒适性的平衡。在使用防辐射防护服时，消防员需要按照使用说明正确穿戴，以保证其最大限度的防护效果。

9. 人体工程学性能

消防防护服的人体工程学性能是指防护服的设计和制造是否符合人体工程学原理和消防员实际工作的需要。消防员在火场中需要进行各种复杂的动作，如攀爬、爬行、扶摇、救援等，防护服需要具备一定的灵活性和适应性，以使消防员能够更加顺畅地完成工作。

首先，消防防护服的尺寸需要根据消防员的身形进行设计和加工。防护服的合适尺寸可以确保消防员在穿戴时可以自由活动，不影响消防员的工作效率。同时，防护服的重量也需要控制在一定范围内，以减轻消防员的负担，降低疲劳感和身体损伤的风险。

其次，消防防护服的设计需要考虑消防员的工作环境和工作需要。例如，在防护服的肩部和腰部可以设计挂载设备的绳索和环扣，方便消防员携带工具和设备。防护服的背部和胸前还可以设计通风口和口袋等细节，以增加消防员的舒适度和便利性。

此外，防护服的材料也需要具备一定的弹性和透气性。如采用聚酯纤维、尼龙、氨纶等具有良好弹性和耐磨损性的材料，可以提高消防员的活动自由度和穿着舒适度。透气性良好的材料（如网眼布等）可以防止消防员在工作时产生大量汗液，从而减轻身体负担，降低疲劳感和身体不适症状。

最后，防护服的细节设计也需要考虑消防员的安全性。例如，在膝盖部位可以加装护垫，以防消防员在爬行时受到撞击和划伤。在防护服的裤脚部分可以加装反光条，以提高消防员在夜间或者低光环境下的安全性。

消防防护服的人体工程学性能是一项综合性能，需要考虑多个因素的影响。良好的人体工程学性能可以提高消防员的工作效率和舒适度，同时也能够降低工作风险和职业伤害的发生率，保障消防员的身体健康和生命安全。因此，消防防护服制造厂商需要充分了解消防员的工作特点和需求，结合最新的科学技术和材料，不断优化防护服的设计和制造，以确保防护服的人体工程学性能达到最佳状态。同时，消防员也需要认真选择合适的防护服，尽量避免使用过小或过大的尺码，以保证防护服的最佳效果。

二、消防防护服的新技术及其应用

随着科技的不断发展，消防防护服也在不断升级和改进，引入了许多新技术以提高其性能和安全性。常见的消防防护服新技术及其应用有以下几种：

（一）纳米材料技术

采用纳米材料制造的防护服可以提高其耐火性和防水性能。纳米材料具有较大的比表面积和较强的反应能力，可以在较小的厚度下提供更好的保护效果。

此外，纳米材料还可以为防护服增加其他功能。例如，纳米材料可以制造具有自清洁性能的防护服，能够抑制微生物的滋生，保持衣服清洁，降低消防员感染疾病的风险。同时，纳米材料还可以制造具有光催化性能的防护服，能够分解空气中的有害物质，净化空气环境。

纳米材料还可以用于制造防护服的涂层。涂层可以在防护服表面形成一层保护膜，提高防护服的耐火性、抗水性和耐磨损性能。此外，涂层还可以在防护服表面形成一层光滑膜，降低表面粘附性，防止污染物、细菌等附着在表面。

除此之外，纳米材料还可以应用于制造消防面罩、手套等配件。纳米材料可以制造透明的防火面罩，提高面罩的抗冲击性能和耐火性能。在手套中应用纳米材料可以提高手套的防切割性能和防摩擦性能，提高手套的保护性能和耐用性。

纳米材料技术在消防防护服中的应用具有广泛的前景。通过纳米材料技术的应用，可以提高防护服的耐火性、防水性和抗磨损性能，为消防员提供更加全面和有效的保护。同时，纳米材料还可以为防护服增加其他功能，如自清洁性能、光催化性能等，进一步提高防护服的实用价值。

（二）智能材料技术

智能材料可以感知和响应外部环境，通过改变其结构和性能来适应不同的工作环境。例如，可以通过控制智能材料的温度来提高其防火性能，或者通过改变其导电性来增强其反光性能。

1. 温度感应型智能材料

温度感应型智能材料可以根据温度的变化发生可逆或不可逆性质改变，从而改变其结构和性能，进而达到提高消防防护服防火性能的目的。例如，消防防护服内部可以嵌入具有温度感应性质的纳米材料或聚合物材料，当消防员进入高温环境时，这些材料就会发生相应的变化，从而形成防火屏障，有效隔绝高温和火焰的侵蚀。此外，温度感应型智能材料还可以用于消防防护服的设计和制造中，通过改变材料的结构和形状来实现消防防护服的自动适应和调整，以提高消防员的穿着舒适度和防护性能。

2. 电磁感应型智能材料

电磁感应型智能材料可以在电磁场的作用下发生可逆或不可逆性质改变，从而改变其结构和性能。在消防防护服中，电磁感应型智能材料可以用于增强消防员的反光性能和可见性。例如，可以在消防防护服上嵌入具有电磁感应性质的纳米材料或聚合物材料，当电磁波通过时，这些材料就会发生相应的变化，从而形成强烈的反光效果，提高消防员在夜间或低光环境下的可见性和安全性。

3. 压力感应型智能材料

压力感应型智能材料可以在受到压力作用下发生可逆或不可逆性质改变，从而改变其结构和性能。在消防防护服中，压力感应型智能材料可以用于改善防护服的舒适度和透气性能。例如，可以在防护服的关键部位嵌入具有压力感应性质的纳米材料或聚合物材料，当消防员进行爬行、爬梯等高强度工作时，这些材料就会发生相应的变化，从而形成透气通道，增强防护服的透气性能和穿着舒适度。

4. 光敏感应型智能材料

光敏感应型智能材料可以在光照的作用下发生可逆或不可逆性质改变，从而改变其结构和性能。在消防防护服中，光敏感应型智能材料可以用于提高防护服的防辐射性能。例如，在防护服表面可以覆盖具有光敏感应性质的聚合物材料或纳米材料，当受到紫外线或可见光的照射时，这些材料就会发生相应的变化，从而吸收或反射辐射能量，达到防护效果。

5. 形状记忆型智能材料

形状记忆型智能材料可以在受到外界刺激下发生可逆性质改变，从而恢复其原始性状和性能。在消防防护服中，形状记忆型智能材料可以用于防护服的自适应调整和修复。例如，可以在防护服的关键部位嵌入具有形状记忆性质的聚合物材料或纳米材料，当防护服受到外力损伤时，这些材料就会发生相应的变化，从而自动调整和修复受损部位，延长防护服的使用寿命。

智能材料技术可以为消防防护服的设计和制造提供更多的可能性，从而提高防护服的防护性能和使用效果。在未来，随着智能材料技术的不断发展和应用，消防防护服将会更加智能化、个性化和安全化。

（三）纤维光学技术

纤维光学技术是指将光学传输线路制成纤维状的一种技术。在消防防护服中嵌入纤维光缆，可以实现消防员可穿戴设备的通信和定位。纤维光学技术的应用可以帮助消防员更好地适应复杂和危险的工作环境，提高工作效率和安全性。

纤维光学技术在消防防护服中的应用主要有两方面。一方面是通过嵌入纤维光缆，实现消防员可穿戴设备的通信功能。这种通信方式可以实现消防员之间的语音交流，让他们更好地协作完成任务。此外，在一些紧急情况下，消防员可以通过可穿戴设备向指挥中心发送信号，以便指挥中心及时派出救援。

另一方面，纤维光学技术还可以实现消防员的定位功能。在防护服中嵌入的纤维光缆可以接收外部信号，根据信号的强度和方向来确定消防员的位置。这种定位功能可以帮助指挥中心及时获取消防员的位置信息，并根据实际情况做出适当的应对措施。

此外，纤维光学技术还可以用于防护服的监测和控制。例如，在防护服中嵌入纤维光缆可以实现对防护服温度、湿度等参数的实时监测和控制，从而提高消防员的舒适度和防护性能。

纤维光学技术具有传输距离远、传输带宽大、干扰小、信号稳定等特点，因此在消防防护服中的应用也受到了越来越多的关注和研究。未来，随着技术的不断发展，纤维光学技术在消防防护服中的应用将会越来越广泛，为消防员的安全和工作提供更好的保障。

（四）柔性电子技术

随着科学技术的不断发展，柔性电子技术被越来越广泛地应用于各种领域，包括消防防护服。柔性电子技术可以将电子元器件集成到柔性基底材料中，从而实现柔性和可穿戴的电子设备。在消防防护服中，柔性电子技术可以将传感器、通信设备等集成到服装中，以实现智能化防护和监控功能。

传感器技术是柔性电子技术在消防防护服中的主要应用之一。通过将传感器集成到防护服中，可以实时检测消防员的身体状态和周围环境的变化，以提高消防员的安全性和工作效率。例如，可以将心率传感器集成到防护服中，监测消防员的心率，以便及时发现其身体不适症状。此外，还可以将温度传感器、湿度传感器等集成到防护服中，以检测周围环境的变化，提高消防员对火场环境的感知能力。

通信设备也是柔性电子技术在消防防护服中的重要应用。通过将通信设备集成到防护服中，可以实现消防员之间的通信和与外部指挥中心的联络。例如，可以将无线通信模块集成到防护服中，以实现消防员之间的语音通信和数据传输。此外，还可以将 GPS 模块集成到防护服中，以实现消防员的定位和追踪，提高消防员的安全性和工作效率。

另外，柔性电子技术还可以用于防护服的电源和控制系统的设计和制造中。例如，可以将薄膜电池集成到防护服中，以提供电源支持；还可以将柔性控制器集成到防护服中，以控制传感器和通信设备的工作。此外，也可以将柔性显示器集成到防护服中，以显示消防员的身体状态和周围环境的信息。

柔性电子技术可以为消防防护服的智能化防护和监控提供有力支持。通过将传感器、通信设备等集成到防护服中，可以实现消防员身体状态和周围环境的实时检测和感知。同时，柔性电子技术还可以实现防护服的柔性和可穿戴特性，提高消防员的穿着舒适度和工作效率。未来，随着柔性电子技术的不断发展和进步，相信柔性电子技术在消防防护服中的应用将会更加广泛和深入。

第二节　消防通信设备的新技术

一、消防通信设备的种类与特点

消防通信设备是指在消防现场使用的各种通信设备，用于消防队员之间的联络和指挥中心与消防现场之间的通信。消防通信设备的种类较多，根据功能和使用场合的不同，可以分为以下几类：

（一）手持对讲机

手持对讲机是消防队员进行通信的主要设备之一。它是一种便携式、手持式的无线通信设备，可以实现消防员之间的语音通信，具有传输速度快、反应及时等优点。

手持对讲机的主要特点如下：第一，防护等级高。由于消防救援工作的特殊性，手持对讲机通常具有较高的防护等级，能够在恶劣的工作环境中正常工作。它可以耐受各种恶劣环境，如高温、低温、潮湿、沙尘、强烈的振动和冲击等。第二，便携、易操作。手持对讲机具有小巧轻便、易于携带的特点，可以随身携带，便于随时进行通信。同时，手持对讲机的操作简单，消防员只需要轻轻一按即可进行通信，方便快捷。第三，多种通信方式。手持对讲机可以实现多种通信方式，包括组呼、单呼、紧急报警等。消防员可以通过组呼方式实现群体通信，通过单呼方式实现一对一的通信，通过紧急报警方式快速向队员发出紧急信号。第四，长距离通信。手持对讲机可以在一定范围内进行通信，可以实现长距离的通信，使消防员在广阔的灭火现场也能够保持通信联系。第五，多功能。手持对讲机还具有多种功能，如内置闪光灯、GPS定位、录音功能等，可以为消防队员提供更多的辅助功能，提高工作效率和安全性。

手持对讲机是消防救援工作中必不可少的通信设备之一，它的使用可以加强消防员之间的联系和沟通，提高灭火救援工作的效率和安全性。

（二）耳麦式对讲机

耳麦式对讲机是一种常见的消防通信设备，由耳机和麦克风组成。与手持对讲机相比，耳麦式对讲机可以更好地保护消防员的听力，并能够在高噪声环境下保持清晰的语音通信。消防员可以将耳麦戴在耳朵上，麦克风则可以夹在口罩上或者固定在头盔上，实现双向语音通信。

耳麦式对讲机的优点在于，它能够减少环境噪声对语音通信的干扰，保证消防员在高噪声环境下的安全和工作效率。此外，耳麦式对讲机还可以提高消防员的移动性和灵活性，消防员可以在进行救援工作的同时，通过语音通信与其他队员进行协作。

耳麦式对讲机通常采用无线通信技术，可以通过无线信号传输语音数据。耳麦式对讲机的麦克风可以采用咬合式麦克风或喉麦式麦克风，能够有效地消除环境噪声和呼吸声。耳麦式对讲机还具有多种功能，如同手持对讲机一样，具有组呼、单呼、紧急报警等功能，可以满足不同工作场景的需求。

耳麦式对讲机是一种便捷、灵活的消防通信设备，适用于消防员在高噪声环境下的工作。其优点在于能够减少环境噪声对语音通信的干扰，保证消防员在高噪声环境下的安全和工作效率，同时还具有多种功能，满足不同工作场景的需求。

（三）手表对讲机

手表对讲机是一种集成式的消防通信设备，可以佩戴在消防员的手腕上，便于携带和使用。相比其他消防通信设备，手表对讲机具有更加便捷和实用的优点，尤其适用于消防员需要双手操作或者在移动的情况下使用。

手表对讲机通常具有以下功能：第一，双向语音通信。手表对讲机可以通过无线网络实现双向语音通信，方便消防员进行沟通和协调。第二，GPS定位。手表对讲机通常内置GPS模块，可以实时定位消防员的位置，方便指挥中心进行调度和救援。第三，紧急报警。手表对讲机内置紧急报警功能，可以在紧急情况下快速向指挥中心发送报警信号，提高救援效率。第四，防水防尘。手表对讲机通常具有较高的防水防尘等级，能够在恶劣的工作环境中正常工作。第五，语音识别。一些手表对讲机还内置语音识别功能，可以实现消防员的语音操作，提高工作效率和减少误操作的风险。第六，可穿戴式设计。手表对讲机的可穿戴式设计可以让消防员在工作时更加便捷，不必担心设备掉落或者摆放不便。

手表对讲机作为一种集成式的消防通信设备，可以方便消防员进行双向语音通信和定位，同时还具备紧急报警、防水防尘、语音识别等功能，是消防队伍中不可或缺的通信工具之一。

（四）无线电报机

无线电报机，也称为电台，是一种通过无线电波进行通信的设备。它的主要作用是在消防指挥中心和消防现场之间实现双向通信。无线电报机由主机和配套的无线电麦克风、天线等组成，可用于语音、数据、图像等多种信息的传输。

无线电报机具有以下特点：第一，通信距离远。无线电波的传输距离较远，通信距离可以覆盖较大的区域，适用于大型火场或者需要远距离通信的场合。第二，抗干扰能力强。无线电报机通过频率调制和解调来进行通信，抗干扰能力较强，在复杂的环境中仍能保持稳定的通信。第三，通信速度快。无线电报机可以实现实时通信，通信速度较快，能够在紧急情况下及时传达指令和信息。第四，便携灵活。无线电报机体积小、重量轻，携带方便，可实现随时随地的通信。

无线电报机在消防工作中的应用十分广泛。它可以与手持对讲机、耳麦式对讲机等其他消防通信设备配合使用，为消防员提供更为完善的通信系统。在大型火灾和突发事件中，无线电报机可以实现消防指挥中心和现场指挥员的快速通信和指挥，及时协调各项工作。此外，无线电报机还可以与GPS定位、数字化图像传输等技术相结合，实现消防现场的实时监控和信息传输。

以上是消防通信设备的主要种类，每种设备都有其特点和适用场合。消防通信设备的主要特点是具有防水、防尘、抗震、耐高温等性能，能够在恶劣的环境下正常工作。同时，消防通信设备还具有通信速度快、抗干扰素力强、操作简单等特点，以满足消防员在紧急情况下的快速反应和决策需要。

二、消防通信设备的新技术及其应用

随着科技的不断发展，越来越多的新技术被应用于消防通信设备中，以提高其性能和功能，常见的新技术及其应用有以下几种：

（一）无线充电技术

随着科技的不断发展，无线充电技术在消防通信设备中的应用越来越广泛。与传统的有线充电方式相比，无线充电技术的优点是不需要插拔线缆，使用更加方便，并且可以提高充电的安全性和效率。

感应式充电是一种常见的无线充电技术，它通过将消防通信设备放置在无线充电器上，利用感应电磁场的作用，将电能传输到设备中进行充电。感应式充电技术在消防通信设备中的应用比较广泛，如手持对讲机、耳机等，可以满足消防员在火场中长时间使用通信设备的需求。

除了感应式充电技术，电磁波充电技术也是一种常见的无线充电方式，它可以将消防通信设备中的天线用作接收电磁波的天线，从而实现对设备的充电。电磁波充电技术在消防通信设备中的应用也越来越广泛，可以提高消防员在火场中的工作效率和安全性。

需要注意的是，在使用无线充电技术时，需要考虑到设备的防护等级，以确保其在恶劣的工作环境中正常工作。同时，为了确保充电的安全性，无线充电器需要进行安全检测和认证，以避免发生电气故障和其他安全风险。

（二）蓝牙低功耗技术

随着现代科技的发展，无线通信技术得到了广泛的应用，使得消防通信设备的功能和性能得到了极大的提升。其中，蓝牙低功耗技术作为一种新型的无线通信技术，具有省电、稳定、距离远等优点，被广泛应用于消防通信设备中，以提高消防员的通信效率和安全性。

1. 蓝牙低功耗技术简介

蓝牙低功耗技术是蓝牙技术的一种改进版本，主要是为了满足物联网和可穿戴设备等领域的需求而开发的。相较于传统的蓝牙技术，蓝牙低功耗技术在功耗方面更为优秀，能够大大延长消防通信设备的电池寿命。同时，蓝牙低功耗技术还具有更稳定的通信性能和更远的通信距离，可以满足消防通信设备在不同环境下的通信需求。

2. 蓝牙低功耗技术在消防通信设备中的应用

手持对讲机。手持对讲机是消防队员最常用的通信设备之一，而蓝牙低功耗技术的应用可以使手持对讲机在进行通信时能够更加省电，从而延长电池寿命。同时，蓝牙低功耗技术还可以提高手持对讲机的通信距离和稳定性，使消防员在救援工作中能够更加便捷地进行通信。此外，手持对讲机还可以配备蓝牙耳机，方便消防员进行通话，而蓝牙低功耗技术也可以应用于蓝牙耳机中，实现双方通话时的省电和稳定通信。

耳麦式对讲机。耳麦式对讲机采用耳机和麦克风的组合，可以实现双向语音通信，同时能够遮挡噪声，保护消防员的听力。蓝牙低功耗技术的应用可以使得耳麦式对讲机在进行通信时更加省电，延长耳机的电池寿命。同时，蓝牙低功耗技术还可以提高耳麦式对讲机的通信距离和稳定性，使消防员在高噪声环境中的工作中更加便捷地进行通信。此外，耳麦式对讲机也可以搭配蓝牙无线麦克风，实现更自由的双向通信，蓝牙低功耗技术也可以应用于蓝牙无线麦克风中，实现省电、稳定的通信。

手表对讲机。手表对讲机是一种便携式的通信设备，可以佩戴在手腕上，实现双向语音通信。蓝牙低功耗技术的应用可以延长手表对讲机的电池寿命，同时提高其通信距离和稳定性，使消防员在移动或者需要双手操作时使用更加便捷。此外，手表对讲机还具备GPS定位、紧急报警等功能，蓝牙低功耗技术的应用可以使得这些功能更加省电和稳定。

通讯器。通讯器是一种全球定位系统（GPS）无线通信设备，主要用于消防队员的定位和通信。蓝牙低功耗技术的应用可以使得通信器在进行通信时更加省电，延长其电池寿命。同时，蓝牙低功耗技术还可以提高通信器的通信距离和稳定性，使得消防队员在使用通信器时更加方便。

3.蓝牙低功耗技术的优缺点

优点：第一，省电。相较于传统的蓝牙技术，蓝牙低功耗技术在功耗方面更为优秀，能够大大延长消防通信设备的电池寿命。第二，稳定。蓝牙低功耗技术具有更稳定的通信性能，可以满足消防通信设备在不同环境下的通信需求。第三，距离远。蓝牙低功耗技术具有更远的通信距离，可以满足消防通信设备在不同场合下的通信需求。

缺点：第一，频率受限。由于蓝牙低功耗技术需要占用特定的频率段，所以使用时需要考虑频率受限的问题。第二，安全性问题：由于蓝牙低功耗技术使用无线信号进行通信，可能存在一些安全性问题，如被黑客入侵、信息泄露等。因此，在应用蓝牙低功耗技术的消防通信设备中，需要加强信息加密和防护措施，确保通信的安全性。

蓝牙低功耗技术作为一种新型的无线通信技术，具有省电、稳定、距离远等优点，已经被广泛应用于消防通信设备中，以提高消防员的通信效率和安全性。随着科技的不断发展，未来蓝牙低功耗技术还有更广泛的应用前景，将为消防救援工作带来更多的便利和保障。

（三）联网技术

随着互联网技术的快速发展，联网技术也得到了广泛的应用，而在消防通信中的应用也越来越受到重视。联网技术可以将消防通信设备通过互联网连接起来，实现消防队员之间、消防队员和指挥中心之间的信息共享和数据传输。消防员可以通过消防通信设备进行语音、图像、文字等多种方式的信息传输和共享，以便更好地进行协作和救援。

1.联网技术在消防通信设备中的应用

手持对讲机。手持对讲机可以通过联网技术实现多方通信，消防员可以通过手持对讲机与指挥中心、其他消防队员进行实时语音交流，提高救援效率。同时，联网技术还可以实现位置共享，消防员可以知道其他队员的位置信息，以便更好地协调和分配任务。

智能手机和平板电脑。智能手机和平板电脑也可以通过联网技术实现消防通信。消防员可以通过这些设备进行实时语音、文字、图像等多种方式的信息交流和共享。同时，这些设备还可以配备各种应用程序，如地图应用程序、消防指南等，以便消防员在救援过程中更快速地获取相关信息。

无人机。无人机是一种无人驾驶的飞行器，可以通过联网技术实现远程操控和数据传输。在消防救援中，无人机可以配备摄像头、传感器等设备，用于实时监测火场状况、搜索受困人员等。消防员可以通过消防通信设备联网控制无人机，从而避免人员进入危险区域，提高救援效率。

2.联网技术在消防通信设备中的优势

提高救援效率。联网技术可以实现消防队员之间、消防队员和指挥中心之间的实时通信和信息共享，从而可以更快速、更准确地进行救援。

减少误操作的风险。通过联网技术实现数据传输，可以避免人工操作中的误操作风险，提高救援的安全性。

实现远程操控。通过联网技术，可以实现消防通信设备的远程操控，例如无人机的远程控制，从而可以避免消防员进入危险区域，提高救援效率和安全性。

提高信息的准确性。联网技术可以实现信息的实时共享和传输，从而可以更准确地获取火场信息和人员情况，有助于指挥中心和消防员做出更好的决策。

（四）智能语音识别技术

随着人工智能技术的发展，智能语音识别技术在消防通信中的应用越来越受关注。智能语音识别技术可以通过对消防员语音指令的识别和处理，实现消防通信设备的智能化操作，从而提高操作效率和减少误操作的风险。

1. 智能语音识别技术在消防通信设备中的应用

手持对讲机。手持对讲机是消防队员最常用的通信设备之一。通过智能语音识别技术，消防员可以通过手持对讲机进行语音指令操作，如发出警报、调度指挥、数据查询等。消防通信设备可以通过智能语音识别技术对这些语音指令进行识别和处理，从而实现消防通信设备的智能化操作。

耳麦式对讲机。耳麦式对讲机采用耳机和麦克风的组合，可以实现双向语音通信，同时能够遮挡噪声，保护消防员的听力。通过智能语音识别技术，消防员可以通过耳麦式对讲机进行语音指令操作，如发出警报、调度指挥等。消防通信设备可以通过智能语音识别技术对这些语音指令进行识别和处理，从而实现消防通信设备的智能化操作。

智能手机。智能手机可以通过智能语音识别技术实现语音指令操作，消防员可以通过智能手机进行语音指令操作，如发出警报、调度指挥、数据查询等。消防通信设备可以通过智能语音识别技术对这些语音指令进行识别和处理，从而实现消防通信设备的智能化操作。

2. 智能语音识别技术在消防通信设备中的优势

提高操作效率。通过智能语音识别技术，消防员可以通过语音指令快速进行操作，不需要通过烦琐的人工操作流程，从而提高操作效率。

减少误操作的风险。通过智能语音识别技术，消防员可以通过语音指令操作消防通信设备，避免因手部操作不便或者操作烦琐导致误操作的风险，从而提高救援的安全性。

便捷的操作方式。智能语音识别技术可以通过语音指令实现消防通信设备的操作，消防员可以通过口语进行操作，不需要使用手部进行操作，可以方便地在工作中进行使用。

适用于高噪声环境。在消防现场，环境通常非常嘈杂，使用手部进行操作可能会因为噪声等原因造成操作不便或操作不成功。而通过智能语音识别技术，消防员可以通过语音指令进行操作，避免因噪声等原因导致的操作问题，提高操作成功率。

3. 智能语音识别技术的挑战

语音识别精度。智能语音识别技术的精度取决于语音识别引擎的质量、语音信号的质量、语音的方言、语速等因素,这些因素可能会影响到语音识别的准确度,进而影响到消防通信设备的操作效率。

语音识别速度。消防现场的救援需要快速、准确地响应,智能语音识别技术的速度对操作效率至关重要,如果语音识别速度过慢,可能会影响到救援的效率和成功率。

语音隐私保护。智能语音识别技术需要对消防员的语音指令进行录音和处理,可能涉及语音隐私保护的问题。需要采取措施,保证消防员语音指令的隐私和保密性。

新技术的应用可以不断提高消防通信设备的性能和功能,使消防员在救援工作中更加安全、高效和便捷。除了上述介绍的新技术之外,还有一些其他的新技术也被应用于消防通信设备中,如人工智能技术、5G 技术等。未来,随着科技的不断进步和应用的不断深入,消防通信设备将会更加智能化、高效化和安全化,为消防员的救援工作提供更加全面的保障。

第十一章　消防器材的新技术

第一节　消防水泵的新技术

一、消防水泵的结构与工作原理

消防水泵是消防设备中的重要组成部分，主要负责为消防系统提供水源，以保证消防设备在发生火灾时能够正常运行。

（一）消防水泵的结构

消防水泵主要由进水口、出水口、泵体、转子、机械密封、轴承、电机等部分组成。下面我们将分别介绍这些部分的功能和结构。

1. 进水口

进水口是消防水泵的一个重要组成部分，它通常位于泵体的下部或侧部，负责将水引入泵体。

2. 出水口

出水口是消防水泵的另一个重要组成部分，它通常位于泵体的上部或侧部，负责将水从泵体中排出，供应给消防系统。

3. 泵体

泵体是消防水泵的主体部分，通常由铸铁、铸钢等材料制成。泵体内部有进水孔、叶轮室、出水孔等部分。进水孔负责将水引入泵体，叶轮室负责将水加速并压缩，出水孔负责将水从泵体中排出。

4. 叶轮

叶轮是消防水泵的核心部件，负责将水加速并压缩。叶轮通常由铸铁、铸钢等材料制成。叶轮的叶片通常采用曲线状设计，以提高泵的效率。

5. 机械密封

机械密封是消防水泵的一个重要部件，通常安装在泵体和电机之间，用于防止水和油渗漏。机械密封通常由机械密封座、密封环、弹簧等部分组成。

6.轴承

轴承是消防水泵的一个重要部件,主要负责支撑泵体和电机。轴承通常由滚动轴承和滑动轴承两种类型,其中滚动轴承耐磨性好、摩擦系数小,但是噪声较大;滑动轴承则耐磨性较差、摩擦系数较大,但噪声较小。

7.电机

电机是消防水泵的动力源,通常由交流电机或直流电机组成。电机的功率和转速通常与水泵的设计要求有关,一般来说,消防水泵的电机功率较大、转速较低,以确保消防水泵能够提供足够的水流量和压力。

(二)消防水泵的工作原理

消防水泵的工作原理基于离心力原理,它通过旋转叶轮将水加速,并通过泵体排出,从而提供足够的水流量和压力。

当消防水泵启动时,电机会带动叶轮旋转。进水口中的水会被吸入泵体,然后经过叶轮的作用,被加速并压缩,最终从出水口中排出。消防水泵的压力与叶轮的转速、叶轮的直径、叶片数目等有关。

消防水泵的工作流程通常包括以下几个步骤:第一,建立起水路,通过管道将水源引入进水口;第二,通过启动电机,带动叶轮旋转,使水被加速并压缩;第三,将压缩后的水从出水口排出,供应给消防系统;第四,当消防水泵停止工作时,水路将被切断,消防水泵停止运转;第五,消防水泵通常安装在消防水池、水塔、水泵房等位置,以提供消防系统所需的水源。消防水泵还可以与消防控制中心相连,以便消防系统能够实现自动控制和远程监控。

(三)消防水泵的维护与保养

为确保消防水泵能够正常运行,需要进行定期维护和保养。下面是一些常见的维护和保养措施:第一,定期检查消防水泵的进水口、出水口和泵体等部件,确保它们没有被堵塞或损坏;第二,定期检查消防水泵的电机、轴承、机械密封等部件,确保它们没有损坏或磨损;第三,定期检查消防水泵的油封和油位,确保它们没有泄漏或干涸;第四,定期清洗消防水泵的叶轮和泵体,以防它们被污物和沉积物堵塞;第五,定期进行消防水泵的试运转,以确保它能够正常运行。

消防水泵作为消防系统中重要的设备之一,其结构和工作原理都具有重要意义。消防水泵的结构包括进水口、出水口、泵体、叶轮、机械密封、轴承、电机等部分,而其工作原理基于离心力原理,通过旋转叶轮将水加速,并通过泵体排出,从而提供足够的水流量和压力。消防水泵通常需要定期进行维护和保养,以确保其正常运行。

二、消防水泵的新技术及其应用

消防水泵作为消防设备的重要组成部分,随着科技的不断发展,涌现出了一些新技术，这些新技术可以提高消防水泵的性能、安全性和智能化程度。

（一）变频技术

变频技术是一种通过改变电机的转速来控制水泵的流量和压力的技术。与传统的恒频水泵相比，变频水泵可以根据需要灵活调整流量和压力，从而达到更高的能效和更精准的控制效果。在消防应用中，变频技术可以提高消防水泵的调节性能，使消防水泵能够根据实际需要实现自适应控制。

1. 变频技术的原理

变频技术是一种通过改变电机的转速来控制水泵的流量和压力的技术。传统的恒频水泵通过调整阀门的开度来改变水流量和压力，但这种方式存在能耗高、调节范围有限、噪声大等问题。而变频水泵则可以通过调节电机的转速来改变水泵的流量和压力，从而达到更高的能效和更精准的控制效果。

变频技术的实现需要通过变频器来控制电机的转速。变频器是一种能将电源直流电转换为可变频率和可调电压的设备。变频器通过控制电机的供电频率和电压来实现电机转速的调节，从而达到控制水泵流量和压力的目的。

2. 变频技术的优点

变频技术的优点：第一，能效高。传统的恒频水泵由于需要通过阀门调节流量和压力，存在大量的能量损耗。而变频水泵能够根据实际需求调节水泵的流量和压力，从而避免了能量损耗，提高了能效。第二，调节范围广。传统的恒频水泵的调节范围较窄，而变频水泵可以根据实际需求调节水泵的流量和压力，调节范围更广。第三，精准控制。变频水泵可以根据实际需求调节水泵的流量和压力，能够精准地控制水泵的运行状态，从而提高了水泵的控制精度。第四，噪声小。变频水泵在运行时转速较低，噪声小，能够提高消防设备的工作环境。第五，节能环保。变频水泵能够根据实际需求调节水泵的流量和压力，避免了能量的浪费，提高了能效，从而实现了节能环保的目的。

3. 变频技术的适用范围

变频技术在消防水泵中的应用适用于需要灵活调节流量和压力的场景，如高层建筑、大型工厂等消防水源供水系统。变频技术还适用于需要高精度控制的场景，如水压控制、火灾报警等消防应用场景。

需要注意的是，在使用变频消防水泵时，需要注意其技术参数和性能要求，以确保其能够满足消防系统的实际需要。此外，在使用变频消防水泵时，还需要定期对其进行维护和保养，以确保其正常运行和延长其使用寿命。

随着科技的不断发展和应用范围的不断拓展，变频技术在消防水泵中的应用越来越广泛。变频技术的优点包括能效高、调节范围广、精准控制、噪声小、节能环保等，能够提高消防设备的性能和安全性。在消防应用中，变频技术的实践案例表明，变频消防水泵能够提高消防系统的可靠性和灵活性，具有广阔的应用前景。

（二）智能控制技术

随着科技的不断进步，智能控制技术已经被广泛应用到各个领域中，消防水泵也不例外。智能控制技术通过智能化算法对消防水泵进行自动控制和远程监控，从而实现消防水泵的智能化运行，提高消防设备的安全性和可靠性。

1. 智能控制技术的原理

智能控制技术的核心是智能控制系统。智能控制系统由传感器、控制器、执行机构、通信网络等多个组成部分构成。传感器可以对消防水泵的运行状态、温度、压力、流量等参数进行实时监测和采集，控制器则可以对采集到的数据进行处理和分析，并根据实际情况制定相应的控制策略，执行机构则负责执行相应的控制策略。通过通信网络，智能控制系统可以实现与其他设备的联动控制和远程监控。

智能控制技术在消防水泵中的应用主要包括两个方面，一是自动控制，即对消防水泵进行智能化控制；二是远程监控，即对消防水泵进行远程监测和管理。

2. 智能控制技术的优点

智能控制技术在消防水泵中的应用具有以下优点：第一，提高控制精度。智能控制技术可以通过传感器对消防水泵的运行状态进行实时监测和采集，并根据采集到的数据制定相应的控制策略，从而实现对消防水泵的精准控制。第二，提高安全性。智能控制技术可以对消防水泵进行智能化控制，避免了人为操作的误操作和不当操作，从而提高消防设备的安全性。第三，提高可靠性。智能控制技术可以对消防水泵进行智能化控制和远程监控，可以及时发现和排除故障，提高消防设备的可靠性。第四，提高效率。智能控制技术可以实现消防水泵的自动控制和远程监控，可以实时响应火灾，从而提高灭火效率和灭火成功率。第五，降低运行成本。智能控制技术可以根据实际需要调节消防水泵的流量和压力，避免了能量浪费和资源浪费，从而降低消防水泵的运行成本。

3. 智能控制技术在消防应用中的实践案例

（1）上海市消防局智能水源井监控系统

上海市消防局智能水源井监控系统利用传感器和控制器等智能控制技术，实现了对消防水源井的智能化监测和控制。该系统可以通过传感器对水源井水位、水压等参数进行实时监测和采集，控制器则可以根据采集到的数据实现水泵的自动控制和远程监控，从而提高了消防水源井的可靠性和安全性。

（2）广州市森海消防自动喷水灭火系统

广州市森海消防自动喷水灭火系统采用智能控制技术，实现了对消防自动喷水灭火系统的智能化控制和远程监控。该系统可以通过传感器对消防水泵的运行状态、温度、压力、流量等参数进行实时监测和采集，控制器则可以根据采集到的数据制定相应的控制策略，从而实现消防自动喷水灭火系统的智能化控制和远程监控，提高了消防设备的可靠性和灭火效率。

（3）北京市海淀区智能化消防水源管理系统

北京市海淀区智能化消防水源管理系统利用智能控制技术，实现了对消防水源的智能化管理和监控。该系统可以通过传感器对消防水源的水位、水压等参数进行实时监测和采集。控制器则可以根据采集到的数据制定相应的控制策略，实现对消防水源的智能化控制和远程监控，提高了消防水源的可靠性和安全性。

智能控制技术在消防水泵中的应用可以提高消防设备的安全性和可靠性，降低运行成本，提高效率，从而提高灭火效率和灭火成功率。

（三）节能技术

节能技术是一种通过改善消防水泵的结构和设计来减少能量损失的技术。节能技术可以通过优化泵体结构、改进叶轮设计、降低泵的运行速度等方式减少能量损失，从而提高能效和降低运行成本。在消防应用中，节能技术可以降低消防水泵的运行成本，减少对能源的消耗，提高可持续性和环保性。

1. 节能技术的基本原理

节能技术是通过改善消防水泵的结构和设计来减少能量损失的技术。节能技术的基本原理是降低消防水泵的能耗和能量损失，从而提高消防水泵的能效，降低消防设备的运行成本和对能源的消耗，实现可持续性和环保性。

优化泵体结构是节能技术的一个重要方面。通过优化泵体的进口和出口等结构，可以减少水在泵体和叶轮间的摩擦损失。比如，在泵体进口处设置流线型进口，可以减少流体进口时的阻力，从而减少摩擦损失。在泵体出口处设置合适的导流板，可以避免流体流失，减少能量损失。同时，还可以采用多级泵设计，将流体分成多个部分逐级输送，减少摩擦损失和能量损失。

改进叶轮设计也是节能技术的一个重要方面。叶轮是消防水泵的核心部件，水在叶轮上的摩擦会导致能量损失。通过改进叶轮的设计，可以减少水在叶轮上的摩擦损失，降低水泵的能量损失。比如，可以采用高效的叶轮设计，如反弯叶轮和后弯叶轮等，减少水在叶轮上的摩擦损失，提高水泵的效率。

降低泵的运行速度是节能技术的另一个方面。通过降低泵的运行速度，可以减少流量波动和惯性损失，降低能量损失。比如，可以采用变频控制技术，通过调整电机的转速来调节水泵的流量和压力，从而实现节能的目的。变频控制技术能够有效地解决恒频水泵存在的能耗高、调节范围有限等问题，实现消防水泵的智能化运行，提高消防设备的安全性和可靠性。

除此之外，还可以采用节流阀等附件，减少流量波动和压力波动，从而降低能量损失。同时，还可以采用高效电机等设备，进一步提高节能效果。

节能技术在消防水泵中的应用具有重要的意义。通过优化消防水泵的结构和设计，采用多种节能措施，能够有效地减少能量损失，提高消防水泵的能效和可靠性，降低运行成本和对能源的消耗，实现可持续性和环保性。在消防应用中，采用节能技术的消防水泵能够更好地满足消防工作的要求，提高消防救援效率，保障人民生命财产安全。

2. 节能技术的实现方式

（1）高效电机的应用

消防水泵中的电机是消耗最大的设备之一，因此采用高效电机能够显著提高节能效果。目前市场上的高效电机主要包括异步电机、永磁同步电机和直流无刷电机等。这些高效电机相对于传统电机来说，具有更高的转换效率和更低的能量损耗。

在消防水泵中，电机是消耗最大的设备之一，因此采用高效电机能够显著提高节能效果，减少能源的消耗和降低消防水泵的运行成本。

目前市场上的高效电机主要包括异步电机、永磁同步电机和直流无刷电机等。下面对几种电机进行详细介绍：第一，异步电机。异步电机也称为感应电机，是一种最为常见的电机类型。它结构简单、可靠性高，成本相对较低。异步电机的效率在20%~94%之间，其中效率最高的为高效异步电机。在消防水泵中，采用高效异步电机能够显著提高节能效果。这种电机采用了高效的铜线、磁钢和转子设计，能够提高转换效率和降低能量损耗，达到节能的目的。第二，永磁同步电机。永磁同步电机是一种通过永磁体产生磁场的同步电机。相对于异步电机，永磁同步电机具有更高的转换效率和更低的能量损耗，通常可以达到95%以上的效率。此外，永磁同步电机还具有启动快、响应快、运行平稳等优点。在消防水泵中，采用永磁同步电机能够显著提高节能效果，降低消耗的能源和减少运行成本。但是，永磁同步电机的制造成本较高，需要考虑经济成本和实际需求。第三，直流无刷电机。直流无刷电机是一种相对较新的电机类型，其转子上的永磁体与驱动电路中的传感器一起工作，实现电机的无刷化控制。直流无刷电机具有高效、低噪声、低能耗、响应快等优点，能够达到95%以上的效率。在消防水泵中，采用直流无刷电机能够实现高效、低能耗、低噪声的运行，提高节能效果，减少消耗的能源和降低运行成本。

采用高效电机是消防水泵实现节能的有效手段之一。在选择电机时，需要综合考虑电机的效率、成本、可靠性、安全性等因素，根据实际需求选择适合的电机型号。同时，采用高效电机还需要结合其他节能技术，如变频控制、节流阀等，共同实现消防水泵的节能减排，提高消防设备的安全性和可靠性。

（2）变频控制的应用

变频控制技术是一种通过改变电源频率来调整电机转速的技术。在消防水泵中，采用变频控制技术能够实现对水泵的流量和压力进行调解，从而实现节能的目的。

相对于传统的恒频控制方式，采用变频控制技术能够有效地解决恒频水泵存在的能耗高、调节范围有限等问题。具体来说，采用变频控制技术具有以下优点：第一，节能效果显著。采用变频控制技术可以根据实际需要调整水泵的流量和压力，避免水泵在运行过程中产生过多的能量损失。相对于恒频水泵，采用变频控制技术可以节约30%~60%的能源。第二，调节范围更广。恒频水泵的调节范围有限，无法满足不同情况下的流量和压力需求。采用变频控制技术可以实现无级调节，能够满足不同情况下的流量和压力需求。第三，运行平稳，降低噪声。采用变频控制技术可以实现平稳的加速和减速，减少水泵启动时的冲击和振动，从而降低噪声。

（3）实现智能化控制

智能化控制在消防水泵的应用越来越受到重视。智能化控制系统可以通过传感器和控制器对消防水泵的运行状态进行监测和控制，实现自动化调节和维护。这种控制系统不仅可以提高消防设备的安全性和可靠性，还可以实现节能和降低运行成本。

智能化控制系统的主要功能包括以下几个方面：第一，自动调节流量和压力。通过采用传感器来监测水泵的出口流量和压力等参数，控制器可以根据实时数据自动调节电机的转速和输出功率，实现自动调节水泵的流量和压力。这种控制方式能够有效地解决传统恒频水泵存在的能耗高、调节范围有限等问题，实现消防水泵的智能化运行。第二，实时监测设备状态。通过采用传感器来监测水泵的运行状态，包括电机的电流、电压、功率等参数，以及水泵的温度、振动、噪声等参数。当设备出现异常时，控制器可以及时发出警报，并自动采取相应的措施，避免设备损坏或发生事故。第三，故障自诊断和维护。智能化控制系统还可以通过自诊断技术来检测设备的故障，如电机热保护、过载保护、缺相保护等。当设备出现故障时，控制器可以自动停机或调整运行参数，避免设备损坏或发生事故。同时，智能化控制系统还可以实现设备的远程维护和监控，提高设备的维修效率和降低维修成本。第四，数据分析和优化运行。智能化控制系统可以通过对数据的收集、分析和处理，实现消防水泵的优化运行。比如，可以对水泵的运行数据进行分析和评估，评估设备的运行效率、性能和能源消耗，提供优化建议和方案，实现设备的最优化运行。

智能化控制在消防水泵中的应用，不仅可以提高设备的安全性和可靠性，还可以实现节能和降低运行成本。随着技术的不断进步，智能化控制系统将会得到更广泛的应用和发展。

（4）节流阀的应用

节流阀是一种流量调节阀门，能够通过调整出口截面积来调节流量和压力。在消防水泵中，节流阀主要被用于控制水泵的出口压力和流量，以达到最佳的水流控制效果。

节流阀的作用是减少流量波动和压力波动，从而减少能量损失。在水泵的出口处设置节流阀可以有效地降低消防水泵的能耗，并提高其效率。节流阀的作用类似于水龙头，在控制水流的同时，也能够控制水压和流量。因此，在消防水泵的设计和运行中，节流阀是一个非常重要的组成部分。

节流阀的应用可以通过调节水泵的出口流量和压力，来适应不同的消防需求。在实际应用中，节流阀可以用于控制水泵的出口流量和压力，并调节消防系统的供水能力。例如，在灭火时，需要大流量的水来灭火，而在供水时，需要适当调整水流量和压力，以满足不同的消防需求。

需要注意的是,在使用节流阀时,要避免过度调节水流量和压力,否则会导致能量损失和水泵的过载。因此,节流阀的使用应该结合实际需要,调节合理的水流量和压力,以达到最佳的节能效果和消防供水效果。

节流阀在消防水泵中的应用非常重要,能够有效地降低能耗,提高效率,同时也能够满足不同的消防需求,保障消防设备的安全和可靠性。

(四)传感器技术

传感器技术是一种通过传感器采集消防水泵运行数据来实现智能监测和故障预警的技术。传感器可以监测消防水泵的运行状态、温度、压力、流量等参数,提前发现潜在的故障隐患,从而减少故障发生的风险。在消防应用中,传感器技术可以实现消防水泵的智能监测和故障预警,提高消防设备的可靠性和安全性。

1. 传感器的分类

根据传感器的工作原理和测量物理量的不同,传感器可以分为多种类型,如温度传感器、压力传感器、流量传感器、振动传感器、湿度传感器等。

(1)温度传感器

温度传感器是一种可以实时测量温度的传感器。在消防水泵中,温度传感器可以用来检测水泵和电机的温度,从而实时监测消防水泵的运行状态,避免因温度过高而引发的故障和安全隐患。

(2)压力传感器

压力传感器是一种可以测量压力的传感器。在消防水泵中,压力传感器可以用来检测水泵的压力,从而实现对水泵的智能控制和监测。通过实时测量水泵的压力,可以及时调整水泵的运行状态,提高水泵的效率和稳定性。

(3)流量传感器

流量传感器是一种可以测量流量的传感器。在消防水泵中,流量传感器可以用来检测水泵的流量,从而实现对水泵的智能控制和监测。通过实时测量水泵的流量,可以及时调整水泵的运行状态,避免流量波动和能量损失。

(4)振动传感器

振动传感器是一种可以测量机械振动的传感器。在消防水泵中,振动传感器可以用来检测水泵的振动,从而实时监测水泵的运行状态,避免因机械振动过大引发故障和安全隐患。

(5)湿度传感器

湿度传感器是一种可以测量湿度的传感器。在消防水泵中,湿度传感器可以用来检测水泵和电气设备的湿度,从而实时监测消防水泵的运行状态,避免因湿度过高或过低引发故障和安全隐患。

2.传感器在消防水泵中的应用

传感器技术在消防水泵中的应用越来越广泛,可以实现消防水泵的智能化监测和控制,提高消防设备的可靠性和安全性。

(1)温度传感器在消防水泵中的应用

温度传感器可以用来检测消防水泵和电机的温度,通过实时监测水泵的温度,可以预测水泵故障的风险,并提供预警信息,减少因温度过高引发故障和安全隐患。

(2)压力传感器在消防水泵中的应用

压力传感器可以用来检测消防水泵的压力,通过实时监测水泵的压力,可以及时调整水泵的运行状态,提高水泵的效率和稳定性。同时,压力传感器也可以用来检测管路中的压力变化,从而避免因压力过高或过低引发故障和安全隐患。

3.流量传感器在消防水泵中的应用

流量传感器可以用来检测消防水泵的流量,通过实时监测水泵的流量,可以及时调整水泵的运行状态,避免流量波动和能量损失。同时,流量传感器也可以用来检测管路中的流量变化,从而避免因流量过大或过小引发故障和安全隐患。

4.振动传感器在消防水泵中的应用

振动传感器可以用来检测消防水泵的振动,通过实时监测水泵的振动,可以预测水泵故障的风险,并提供预警信息,减少因机械振动过大而引发故障和安全隐患。

5.湿度传感器在消防水泵中的应用

湿度传感器可以用来检测消防水泵和电气设备的湿度,通过实时监测水泵和电气设备的湿度,可以预测故障的风险,并提供预警信息,减少因湿度过高或过低而引发故障和安全隐患。

第二节 消防喷淋系统的新技术

一、消防喷淋系统的结构与工作原理

消防喷淋系统是一种利用水喷淋对火灾进行扑救和控制的消防设施。其结构主要由水源系统、管网系统、控制系统、喷淋装置和辅助设备等组成。

(一)水源系统

水源系统是消防喷淋系统中至关重要的组成部分,它为整个喷淋系统提供了必要的水源。水源系统的结构通常包括水泵、水箱、水池等。在应对不同的灾害场景时,水源系统的规模和容量也会有所不同。

1. 水泵

水泵是水源系统中最重要的设备之一。它的主要作用是将水从水源（如水箱、水池等）中抽取出来，提高水的压力和流量，使水能够被喷淋系统送达需要灭火的区域。水泵的种类和性能也会根据实际应用需求进行选择。一般来说，消防水泵具有高效、稳定、安全等特点，并且能够在较短时间内将大量水源输送到需要的地方，以满足消防喷淋系统的灭火需求。

2. 水箱

水箱通常位于建筑物的高处，它的主要作用是存储水源，并保证喷淋系统能够在水泵出现故障或供水不足时，仍然能够正常运行一段时间。水箱的大小和容量取决于建筑物的规模和喷淋系统的需求，一般来说，水箱应该满足消防部门规定的存储水量，并且具有稳定的水质和防漏等性能。

3. 水池

水池通常用于地面建筑物的消防喷淋系统中。与水箱类似，水池的主要作用是提供存储水源的容器，以保证消防喷淋系统能够在出现故障或供水不足时，仍然能够正常运行一段时间。水池的规模和容量取决于建筑物的规模和喷淋系统的需求。一般来说，水池需要进行防漏处理，并且要求具有稳定的水质和足够的水量供应。

水源系统是消防喷淋系统中非常重要的组成部分，它的性能和功能会直接影响到整个消防喷淋系统的运行效果。因此，在设计和建造消防喷淋系统时，需要根据实际需求选择合适的水源系统，并保证水源系统的稳定性和可靠性。同时，还需要定期对水源系统进行检查和维护，以确保其正常运行和使用。

（二）管网系统

管网系统是消防喷淋系统中的另一个重要组成部分，主要由进水管、分水管、喷淋管、回水管、分区阀门、闸阀等组成。

1. 进水管

进水管是将水源引入喷淋系统的管道，通常与水泵相连。进水管的直径和长度要根据实际需要进行设计，以满足消防喷淋系统的水流量要求。

2. 分水管

分水管是将进水管中的水分配到不同的喷淋管中的管道。在消防喷淋系统中，分水管通常设置在建筑物的中央位置，以便将水平均分配到各个喷淋区域。

3. 喷淋管

喷淋管是将水喷洒到被保护区域的管道，通常由不锈钢或铜制成。喷淋管的数量和布局要根据被保护区域的大小和形状进行设计，以确保能够充分覆盖所有区域。

4. 回水管

回水管是将已经使用过的水从被保护区域回收并输送回水源系统的管道。回水管可以采用同一管道作为进水管,也可以单独设置回水管道。

5. 分区阀门

分区阀门是用于分区控制的阀门,通常设置在分水管或喷淋管上。分区阀门可以手动或自动控制,用于将消防喷淋系统分为多个区域,根据需要开启或关闭不同的区域,减小水源压力和水泵负荷。

6. 闸阀

闸阀是用于控制管道流量和压力的阀门,通常设置在进水管和回水管上。通过调节闸阀的开度,可以控制喷淋系统的水流量和压力,以满足不同喷淋区域的需要。

管网系统是消防喷淋系统中一个至关重要的组成部分,它可以保证喷淋系统的正常运行,提供足够的水源,并通过分区阀门和闸阀等实现智能化的控制和管理。

(三) 控制系统

控制系统是消防喷淋系统中的核心部分,主要负责对系统进行控制和监测。控制系统包括主控制器、控制面板、火灾报警控制器等多个组成部分,通过它们的配合,可以实现自动控制、手动控制、联动控制等多种控制方式,对喷淋系统进行精确的控制和监测。

1. 主控制器

主控制器是消防喷淋系统中的核心部件,负责实现喷淋系统的自动控制和监测。主控制器通常由微处理器、存储器、输入输出接口等多个部件组成,可以对系统的运行状态进行实时监测和控制。主控制器具有智能化、稳定性好、操作简便等优点,能够实现多种复杂的控制策略,提高消防喷淋系统的可靠性和效率。

2. 控制面板

控制面板是控制系统的另一个重要组成部分,它通常被安装在控制室或者其他方便管理的位置。控制面板可以通过操作按钮、指示灯、显示屏等多个方式,实现对喷淋系统的手动控制和监测。在紧急情况下,控制面板也可以通过手动操作实现系统的紧急停止和启动,保证消防喷淋系统的安全运行。

3. 火灾报警控制器

火灾报警控制器是用于接收火灾报警信号,并对消防喷淋系统进行联动控制的设备。火灾报警控制器通常由多个输入、输出通道组成,可以接收来自火灾报警系统的信号,根据预设的控制策略,实现对消防喷淋系统的自动控制。在火灾发生时,火灾报警控制器能够实时判断火灾的位置和程度,并对相应的区域进行喷淋控制,减少火灾的扩散范围和损失。

控制系统是消防喷淋系统中的核心组成部分,通过主控制器、控制面板和火灾报警控制器等多个部分的配合,可以实现对喷淋系统的自动控制、手动控制和联动控制,提高消防喷淋系统的可靠性和效率。

(四)喷淋装置

喷淋装置是消防喷淋系统中的重要组成部分,主要用于将水雾、泡沫等灭火剂均匀地喷洒到火灾现场,实现有效的灭火作用。根据具体应用场景和需求,喷淋装置的类型和结构也有所不同。

1. 喷淋头

喷淋头是喷淋装置中最基本的部件,通常由喷嘴、弹簧、密封圈等组成。喷淋头根据不同的灭火剂和灭火方式可以分为多种类型,如干粉喷淋头、水雾喷淋头、泡沫喷淋头等。喷淋头的设计和选择应该根据灭火剂的特性和喷淋效果进行优化,以达到最佳的灭火效果。

2. 喷淋管

喷淋管是连接喷淋头和管网系统的部件,主要用于输送灭火剂。根据不同的喷淋方式和应用场景,喷淋管的材质和尺寸也有所不同。一般来说,喷淋管应该具有较高的耐腐蚀性、耐压性和耐磨性,以确保在火灾发生时能够稳定地输送灭火剂。

3. 支架

支架是用于固定喷淋头和喷淋管的部件,通常由金属或塑料等材料制成。支架的设计和安装应该具有较高的强度和稳定性,以确保喷淋头和喷淋管在喷淋过程中不会因受力过大而出现松动或破损等问题。

喷淋装置是消防喷淋系统中不可或缺的部分,其设计和选择应该根据具体的应用场景和需求进行优化。只有选用合适的喷淋装置,才能确保消防喷淋系统在火灾发生时能够快速、准确地喷淋灭火剂,实现灭火救援的效果。

(五)辅助设备

辅助设备包括压力表、流量计、阀门、过滤器、消防水带等,用于监测和维护喷淋系统的运行状态。辅助设备是消防喷淋系统中不可或缺的组成部分,主要包括以下几种:

1. 压力表

压力表用于测量喷淋系统的压力,通过实时监测压力变化,可以及时调整水泵的运行状态,保证喷淋系统的正常运行。压力表还可以用于检测管路是否漏水,提高喷淋系统的可靠性。

2. 流量计

流量计用于测量喷淋系统的流量,通过实时监测流量变化,可以及时调整水泵的运行状态,保证喷淋系统的正常运行。流量计还可以用于检测管路是否堵塞,以提高喷淋系统的可靠性。

3. 阀门

阀门用于控制水流,实现灭火喷淋的分区控制。阀门可以分为分区阀门和闸阀等,可以根据实际需要进行选择和设置。分区阀门可以将喷淋系统分成多个区域,实现灭火喷淋的精确控制。闸阀可以用于关闭水源或喷淋系统的部分管路，实现消防系统的快速切断和恢复。

4. 过滤器

过滤器用于过滤水中的杂质和沉淀物，保护喷淋装置和管路不被堵塞或受损。过滤器还可以提高水的质量，保证喷淋系统的正常运行。

5. 消防水带

消防水带是消防喷淋系统中用于补给水源的重要设备。消防水带可以连接消防栓和喷淋系统，将水源输送到需要喷淋的位置。消防水带还可以根据实际需要设置不同的长度和型号，提高喷淋系统的应用范围和灭火效果。

辅助设备在消防喷淋系统中具有重要的作用，可以提高喷淋系统的可靠性和稳定性，保证喷淋系统能够在火灾发生时及时运行，为人们的生命财产安全提供保障。

喷淋系统的工作原理是，在火灾发生时，火灾报警控制器将信号传输给控制系统，控制系统自动控制水泵启动，并将水源输送到管网系统中。然后，喷淋装置开始喷洒水雾或水流，将火灾扑灭或控制。在消防喷淋系统的控制下，喷淋时间和喷淋面积可以得到有效的控制，消防喷淋系统的运行非常安全和可靠。

二、消防喷淋系统的新技术及其应用

随着科技的不断进步，消防喷淋系统也在不断更新和升级，引入了许多新的技术，以提高其灭火效果和安全性。

（一）防爆技术

在某些场所，如石油化工企业、油库等，可能存在易燃易爆的危险品，一旦发生火灾将会带来极大的安全隐患。针对这种情况，消防喷淋系统引入了防爆技术，采用防爆管道、防爆电气设备等，以提高喷淋系统的安全性。防爆技术在消防喷淋系统中的应用，主要体现在以下几方面：

1. 防爆管道

防爆管道是指采用防爆材料制成的管道，用于输送易燃易爆的介质。在消防喷淋系统中，防爆管道可以有效地预防火灾的发生，降低火灾的风险。同时，防爆管道还可以抵抗火灾的侵袭，保障喷淋系统的正常运行。

2. 防爆电气设备

防爆电气设备是指采用防爆材料制成的电气设备，用于保障消防喷淋系统的安全运行。防爆电气设备可以有效地防止火灾的扩散，保障消防喷淋系统的正常运行。例如，防爆电气设备可以在火灾发生时及时停止喷淋系统的运行，避免火灾进一步扩散。

3. 防爆喷头

防爆喷头是指采用防爆材料制成的喷头，用于将水喷洒到火灾现场。防爆喷头具有良好的防爆性能和喷淋效果,可以最大限度地减少火灾的损失。在火灾发生时,防爆喷头可以快速响应,将水喷洒到火源附近,迅速控制火势的发展。

防爆技术在消防喷淋系统中的应用可以有效地预防火灾的发生,降低火灾的风险。通过采用防爆管道、防爆电气设备和防爆喷头等措施,可以保障消防喷淋系统的正常运行,最大限度地减少火灾的损失。

(二)水雾喷淋技术

水雾喷淋技术是一种新型的消防灭火技术,其特点是使用微小的水滴进行灭火。相对于传统的水喷淋技术,水雾喷淋技术具有更好的灭火效果、更低的水耗量和更小的水压力。

1. 水雾喷淋技术的应用优势

(1)更好的灭火效果

水雾喷淋技术采用微小的水滴进行灭火,水滴与火源接触面积大,能够迅速吸收火源的热量,从而迅速降低火源温度。同时,水雾能够将火源周围的氧气稀释,减少燃烧反应的热释放,从而有效地抑制火势的蔓延。

(2)更低的水耗量

相对于传统的水喷淋技术,水雾喷淋技术使用的水量更少。由于水雾喷淋技术采用微小的水滴进行灭火,每个水滴的表面积更大,因此相同的灭火效果所需的水量更少。这不仅可以减少水的浪费,还可以缩小喷淋系统的容积,降低安装和维护成本。

(3)更小的水压力

水雾喷淋技术使用的喷淋装置可以将高压水流分散成微小的水滴,从而降低了系统的水压力。相对于传统的水喷淋系统,水雾喷淋技术可以使用更小的水泵和管道,减少了水泵和管道的投资成本和运行成本。

(4)减少烟雾产生

水雾喷淋技术采用微小的水滴进行灭火,能够有效地减少火灾产生的烟雾。水雾能够将火源周围的热量吸收并迅速冷却,从而减少了烟雾的产生。这对消防人员的进攻和疏散都具有重要的作用,能够保障消防安全。

2. 水雾喷淋技术的适用场所

水雾喷淋技术适用于需要精确控制火源的场所,如文物保护、电气设备房、计算机机房、博物馆等。此外,水雾喷淋技术还适用于需要保护人员生命安全的场所,如高层建筑、地下车库等。在这些场所中,水雾喷淋技术具有更好的灭火效果、更低的水耗量和更小的水压力,能够最大限度地保护人员和物资的安全。

(1)文物保护

文物保护是非常重要的一项工作。传统的消防灭火技术可能会对文物造成二次损害,而水雾喷淋技术采用微小的水滴进行灭火,能够最大限度地保护文物的安全。例如,故宫博物院就采用了水雾喷淋技术来保护文物。

（2）电气设备房

电气设备房内有大量的电气设备，传统的水喷淋技术可能会对设备造成二次损害。而水雾喷淋技术采用微小的水滴进行灭火，可以有效地保护电气设备，避免设备的损坏。

（3）计算机机房

计算机机房内有大量的计算机设备，而计算机设备往往对温度和湿度等环境要求非常高，传统的水喷淋技术可能会对设备造成二次损害。水雾喷淋技术采用微小的水滴进行灭火，可以有效地保护计算机设备。

（4）高层建筑

高层建筑是火灾发生率较高的场所之一。在高层建筑内，传统的水喷淋技术可能会对建筑物造成二次损害，同时还会使火灾现场的烟雾和水蒸气产生大量浓烟和蒸汽，对逃生造成很大困难。而水雾喷淋技术使用微小的水滴进行灭火，可以减少烟雾和水蒸气的产生，提高人员的逃生时间。

（5）地下车库

地下车库内有大量的汽车和油漆等易燃物质，传统的水喷淋技术可能会使火灾扩散，而水雾喷淋技术使用微小的水滴进行灭火，可以最大限度地保护汽车和减少火灾对地下车库的影响。

3.水雾喷淋技术的未来发展方向

随着消防技术的不断发展，水雾喷淋技术在未来的应用将会更加广泛。未来，水雾喷淋技术将会更加智能化，可以通过自动化控制和监测系统，实现对灭火过程的实时监控和控制。同时，水雾喷淋技术也将会更加节能环保，采用可再生能源和节能技术，减少对环境的影响。

水雾喷淋技术作为一种新型的消防灭火技术，具有更好的灭火效果、更低的水耗量和更小的水压力。随着技术的不断发展，水雾喷淋技术的应用将会更加广泛，为保障人员和物资的安全发挥更加重要的作用。

（三）气体灭火技术

气体灭火技术是一种利用惰性气体来灭火的新型消防技术，它是一种对环境影响较小的灭火方法。相对于传统的水喷淋技术，气体灭火技术具有更快的灭火速度、更小的灭火面积和更少的损坏，同时还可以防止火灾蔓延，减少烟雾和水蒸气的产生，从而保障人员和设备的安全。

1.气体灭火技术的基本原理

气体灭火技术是利用惰性气体来灭火的技术。惰性气体是一种具有稳定性、不易燃烧的气体，如二氧化碳、氮气、氩气、乙烷、氮气等。气体灭火技术的基本原理是在火源周围形成高浓度的惰性气体，使火源周围的氧气浓度下降，达到灭火的目的。

气体灭火技术中最常用的灭火气体是二氧化碳。二氧化碳具有高密度、高渗透性和不易燃烧等特点，可以在火源周围形成高浓度的气体，达到灭火的目的。同时，二氧化碳在大气中的停留时间很短，不会对环境造成污染。

2. 气体灭火技术的应用优势

（1）更快的灭火速度

相对于传统的水喷淋技术，气体灭火技术具有更快的灭火速度。当灭火气体释放后，它能够在短时间内将火源周围的氧气浓度稀释到足以抑制火势的程度，从而迅速达到灭火的目的。这对高端场所、机房等重要场所的灭火来说，具有至关重要的意义。

（2）更小的灭火面积

气体灭火技术使用的灭火气体可以在短时间内将火源周围的氧气浓度稀释到足以抑制火势的程度，从而实现更小的灭火面积。这不仅可以减少灭火损失，还可以保护重要设备和资料的安全。

（3）更少的损坏

相对于传统的水喷淋技术，气体灭火技术可以实现更少的损坏。传统的水喷淋技术可能会对设备和建筑造成严重的损坏，而气体灭火技术则不会产生水蒸气和其他液体，从而避免损坏。此外，气体灭火技术还可以防止火灾蔓延，降低灭火风险。

（4）更好的安全性

气体灭火技术使用的灭火气体通常是惰性气体，不会对人体产生危害。同时，灭火气体的密度比空气大，可以沉积到火源下方，从而保证灭火效果。此外，气体灭火技术还可以避免水喷淋技术可能造成的电气冲击和设备故障。

3. 气体灭火技术的适用场所

气体灭火技术在各种场所都有广泛的应用，特别是那些不能使用水喷淋技术的场所。以下是气体灭火技术适用的主要场所：第一，计算机房。计算机房是一些重要场所，而传统的水喷淋技术会对计算机等设备造成二次损害。因此，气体灭火技术在计算机房的灭火中广泛应用。二氧化碳是最常用的气体灭火剂，其具有高浓度和高渗透性，可以迅速形成灭火区域，达到灭火的目的。第二，电信设备室。电信设备室内存放了大量的电子设备，传统的水喷淋技术会对设备造成二次损害。气体灭火技术可以迅速灭火，而且不会对电子设备造成损害。第三，文物保护库。文物保护库内存放了许多文物，如古书、字画、陶瓷等，传统的水喷淋技术可能会对文物造成损坏。气体灭火技术可以迅速灭火，而且对文物没有损害。第四，实验室。实验室内存放了大量的化学品和易燃物质，一旦发生火灾，会对实验室和周围环境造成严重的损害。气体灭火技术可以迅速灭火，而且不会对化学品和易燃物质造成损害。第五，化学品储存间。化学品储存间内存放了大量的危险化学品，一旦发生火灾，后果将不堪设想。气体灭火技术可以迅速灭火，而且不会对化学品造成二次污染。

此外，气体灭火技术还适用于电子、电器等设备火灾的灭火。由于这些设备通常安装在密闭空间内，传统的水喷淋技术可能会对设备造成二次损害，而气体灭火技术可以迅速灭火，而且不会对设备造成损害。

4.气体灭火技术的未来发展方向

未来，气体灭火技术将更加智能化、网络化和自动化。随着人工智能和物联网技术的发展，气体灭火技术将实现更加智能的灭火控制，如自适应控制、远程监控和云端管理等。此外，气体灭火技术还将更加环保，如采用生物降解的灭火气体，从而降低对环境的污染。

气体灭火技术是一种具有广泛应用前景的消防技术。相对于传统的水喷淋技术，气体灭火技术具有更快的灭火速度、更小的灭火面积和更少的损坏，同时还可以防止火灾蔓延，减少烟雾和水蒸气的产生，保护人员和设备的安全。未来，气体灭火技术将继续发展，并成为消防领域的重要技术之一。

参考文献

[1] 陈军.新时期消防监督检查模式的改革与创新研究[J].消防界(电子版),2022,08(3):80-81.

[2] 蒋乾.消防监督检查模式分析[J].今日消防,2021,06(12):139-141.

[3] 陈伟军,陈凯.关于优化消防监督管理模式的思考[J].消防界(电子版),2021,07(22):33-35.

[4] 唐若章.消防监督检查工作现状和展望[J].消防界(电子版),2021,07(12):110-111.

[5] 高瑞杰.新形势下消防监督管理工作面临的新问题及对策探讨[J].产业与科技论坛,2021,20(12):241-242.

[6] 顾正军.新消防法体系下消防监督管理相关问题探讨[J].法制与社会,2021(9):143-144.

[7] 李阳.现行消防监督检查模式改革及其必要性探究[J].消防界(电子版),2021,07(1):104-105.

[8] 杨璐颖,谈迅,宋喆,喻卫刚,王勇,张小良.消防监督检查创新模式研究[J].消防科学与技术,2020,39(1):119-122.

[9] 康洪."双随机"抽检均衡与在消防监督应用构建[J].今日消防,2019,04(9):14-17.

[10] 尤杰,林英健.新时期有效开展消防监督检查工作的相关研究[J].低碳世界,2018(11):311-312.

[11] 马恩强.建立"双随机、一公开"消防监督检查制度的思考[J].消防科学与技术,2016,35(9):1309-1311.

[12] 石望生.自动化技术在消防工程中的应用[J].明日,2019(13):17.

[13] 蔺宝军.自动化技术在消防工程中的应用[J].商品与质量,2018(27):32.

[14] 赵新明.消防灭火救援首战的重要性及措施分析[J].消防界(电子版),2020(8):40.

[15] 李军.物联网技术在消防信息化建设中的应用分析[J].消防界:电子版,2021,7(3):118+120.

[16] 蔡剑锋,林丽梅,林鹏程.如何利用5G通信手段推进消防信息化建设再上新台

阶[J].电子世界,2020(18):72-73.

[17] 王懿嘉.计算机网络技术在消防信息化工作中存在的问题和对策[J].电子世界,2020(10):75-76.

[18] 王金生.物联网技术在消防信息化建设中的应用[J].中国高新科技,2021(18):51-52.

[19] 王金生.物联网技术在消防信息化建设中的应用[J].中国高新科技,2021(18).

[20] 李军.物联网技术在消防信息化建设中的应用分析[J].消防界(电子版),2021(3).

[21] 蔡剑锋,林丽梅,林鹏程.如何利用5G通信手段推进消防信息化建设再上新台阶[J].电子世界,2020(18).

[22] 王懿嘉.计算机网络技术在消防信息化工作中存在的问题和对策[J].电子世界,2020(10).

[23] 王涛.现代大数据信息技术对人员密集场所消防监督检查的应用探究[J].长江信息通信,2022(11).

[24] 大数据时代背景下消防监督检查工作的新思路解析[J].杨凌云.消防界(电子版),2022(13).

[25] 崔双.信息化创新管理在消防监督检查工作中的应用研究[J].消防界(电子版),2022(11).

[26] 王广乾.居舍,刍议大型商业综合体消防监督检查中常见的问题及对策[J].2022(7).

[27] 房芳.对当前消防执法工作现状分析及改进消防监督工作有关问题的思考[J].今日消防,2021(7).

[28] 黄圣超.行政指导在提高消防监督工作公众满意度中的运用[J].今日消防,2020(12).

[29] 宋萌萌.论我国消防监督执法的现状、问题及完善[J].广西政法管理干部学院学报,2020(5).

[30] 吕星昱.探讨新形势下加强消防监督执法规范化建设的几点措施[J].今日消防,2020(9).

[31] 李天宇.如何加强消防法制与消防监督执法规范化建设[J].今日消防,2020(9).

[32] 沈宝昌.新形势下关于消防监督执法规范化建设的研究[J].消防界(电子版),2020(17).

[33] 现代大数据信息技术对人员密集场所消防监督检查的应用探究[J].王涛.长江信息通信,2022(11).

[34] 杨凌云.大数据时代背景下消防监督检查工作的新思路解析[J].消防界(电子

版），2022（13）.

[35] 崔双.信息化创新管理在消防监督检查工作中的应用研究[J].消防界（电子版），2022（11）.

[36] 王广乾.刍议大型商业综合体消防监督检查中常见的问题及对策[J].居舍，2022（7）.

[37] 买买提明·木敏.新时期如何开展消防监督检查工作[J].消防界（电子版），2022（20）.

[38] 李春良.人员密集场所消防监督检查要点探思[J].消防界（电子版），2021（23）.

[39] 蒋乾.消防监督检查模式分析[J].今日消防，2021（12）.

[40] 刘玲.建筑工程消防监督检查工作的难点与措施[J].今日消防，2022（1）.

[41] 陈军.新时期消防监督检查模式的改革与创新研究[J].消防界（电子版），2022（3）.

[42] 王楠.探讨消防监督检查模式的改革[J].消防界（电子版），2022（18）.

[43] 李政兴.物联网技术在消防监督检查业务中的应用[J].今日消防，2021（01）.

[44] 李阳.现行消防监督检查模式改革及其必要性探究[J].消防界（电子版），2021（01）.

[45] 王希.消防监督检查业务中物联网技术的应用探讨[J].消防界（电子版），2021（1）.

[46] 赵威.消防监督检查的现状及发展探究[J].今日消防，2021（5）.

[47] 周君.消防监督执法工作改革分析[J].消防界（电子版），2021（24）.

[48] 林新美，林良建.由一起火灾事故责任追究谈对基层消防监督执法工作的几点看法[J].内蒙古科技与经济，2021（21）.

[49] 张亮.浅谈新形势下如何加强消防监督管理与执法策略[J].中国设备工程，2021（14）.

[50] 肖进.消防监督执法的现状分析及对策研究[J].法制与社会，2021（18）.

[51] 杜贤明.新时期消防监督执法正规化建设工作探讨：以雨山区消防救援大队为例[J].消防界（电子版），2021（10）.

[52] 张德刚.分析基层消防大队监督执法规范化建设存在的问题及成因[J].中小企业管理与科技（下旬刊），2020（3）.